美国环境执法200问

环 境 保 护 部 环 境 监 察 局
环境保护部环境工程评估中心 编

中国环境出版集团 · 北京

图书在版编目（CIP）数据

美国环境执法200问/环境保护部环境监察局，环境保护部环境工程评估中心编. —北京：中国环境出版集团，2018.6

ISBN 978-7-5111-3452-3

Ⅰ. ①美… Ⅱ. ①环… ②环… Ⅲ. ①环境保护法—行政执法—美国—问题解答 Ⅳ. ①D971.226-44

中国版本图书馆CIP数据核字（2017）第316678号

出 版 人 武德凯
责任编辑 李兰兰
责任校对 任 丽
封面设计 宋 瑞

更多信息，请关注
中国环境出版集团
第一分社

出版发行 中国环境出版集团
（100062 北京市东城区广渠门内大街16号）
网 址：http://www.cesp.com.cn
电子邮箱：bjgl@cesp.com.cn
联系电话：010-67112765（编辑管理部）
010-67112735（第一分社）
发行热线：010-67125803，010-67113405（传真）

印 刷 北京中科印刷有限公司
经 销 各地新华书店
版 次 2018年6月第1版
印 次 2018年6月第1次印刷
开 本 787×1092 1/16
印 张 15
字 数 260千字
定 价 45.00元

#《美国环境执法200问》

编审委员会

前　言

党的十九大为我国社会主义新时代建设美丽中国，实现生态文明提出了新思想、新目标、新要求，并作出了新部署。环境执法是加强环境管理、提升管理效能的重要环节，积极学习国外环境执法方面的先进经验，合理借鉴各国环境执法中具有规律性和普适性的做法，对于应对当前和今后较长时期内我国面临的环境压力和挑战具有十分重要的意义。

为做好新时期国家环境执法工作，特别是新《环境保护法》颁布实施后的环境监管工作，本书结合美国环境法体系、管理体制机制以及环境执法的实践，以简洁明快的问答方式介绍了美国环境法体系、立法背景、历史演变、设计思路、主要内容、相互关系等。全书包括200个问答和8个案例分析，力图用有限的篇幅尽可能全面地介绍美国环境执法背景、环境执法依据、执法程序、执法手段、执法后果、执法监督、执法赖以实施的技术支撑体系（包括技术和设备等），以及环境诉讼与典型案例等，以期为我国广大环境执法者和相关从业人员提供参考。

本书由环境保护部环境工程评估中心牵头组织编写，上海交通大学王曦教授作为顾问指导。成稿过程中，得到了环境保护部原核安全总工程师陆新元先生、环境保护部政策法规司原司长彭近新先生、国务院发展研究中心常纪文副所长、美国环保协会中国首席代表张建宇先生等指导。本书编写还得到了思睿道通科技（北京）有限责任公司、三捷环境咨询（杭州）有限责任公司、中国环境出版集团以及有关专家学者的大力支持，一并表示感谢。全书总体设计和统稿工作由姜华、郭珺、李勇、吴成志负责，参与编写的人员分工具体如下：

第一章：李勇、姜华、赵海珍、白飞、陈真亮

第二章：郭珺、竺效、楚晨、汪佳蕊、李鹏慧

第三章：李勇、郭珺、吴成志、张波、谢琼立

第四章：吴成志、余禹琪、程吉、杨申卉、曹家颖

第五章：吴成志、余禹琪、程吉、王聚欣

第六章：吴成志、余禹琪、程吉、连超

第七章：郭珺、李勇、卓俊玲、杨雾晨、高凤翔

第八章：吴成志、余禹琪、程吉、田蕴

附　录：王星宇、罗志伟、刘潇、张阿双

他山之石，可以攻玉。尽管国情、制度等方面存在差异，但美国在环境执法方面的有益经验和成功做法仍然具有很强的参考价值。限于篇幅，本书并不能涵盖所有问题，期待更多专家、学者来研究和关注我国环境执法工作，期待环境系列法律法规能够在未来得到更好的实施，并能够真正在全社会形成遵法守法、尊重自然、保护环境的氛围。

需要说明的是，除本书中已经注明的文献外，本书还参考了来自美国环保局、司法部、农业部等相关部门的官方网站。由于作者水平与能力有限，错误在所难免，敬请广大读者批评指正。

2018年1月31日

目　录

环境执法的有关背景

1．环境法体系与宪法之间的关系?

《美国宪法》，包括正文（7 条）和宪法修正案（26 条）。它们在美国法律中享有至高无上的地位。《美国宪法》决定美国的政体。美国联邦、各州、地方政府的权力、人民的权利以及所有法律，不得与宪法相冲突。

在《美国宪法》制定时，美国还处于农业社会，没有产生大规模污染的能力。为此，《美国宪法》没有对环境保护问题作出规定。《美国宪法修正案》大多制定于 19 世纪 70 年代之前，即美国环境法成熟时代之前，没有涉及环境问题。《美国宪法第十修正案》规定，宪法未授予合众国、也未禁止各州行使的权力，由各州各自保留或由人民保留。因此，联邦没有直接的宪法依据管理美国环境。尽管如此，美国联邦最高法院通过行使法律解释权，对下列宪法条款做出扩张解释，使其成为联邦政府环境管理的宪法依据：

（1）联邦至上条款（《美国宪法》第六条）。宪法和依宪法所制定的美国的法律，以及根据美国的权力已缔结或将缔结的一切条约，都是国家的最高法律，即使州的法律中有与之相抵触的内容，每个州的法官都应受其约束。根据该条款，联邦取得了高于州的法律地位。为联邦环境法的制定与实施提供了宪法基础。据此，总统拥有实施国会制定的环境保护法律和签署并履行环境保护国际条约的权力，联邦拥有通过制定法律、签署条约等方式实现对环境管理和赋予公众环境权的权力。

（2）财产条款（《美国宪法》第四条第三款）。国会对属于美国的领土或其他财产，有权处置和制定一切必要的条例和规章。此为《美国宪法》的财产条款。财产条款对于联邦管理自然环境具有重要意义。因为联邦拥有大量土地，联邦可以通过对公共土地的管理实现环境保护。

（3）商业条款（《美国宪法》第一条第八款第三项）。根据该规定，国会有权管理同外国的、各州之间的和同印第安部落的商业。该条又称“州际贸易条款”。它确立了联邦政府管理跨州商务的权力。联邦最高法院在有关判例中将这个权力解释为涵盖跨州污染问题，从而为联邦政府管理跨州的污染提供了宪法依据。比如，1981年，美国联邦最高法院审理的霍代尔诉印第安纳州一案是联邦利用商业条款管理自然资源和环境事务的代表案例。

（4）正当程序条款（《美国宪法第五修正案》和《美国宪法第十四修正案》）。这两个修正案分别针对联邦政府和州政府规定，未经正当法律程序，不得剥夺任何人的生命、自由或财产。该正当程序条款与环境法之间的密切联系在于，联邦必须遵守保护环境的程序规定，并为公众参与环境管理、制裁污染者制定严格的程序要求。在具体的环境法中，大多都对公众参与做出了程序上的规定，如《清洁空气法》。同时，联邦《行政程序法》的颁布与实施，也对行政机关提出了程序上的严格要求[①]。

当然除上述重要条款外，还有一些条款为美国环境法提供了依据。比如：（1）1791年批准生效的《美国宪法第一修正案》规定：“国会不得制定关于确立国教或禁止宗教活动自由的法律”。该条款又被称为“宗教自由条款”，这在有关案例中被用作保护宗教名胜环境的依据。（2）《美国宪法第十修正案》规定：“本宪法未授予合众国也未禁止各州行使的权力，分别由各州或由人民保留。”根据该条款，州政府有权制定环境法规和环境管理规章条例[②]。

需要特别指出的是，《美国宪法第四修正案》还提到了“人民的人身，住宅、文件和财产不受无理搜查和扣押的权利”，也就是“搜查”条款。根据该条款，在没有征得被管理者同意的情况下，环境管理人员进入被管理者的设施进行检查必须持有法院签发的搜查令；相应地，环境管理的对象即被管理者有时会利用该款来阻止环境管理部门正当的视察、监测和检查。为了避免这个问题，国会在有些法律法规中授予环境管理部门无须搜查令就可以进行检查的权力。此外，根据判例法认可的“公开场地规则”，环境管理人员可进入被管理者财产范围内的对公众公开的场地，从而对被管理者的排污状况进行监测。如有必要进入不公开场地检查或监测，环境管理人员一般会实现从法院获得搜查令，以避免不必要的麻烦[③]。

---

① https：//www.archives.gov/founding-docs/constitution-transcript.

② 王曦. 美国环境法概论[M]. 武汉：武汉大学出版社，1992.

③ 王曦. 美国环境法概论[M]. 武汉：武汉大学出版社，1992.

2．环境法体系总体情况是怎样的?

美国环境法是由多种法律规范组成的复杂的混合体。它既包括联邦的法律、州的法律以及地方的法律，还包括各种行政法规以及适用这些法律和法规的司法判决。其内容包括：污染控制、对环境中各种有毒物质的控制、拟议中的经济发展项目的环境影响分析以及各自然区域的保护等。整个环境法体系是一个由行政法、民法、刑法中与环境有关的部分以及国家关于科学、技术和能源的发展政策组成的复杂的混合体①。

美国环境法律体系可大体分为成文法和不成文法，成文法分为联邦和州的立法机关专为保护环境制定的法律和非专为保护环境制定但适用于环境领域的法律两部分，不成文法指与环境有关的普通法和司法判例②。

（1）成文法中专为保护环境而制定的法律是美国环境法律体系的主干。就联邦法而言，这个主干的上层是《国家环境政策法》、下层包括污染控制法律和资源保护法律两大系列。下层的两个法律系列包含美国批准的有关国际环境保护条约的确认和实施的法律。为实施这些环境法律，美国还制定了大量行政条例，包括环境标准。这个环境法律体系的主干覆盖面很广，发挥着传统的不成文法和其他有关法律所不能发挥的重要作用，将环境与发展两个目标统一起来，全面调整有关经济发展与环境保护相互关系的国家公共政策。成文法中非专为保护环境而制定但适用环境保护领域的联邦法律，主要有联邦宪法、联邦行政程序法等。这些法律不是专门的环境法律，但实施环境法律却离不开它们。例如，联邦宪法的某些条款通过司法解释可成为联邦政府环境管理的法律依据。

（2）不成文法中有关环境保护的普通法和司法判例是美国环境法律体系的必要部分。美国继承了英国的普通法传统，属于普通法国家。所谓普通法，指发轫于英格兰，由拥有高级裁判权的王室依据古老的地方性习惯，或是理性、自然公正、常理、公共政策等原则，通过“遵循先例”的司法原则，在不同时期的判例的基础上发展起来的具备司法连贯性的特征，并在一定的司法共同体内普遍适用的各种原则、规则等的总称。③与环境保护关系密切的普通法主要是

---

① [美]RW 芬德利，DA 法贝尔. 美国环境法简论[M]. 程正康，等译. 北京：中国环境科学出版社，1986.

② 张辉. 美国环境法研究[M]. 北京：中国民主法制出版社，2015.

③ 薛波. 元照英美法词典[M]. 北京：北京大学出版社，2017.

侵权法，污染环境的行为往往构成侵权，受害人可根据侵权法对污染者起诉以谋求司法救助。司法判例在美国是法律渊源之一，环境法律的实施通过司法判例而得到确认和解释。

就联邦层面而言，与环境保护有关的法律及其法规来源主要包括：《宪法》、国会立法（国会）、行政命令（总统和内阁）、司法（法院解释或判例）、行政部门（规章制度）和国际法。不同立法主体的立法成果体现在不同的典籍中。国会立法进入《美国法典》，行政命令进入《总统声明及行政命令汇编》，联邦最高法院的判决和解释进入《美国最高法院判例汇编》、行政部门规章进入《联邦规章法典》[①]。

由于美国具有历史悠久的法律传统和较好的法治基础，因此，新生的环境法能够得到社会的尊重和相对良好的执行。

3．环境法具有哪些基本特征？

第一，环境法吸收了丰富的环境伦理思想。对于环境问题及其危害引发了诸多学者的反思，一些具有前瞻性的学者深刻指出“环境危机源于人的思维、决策和行为的失误”。美国海洋生物学家蕾切尔·卡逊（Rachel Carson）在其轰动世界的名著《寂静的春天》（1962年）中写道：“是什么东西使得美国无以数计的城镇的春天之音沉寂下来了呢？……不是魔法……而是人们自己。”美国生物学教授戴维·埃伦费尔德（David Ehrenfeld）在《人道主义的僭妄》（1978年）一书中指出：“沙漠的制造者和工具的制造者一样是适合人类的定义。”既然环境问题的本质在于人与自然环境的关系不协调，那么，解决问题的出路也应在于人类自己，在于转变人的价值观念和思维方式，对自己的行为和活动进行必要的规范、约束和限制。在美国，一系列重大环境事件激发了公众和政府对不顾生态环境而盲目发展经济的方式进行反思，环境伦理观念得以广泛传播，这为美国环境法制定和实施酝酿了丰厚的思想基础。

第二，立法重视技术的可行性和经济的合理性。立法不是目的，法律执行并实现立法目的才是核心。美国环境法比较注重可操作性。对不同类型的污染，法律规定采用不同的污染控制技术。法律和技术结合是环境法的一个鲜明特征。具体可从对各种污染物规定的排放标准初见端倪。例如，《清洁水法》对现有直接排

---

① 张建宇，严厚福，秦虎. 美国环境执法案例精编[M]. 北京：中国环境出版社，2013.

放的点源规定的排放标准是以“当前可得最佳可行控制技术”为基础的，对有毒污染物规定的排放标准是以“经济上最佳可得控制技术”为基础的，对常规污染物规定的排放标准是以“最佳常规污染物控制技术”为基础的，对新点源规定的排放标准是以“经证实了的最佳可得控制技术”为基础的。同时，为了平衡环境与经济的关系，美国环境法的制定和实施充分考虑了经济因素。如《安全饮用水法》要求制定每一个新标准时必须进行彻底的成本—收益分析，以决定饮用水标准的收益是否大于成本。对某些污染的控制，即使技术上可行，若经济上不合理，也会遭到广泛的反对。

第三，多种创新性手段为环境政策目标实现提供有效保障。为了实现环境政策目标，美国根据自身的国情，并在具体实践过程中创新性地设计了多种控制手段。可总结概括为几种主要的模式：

一是预防模式。《国家环境政策法》为政府机构的开发决策制定的环境影响评价制度即属此类。

二是命令控制模式。在《清洁空气法》和《清洁水法》中对特定污染物的排放限制规定即属此类。

三是技术强制模式。此即通过强制适用适当的污染控制先进技术来有效地控制污染。《清洁水法》规定，新的水污染源必须在排放控制中使用可获得的最佳可行控制技术即属此类。

四是市场模式。运用市场机制达到预防污染和废物减量化目标。《清洁空气法》中1990年修正案提出的排污交易制度即属此类。

第四，高度重视公众参与，并充分保障公众环境参与权的实现。环境参与权是公民享有的一项重要政治权利。环境参与权是公民享有的通过一定的程序和途径参与环境立法，参与一切与环境利益相关的决策和听证，参与环境管理并对环境管理部门以及单位、个人与生态环境有关的行为进行监督的权利。美国《国家环境政策法》除要求联邦政府就对环境有影响的重大联邦行为进行环境影响评价并制作报告书外，还要求行政机关充分公开其对人类环境有重大影响的决策活动的情报和资料，同时确认和保障公众参与对行政机关的有关活动的环境影响进行评价的权利。《清洁水法》更是做出明确规定，公民有权参与对环保局长或任何州根据本法制定的标准、计划与规划提出修改，环保局长及该州应鼓励公众并为其创造条件。公众参与可以促进环境行政民主化，防止因行政机关的违法或不当行为造成环境污染和破坏[①]。

4．环境法的目标是什么？

根据美国1969年《国家环境政策法》第一篇第一节第二条，美国环境法宣布的国家目标是[②]：

（1）国家能够“履行作为后代的环境受托管理人的责任”；

（2）国家能够“为全体美国人确保安全的、有益于健康的、多产的和具有美学的和文化美的环境”；

（3）国家能够“实现对环境的最大程度的有益利用并避免退化、对健康和安全的威胁和其他不受欢迎的或并非所求的后果”；

（4）国家能够“保存国家的历史文化和自然遗产，并在一切可能的情况下保持一个支持个人选择的差异和多样化的环境”；

（5）国家能够“实现允许高生活标准和广泛共享生活舒适的人口和资源利用之间的平衡”；

（6）国家能够“提高可更新资源的质量并尽力做到最大限度地循环利用可枯竭资源”。

美国环境法的目标可以总结为，建立人与自然的和谐关系、保护环境、消除污染。具体而言：

一是建立人类与自然之间的和谐关系。环境法的目的是促进人与其环境之间的积极和谐关系，防止并消除对环境和生物圈的破坏，提高人类的健康水平与福祉，增强人们对于生态系统和自然资源对国家重要性的认识。

二是约束人类行为。环境法要求人类创造并保持能够与自然积极和谐共存的条件，满足美国当代及后代的社会、经济发展的要求，开发运用保障及促进环境质量提高。

5．环境法是如何平衡环境保护和经济发展关系的？

经济发展与环境保护是既对立又相互统一的关系，如何处理和平衡二者的关

① 谢秋凌. 美国生态环境保护法律制度简述[J]. 昆明理工大学学报：社会科学版，2008，8（1）：10-14.

② 王曦. 美国环境法概论[M]. 武汉：武汉大学出版社，1992：315-316.

系是一门艺术。经济发展是否必然造成环境破坏，环境保护是否必然阻碍经济发展？如何处理经济发展与环境保护之间的矛盾？

美国国会认为，人与环境之间应和谐共存，满足社会、经济发展需要。人口与资源利用之间也要达到平衡，并实现高质量生活和舒适生活的广泛共享。在不造成环境退化、对健康没有风险的前提下，实现对环境最大范围的有益利用。但对资源的使用，则必须提高可再生资源的质量，最大限度地循环利用不可再生资源。这就确定了国家环境政策中的一个重要原则，即保持经济发展与环境保护之间的平衡原则。除了保持经济发展和环境保护之间的平衡，还要保持科技水平与环境保护之间的平衡。技术不可行的环境目标不仅不能实现，甚至会造成经济负担。

为了有效平衡经济发展与环境保护之间的关系，环境质量委员会在颁布的《环境质量委员会关于国家环境政策法的实施条例》中引入了经济学方法。该条例规定，在对联邦行政机关的行为进行环境评估时，需要运用成本—收益法对可能造成的环境成本和可能带来的经济收益做出评估。随着环境立法的逐渐完善，经济学方法以及市场手段被广泛运用到环境法律中，如《清洁空气法》中的“泡泡政策”。通过在环境保护中引入经济学方法和市场手段，联邦在实现环境保护目标的同时，也促进了经济的发展。

6．环境法与公众参与是什么关系？

保障公众参与是美国环境法律体系的基石之一。公众参与对于美国环境法的修订完善、政府执行的监督等方面发挥了十分重要的补充性作用。

1969 年颁布的《国家环境政策法》，通过规定环境影响评价制度，一方面要求行政机关“充分公开”其对人类环境有重大影响的决策活动的情报和资料，另一方面确认并保障公众对行政机关的有关活动的环境影响进行评论的权利。另外，该法第 101 条（c）款确认，公民有在健康环境中生活的权利以及环境保护的义务。该条规定，国会认识到每个人有权享受健康的环境，同时也负有为保护环境和提升环境质量而做出贡献的义务[①]。

1970 年的《清洁空气法》授权，任何人均可对违反排放标准及环保局局长或

---

① NEPA 101（c）：The Congress recognize that each person should enjoy a healthyful environment and that each person has a responsibility to contribute to the preservation and enhancement of the environment.

州命令的任何人提起民事诉讼。对于环保局局长的失职行为也同样可以提起民事诉讼。对于这样的诉讼，不论争议金额或者当事人的国籍，地区法院均应受理。法院应要求违反者执行排放标准、限制或命令，并有权要求环保局局长根据该法要求履行法令或义务。

又如，根据《清洁水法》第101条（e）款规定[①]，公众在参与美国环保局局长、州的管理者在制定、修改和实施任何管理规定、环境标准、排放限值、规划或者具体计划的过程中，环保局局长应与各州合作，提供相关材料或信息，鼓励、协助公众参与，共同制定并发布公众参与决策的指南。根据上述条款，不难看出，该法中规定的“公众参与”，明确了环保局局长和各州管理者为“公众参与”提供的详细的具体义务，可概括为三个层次，即主动提供信息、鼓励参与并提供必要的协助等义务。凡是规定应当制定“公众参与”相关规定和指南的，或者应当吸收“公众参与”的，如相关部门不遵守规定，都将面临司法审查或公民诉讼，从而对“公众参与”给予有力的法律保障。

7. 环境法的可操作性是如何实现的？

为了实施美国国会制定的环境法律，美国联邦环境行政管理部门（主要是美国环保局）制定了大量配套的行政法规。这些行政法规制定的目的就是将国会的环境立法进行细化并能为各相关部门的实施提供有力支撑，从而有利于法律的落实。这些配套的行政规章往往制定得非常详细。它们随着执法实践的发展不断修订，内容还在不断丰富。《清洁空气法》长达234页，美国环保局则配套制定了数卷的实施细则。而所有这些相关的行政法规都被纳入《联邦条例汇编》（*Code of Federal Regulations*）之中了。

8. 环境立法的时代背景是怎样的？

美国环境立法是在人们对环境危害深刻认识的基础之上开始的。在工业化发展早期，美国人并不认为空气中的烟尘是一种污染，反而认为烟尘是富有经济活

---

① FEDERAL WATER POLLUTION CONTROL ACT S EC . 101.（e） Public participation in the development，revision，and enforcement of any regulation，standard，effluent limitation，plan，or program established by the Administrator or any State under this Act shall be provided for，encouraged，and assisted by the Adminis-trator and the States. The Administrator，in cooperation with the States，shall develop and publish regulations specifying minimum guidelines for public participation in such processes.

力的象征，代表着繁荣和富裕。20 世纪初期，美国邻近五大湖区的主要城市向湖内排放污染物的行为甚至得到了法律的确认和保护。这些事实证明，人类对污染的认识有一个过程，并不是污染一出现就能够认识到的[①]。

重大环境污染、重大环境事故以及引发的公众环境运动是环境立法的主要驱动力。在世界环境史上曾经出现了“八大公害事件”，美国占了两件：一件是洛杉矶光化学烟雾事件；另一件是多诺拉烟雾事件（见专栏 1-1 和专栏 1-2）。

专栏 1-1　美国洛杉矶光化学烟雾事件及后续空气质量改善举措

美国洛杉矶光化学烟雾事件是 1940—1960 年发生在美国洛杉矶的有毒烟雾污染大气的事件，是世界著名的八大公害事件之一。

第二次世界大战后，洛杉矶的飞机制造和军事工业迅速发展，成为美国西部地区的重要海港，也是美国的第三大城市。随着工业发展和人口剧增，洛杉矶在 20 世纪 40 年代就已拥有 250 万辆汽车，每天大约消耗 1 100 t 汽油，排出 1 000 多 t 碳氢化合物（C_xH_y 或 RC）、300 多 t 氮氧化物（NO_x）、700 多 t 一氧化碳（CO）。另外，还有炼油厂、供油站等其他石油燃烧排放。洛杉矶三面环山的地理环境以及经常受到逆温的影响，使大气污染物不易扩散。1943 年，美国洛杉矶市发生了世界上最早的光化学烟雾事件。在 1952 年 12 月的一次光化学烟雾事件中，洛杉矶市 65 岁以上的老人死亡 400 多人。1955 年 9 月，65 岁以上的老人又死亡 400 余人，许多人出现眼睛痛、头痛、呼吸困难等症状甚至死亡。

调查表明，洛杉矶光化学烟雾发生的根本原因就是机动车污染物排放，但直到 1958 年才研究清楚。洛杉矶光化学污染事件是美国环境管理的转折点，其不仅催生了著名的《清洁空气法》，而且使美国始终起到环境管理的带头示范作用。在洛杉矶，环境管理措施的核心包括：

➢ 设立空气质量管理区，加大区域环境管理部门的自主权，以期环境政策能够以最有效的方式落实；

➢ 设立排放许可证制度，严格控制排污企业；

➢ 为交通污染源（从内燃机、汽油到排放）设立了严格环境标准；

➢ 开放环境交易市场，将市场化手段引入环境减排中；

➢ 投入很强的科研及管理力量，开发通用的环评软件及有效的污染控制技术。

---

① 尹志军. 美国环境法史论[D]. 北京：中国政法大学，2005.

通过40余年的努力，洛杉矶的空气开始慢慢好转。尽管洛杉矶的人口数量增长了3倍、机动车数量增长了4倍多，但该地区发布健康警告的天数却从1977年的184天下降到了2004年的4天。洛杉矶地区要求执行加利福尼亚州（以下简称加州）空气质量标准，加州于2002年6月修订了颗粒物排放标准，PM_{10}年均排放浓度标准为20 μg/m^3，日均排放浓度为50 μg/m^3；$PM_{2.5}$年均排放浓度标准为12 μg/m^3，日均排放浓度为35 μg/m^3，该标准严于美国全国标准。但根据美国环保局统计，2008—2010年这3年内，洛杉矶地区臭氧浓度加权平均后为平均每年超标天数为86.2天，但合格指标为不超过3天。$PM_{2.5}$在2008—2010年的年度平均浓度值降到了14.4 μg/m^{3}的警戒线以下，飘尘超标的天数却不合格。未来较长的一段时间内，洛杉矶仍会面临臭氧和$PM_{2.5}$污染问题。

加州继续积极地改善空气质量，但改善空间有限且难度大大增加。比如，城市规划缺陷问题，除市中心有较高的居住和商业密度外，其他地方全是低密度的单栋房屋，且无序、摊大饼式的蔓延扩张，造成了公共交通网络和基础设施建设的难度增加等。

洛杉矶不断提高燃油品质，柴油含硫量降到15×10^{-6}，在城市主要地段提高停车费，增加的成本由驾车出行者埋单。政府也通过低息贷款和补贴的方式鼓励人们对旧车淘汰，使用清洁燃料汽车。加州政府对购买耗油量低、节能环保的汽车给予补贴，鼓励发展电动汽车以及混合动力汽车等。洛杉矶通过退税和税收激励来推动交通运输电气化，鼓励多人合乘一辆汽车。

洛杉矶也制订了强制性的行政措施来应对严重的$PM_{2.5}$超标。例如，在冬季，许多家庭用木柴烧壁炉，这是$PM_{2.5}$浓度升高的主要原因之一。针对这种做法就会通告禁止。在夏季臭氧值超标时，市政府会要求有关工厂削减50%的生产能力，甚至完全停止生产。如果企业违法排放，罚金是可观的。加州政府法规规定按最高上限一天5万美元处罚，直到满足整改要求的当天为止。如果违反空气质量的年度标准，按365天计算，没有处罚上限。最严厉处罚是吊销企业营业执照。除罚款外，同时没收违法所得的经济利益，造成环境损害的还会有民事诉讼和公益诉讼追究赔偿，违法成本很高。洛杉矶政府在对企业的执法监督上，法规条款具体明确。政府24小时都有人值班，接听投诉电话。政府监查人员巡查时，不会通知企业单位。如果企业初犯，先警告改进，再犯则重罚，直至吊销执照。监查人员公平、严格执法。另外，公司都很注重社会形象，避免重罚破产。公众和团体也监督政府的履职。

洛杉矶的空气管理计划具有长期性，目前已规划到2035年，要达到何种空气质量目标，如何达到这种目标，都做了详细的规定。市政府对空气质量管理规划经常进行讨论和修改，并加以规范化。对新建项目的各种污染物排放，必须采取最低排放技术。同时必须对新排放的污染物进行等量替代。等量替代可以通过技术改造，或者关闭工厂，或者购买其他企业的减排量来完成。已经存在的排污企业，可通过排污许可证的形式不断地削减排放量。一般情况下，相关污染物的排放量每年按一定规定量进行削减，这些削减量会分配到当地所有企业。加州和洛杉矶的立法和执法机构把公共健康置于首位。在交通的减排方面，柴油是造成危险细颗粒物的主要排污企业，也是引起癌症、儿童呼吸道疾病和诱发心脏病的主要原因。加州对污染源制定和发放严格的排放许可证，无论是工厂还是车辆，发放许可证后，经常进行现场检查。加州制定出今后汽车排放更低的限额，汽车燃油效率 2016 年要达到 35 英里/加仑，2025年达到55英里/加仑。空气管理规划每年都讨论几次，对今后5年、10年、20年的规划目标进行讨论，达成共识。

注：英里/加仑，每加仑行驶英里数，也就是 mpg，是美国用来衡量车辆燃油效率的主要单位。1 美制加仑=3.785 L，1 英里=1.609 km，因此，如果一辆车的燃油效率为 10 mpg，则其百公里油耗约为 23.5 L，如果燃油效率为 30 mpg，则相当于百公里油耗为 7.84 L。

资料来源：白韫雯，杨富强.美国洛杉矶市治理空气污染的经验和教训（http://cn.chinagate.cn/ environment/2013-07/04/content_29323223_3.htm）。

专栏 1-2　美国多诺拉烟雾事件

多诺拉是美国宾夕法尼亚州的一个小镇，位于匹兹堡市南边 30 km 处，有居民1.4万多人。多诺拉镇坐落在一个马蹄形河湾内侧，两边高约120 m的山丘把小镇夹在山谷中。多诺拉镇与韦布斯特镇隔河相对，形成一个河谷工业地带。在多诺拉的狭长平原上有很多工厂，集中了硫酸厂、钢铁厂、炼锌厂等。公路上货车运输日夜不停，尾气排放的污染物每样都不少。据多诺拉当时的一个炼钢与钢丝厂的宣传册记载，当时维持一天正常的开工需要450 t铁矿石、200 t焦炭、60 t石灰石、60 t辅料。大量的工厂和汽车排放的污染物未经处理直接排放，加上工厂河谷两岸大山阻挡等不利的地理条件，污染物容易造成累积而根本不易扩散。平时的多诺拉镇，林立的烟囱，黑色浓烟滚滚，大气污染已很严重。

1948 年 10 月 26—31 日，由于小镇上的工厂排放的含有二氧化硫等有毒有害物质的气体及金属微粒在气候反常的情况下聚集在山谷中积存不散，这些毒害物质附在悬浮颗粒物上，加剧了大气的二次污染。而工厂为了经济利益，无视空气恶化，甚至直到10月31日，多诺拉锌厂才关闭炉子。人们在短短的6天时间内大量吸入有害气体，引起各种症状，全城14 000人中有约6 000人眼痛、喉咙痛、头痛、胸闷、呕吐、腹泻，近20人直接死亡。

根据美国联邦公共卫生局会同该州卫生局在事件发生后两个月内进行了调查，结果如下：事件发生期间，多诺拉发病人数共5 911人，初期症状是呼吸道、眼、鼻、喉感到不适。轻度患者占居民总数的15.5%，症状是眼痛、喉痛、流鼻涕、干咳、头痛、肢体酸乏；中度患者占16.8%，症状是咳痰、胸闷、呕吐、腹泻；重度患者占10.4%，症状是综合的，各种症状中咳嗽是最普通的。调查证明，发病率和严重程度与性别、职业无关，而与年龄有关。患者年龄在65岁以上的超过60%；死亡近20人，年龄介于25岁和84岁之间，平均65岁。死者有一个共同点，即原来都患有心脏或呼吸系统疾患。尸体解剖记录证明死者肺部都有急剧刺激引起的变化，如血管扩张出血、水肿、支气管炎含脓等。

值得庆幸的是，美国迅速从悲剧事件中吸取教训，建立起包括法律、行政法规以及其他创新性管理手段等应对体系。比如，在20世纪70年代的拉夫运河有毒化学品污染事件后，美国于1989年制定了《综合环境反应、赔偿与责任法》，即《超级基金法》。美国不仅从本国的环境事件中汲取教训，还从世界的环境事件中总结教训、加强立法。比如，1984年12月3日发生在印度的博帕尔农药厂泄漏事件（造成了2 000多人直接死亡），这个事件让美国在1986年通过了《紧急规划和社区知情权法》。

9．环境立法的社会基础是什么？

美国总统身处国家政治中心，其环境意识的高低对全民环境意识的整体提升具有非常重要的作用。工业化早期的大多数美国总统都强调对自然资源的保护，尽管其对自然资源的认识有所不同。如1933年，罗斯福总统在就任总统后就设立了民间自然资源保护队，雇用了数百万青年进行自然资源保护。尽管其保护结果尚存争议，但确实广泛传播了自然保护思想。约翰逊总统则致力于解决工业社会环境污染问题，其采取的政策被称为新自然保护。

工业化发展早期，在人与环境关系问题的哲学上占统治地位的仍是人类中心主义，即人类利益至上。但是随着美国经济社会的发展，由于一系列事件的发生，同时，一些富有远见卓识的学者提出了对人类的警告，让人们开始进行反思。如

20 世纪 30 年代，由于过度开垦，美国大草原因风蚀而发生了严重的沙尘暴，并引发了严重的经济和社会问题。美国 20 世纪 40 年代发生的洛杉矶光化学烟雾事件、多诺拉烟雾事件以及 1969 年 1 月圣巴巴拉海发生的造成大量海鸟死亡的海洋污染事故，唤起了全体美国人对污染的注意。又如，1962 年，蕾切尔·卡逊（Rachel Carson）的《寂静的春天》描述了人类行为对于自然环境的破坏，以及其严重后果，该书极大地提高了美国公众对污染造成的环境问题的认识。1968 年，加雷特·哈丁（Garrett Hardin）发表的《公地的悲剧》（*The Tragedy of Commons*），论述了公共资源无度使用的严重后果。各种污染事件的发生以及学者们的警示性论述，促进了美国公众环保意识的觉醒，从而为全国性的环境保护立法奠定了认识基础。

20 世纪 50 年代末期，美国经济经历第二次世界大战后快速发展后开始恶化，各种社会问题日益严重，这使美国社会运动此起彼伏。20 世纪 60 年代也成为美国历史上群众运动至今最为高涨的时代。黑人民权运动、新左派运动、反正统文化运动、反战运动、妇女运动等此起彼伏。这些社会运动提高了公众的社会意识、权利意识，同时提高了公众的法律地位，并为 20 世纪 70 年代到来的环境保护运动打下了群众运动的基础①。

第二次世界大战后，美国科技进步、经济繁荣都呈现出了前所未有的面貌，这引起了一系列连锁反应。第一，它使得美国步入富足社会，整个社会日益中产阶级化。人们对生活质量的要求也在提高，越来越多的人希望拥有健康、清洁、舒适的自然环境。第二，它缩短了工作时间，同时也就意味着人们有了更多的闲暇时间。闲暇时间的增多，使人们有机会参加各种户外游览和娱乐活动，出游、滑雪、登山、钓鱼、游泳、打高尔夫球的人越来越多，这就对环境提出了更高的要求。美国环保运动直接起因于人们对资源日趋匮乏的警觉和对环境污染日渐严重的恐惧。随着军备竞赛的加剧和工业的急速扩展、生育高峰的到来和人口的膨胀，美国的资源和能源消耗也以几何级数递增，这一方面导致资源枯竭和能源危机，另一方面也制造了大量工业废料、废气和生活垃圾。在美国，从住宅、工厂和公共场所收集的固体垃圾，每人每年平均接近 1 t。这些工业和生活垃圾造成了严重的环境问题，引起了公众的不满和抗议。此外，第二次世界大战后对环境的最大威胁来自工业污染，包括水污染、核污染、化学污染，以及因汽车工业的飞

① 尹志军. 美国环境法史论[D]. 北京：中国政法大学，2005.

速发展所带来的空气和噪声污染等。美国社会对环境不满最终汇集成一股潮流，集中爆发在1970年4月22日。这一天，大约有2 000万美国人走上街头进行了“人类历史上规模最大的示威游行”，以表示对环境污染的不满。美国环境运动坚定了联邦政府环境治理的决心，加速了环境立法，并加强了政府环境管理。

10．环境法的历史发展是怎样的？

美国环境法的历史大体经历了三个发展时期，即建国后的初始时期、19世纪后期和20世纪初期奠基时期，20世纪70年代的大发展时期。

初始时期的一些环保思想家为美国环境法提供了保护自然的思想之源。保护自然环境的行动者推动了自然环境的立法保护，提高了公众对于自然环境的认识。但建国之初的宪政基础和土地制度决定了联邦与州在环境保护上各自为政。由于对环境保护缺乏统一认识、为了经济利益或精神享受保护自然、环境保护影响范围有限、普通法的天生缺陷、成文法的历史局限等多种因素，尽管美国在初始时期制定了关于国家公园、森林保护、野生动物保护等法律，但环境状况仍进一步恶化。

在奠基时期，罗斯福总统将保护环境视为恢复经济的手段之一。继任总统开始治理污染，并制定了治理污染的法律。如1948年的《水污染控制法》和1955年的《空气污染控制法》。由于受传统宪政思想影响，以及对污染问题认识不够，联邦没有采用直接干预的方式介入污染治理，而是通过支持、调查、研究、推荐、建议、财政等手段间接影响州对污染的治理。在奠基时期，环境法律要求在审理环境案件时，需要平衡环境与经济的关系。此外，在奠基时期，国际环境法在美国环境法中得到了初步发展，主要方式为国际公约、双边条约和国家间诉讼。代表案例是美国与加拿大之间的“特雷尔冶炼厂案”。

国会在奠基时期通过的环境法律较少，主要延续了初始时期保护自然环境的法律。奠基时期为美国20世纪70年代环境法的大发展奠定了宪法基础、经济基础、社会基础、法律基础等。正是因为有了奠基时期的充分准备，美国才能自20世纪70年代起开始创造并制定出当今世界最为完善、健全、有效的环境法律体系之一。

大发展时期美国环境法取得了巨大发展。新联邦主义在这个时期主导了环境法的制定与实施，联邦取得了高于州的地位，开始全面保护环境。环境立法具有了广泛的群众基础和一定的工业基础。为有效制裁破坏环境的行为，这个时期的环境法强化了行政和刑事手段的运用。为了平衡经济与环境之间的关系，环境法还将经济因素渗透到环境法之中，为环境保护提供具有经济效率的手段。在保障公众权利上，成熟时代的环境法将保障公众环境事务的参与权和知情权作为法律的重点。在争议解决手段上，环境法将调解作为解决环境争议的重要手段之一。

经过大发展时期的努力，美国环境法已较为完备，并且得到了较好的执行。20 世纪末期，美国的环境质量得到了大幅提高。无论是空气、水、有毒物质防治，还是自然资源保护，在这个时期都有了极大改善。

11．环境立法高峰时期环境立法的历史性作用是什么?

20 世纪 70 年代是环境立法的高峰 10 年。在这 10 年中，几乎讨论、修订、制定了美国大部分重要的环境法律。

美国联邦政府的环境政策一直到 1969 年年底之前，都是不明朗的。国家对于来势凶猛的环境危机采取何种态度？如何处理经济发展与环境保护的关系？这些重大挑战都摆在联邦政府面前。美国国会于 1969 年正式通过《国家环境政策法》，回应了美国社会对环境保护的诉求。该法明确宣布了国家环境政策，并创立国家环境质量委员会以辅佐总统处理环境事务。该法为改善联邦行政机构的决策程序而专门创设了环境影响评价制度。

对于各种类型的污染，在 20 世纪 70 年代以前虽然制定了一些法律，但总体上效果不好，而进入 70 年代后开始制定、修订的大量法律，使得大多数类型的污染得到了有效管控[①]。

针对水体污染，1948 年制定的《联邦水污染控制法》于 1965 年修订后改为《联邦水质法》（1956 年和 1961 年两度修改）。1972 年，考虑到该法在控制水污染方面作用甚微，美国国会以一项名为《清洁水法》的修正案对其做了几乎等于重写的大幅度修订。该法修改后大大加强了联邦政府在控制水污染方面的权力和作用。该法后又经 1977 年的重大修订后沿用至今。

针对固体废物，1976 年，颁布了《固体废物处置法》，1984 年修订，改名为《资源保护与回收法》。

同时代通过的法律（或修订）包括：1972 年经过修订后颁布的《联邦杀虫剂、

① 王曦. 美国环境法概论[M]. 武汉：武汉大学出版社，1992.

杀菌剂及灭鼠剂法修正案》（此法前身为1947年生效的《联邦杀虫剂、杀菌剂及灭鼠剂法》），此后这一修正案又经过多次修订；同年还通过了《噪声控制法》；1973年通过《濒危物种法》；1974年，美国通过了《森林和牧场可更新资源规划法》《安全饮用水法》；1977年通过了《有毒物质控制法》和《露天采矿控制和复原法》。

20世纪70年代的美国环境立法为美国全面地进行污染预防、污染控制和消除环境污染以及生态破坏提供了坚实基础，奠定了美国环境治理的基本框架体系①。

（1）基本确立了联邦的环境法律体系

20世纪70年代，既有规定国家环境政策的立法——《国家环境政策法》，又有规定具体领域的专项法律如《清洁空气法》等。《国家环境政策法》为统一政府各部门对环境问题的认识和政策提供了最高准则。同时各项专门的单行法为行政部门行使环境管理权力提供了强大的武器。一系列的环境立法为美国经济和环境协调发展提供了强大的法律保障。

（2）建立了联邦的环境行政管理体制

1970年，美国设立了美国国家环境保护局（以下简称美国环保局），整合了分散在联邦政府组成机构的各个诸如农业部、商业部、内政部等部门之中的环境管理职能。同时，20世纪70年代以来的各项环境立法授予了美国环保局针对水体污染、大气污染、固体废物污染、农药污染、噪声污染等各种形式的污染进行管制的权力。与此同时，环境立法也强化了其他相关行政机关的环保职责。

以美国环保局成立为标志，相继又探索设立了10个地区办公室等，建立了管理体系比较完整、职权分工相对合理的环境管理体制，适应了应对环境危机的实际需要。

（3）明确了国家的环境战略

20世纪70年代不仅建立了环境管理行政体制，而且推出了一系列环境立法。关键是通过这些措施确立了国家环境管理战略，具体包括以下三个方面：

一是通过改革行政方法实现国家环境保护的目标。

《国家环境政策法》明确要求，行政机关在决策过程中要“能够确保综合利用自然科学和社会科学以及环境设计工艺的系统的多学科的方法”；“确定并发展各种方法和程序，确保环境舒适和环境价值也能在决策时与经济和技术问题一并得到适当的考虑”；“提倡在制定开发资源计划时使用生态学情报”。该法明确规定了

---

① 王曦. 美国环境法概论[M]. 武汉：武汉大学出版社，1992.

环境影响评价程序对行政部门采纳上述方法予以保障。

二是法律与污染控制技术有效的结合。

美国环境立法十分注重根据具体情况要求排污单位采用先进适用的污染控制技术。针对不同类型的污染，法律规定采用不同类型的控制技术。这种法律与技术结合的一个鲜明表现形式是对各种污染物排放标准的规定。比如，《清洁空气法》对新的污染源规定的“新源执行标准”是以“充分证实了的最佳控制技术”为基础的。这种做法的好处，一是以法律强制性推广最佳可行的污染控制技术，促进污染防治；二是以法律为生产部门的技术和产品的更新以及污染控制技术确定发展导向；三是使得法律关于防止污染的规定不脱离经济与技术发展的现实，更加实用有效。

三是行政管理与公众参与的结合。

环境行政管理同公众参与相结合的战略是一个“两条腿走路”的战略。一方面，授权国家行政机关为环境法的主要实施者，负责繁重的日常管理工作；另一方面，公众参与可解决行政管理边界有限、污染信息不对称的问题，同时也弥补行政管理惰怠，两者相辅相成。

（4）提升了全社会的环境觉悟

环境立法明确宣布了国家环境政策和目标，并对污染制造者和生态环境破坏者的行为给予明确的管制和制裁。它除了迫使污染者改变生产方式以减轻和削减污染的作用外，还有利于进一步增强广大公众的环境意识，提高环境觉悟，自觉进行环境保护。

12．环境法实施效果如何？

经过自 20 世纪 70 年代以来持续的努力，美国环境法比较完善，并且得到了很好的执行。经过几十年的努力，美国污染物排放量显著降低，环境质量得到明显的改善。

在大气方面：对人类和生态系统有潜在伤害的常规污染物的环境浓度大幅降低，包括一氧化碳（CO）、二氧化氮（NO_2）、二氧化硫（SO_2）、臭氧（O_3）、颗粒物（PM）和铅（Pb）；限制有害空气污染物（HAPs）的来源和风险；保护和改善可见度受损的荒野地区和国家公园；减少导致酸雨的污染物排放量，特别是 SO_2 和氮氧化物（NO_x）的排放量。2013 年全国 CO、Pb、NO_x、VOC、一次 PM_{10}、一次 $PM_{2.5}$ 和 SO_2 排放量较 1990 年分别降低了 59%、80%、48%、39%、20%、

24%和78%；同期空气中CO、O_3、Pb、NO_2、PM_{10}和SO_2的浓度分别降低了76%、23%、87%、50%、34%和76%。$PM_{2.5}$自2000年以来降低了34%。

在水质方面：美国曾经只有1/3的水适合游泳或钓鱼；湿地每年以超过4万m^2的速度消失；农业灌溉导致2 250亿t水土流失且大量的磷和氮沉积在水体中；污水处理厂的处理能力只能为8 500万人服务。经过几十年努力，美国河流、湖泊等水体的水质得到了极大的改善。如今，美国2/3的水适合游泳或钓鱼；农业灌溉导致的水土流失下降到10亿t，从而降低了水体中磷和氮的含量；现代化的污水处理厂能够服务的人增加到1.73亿人。

13．环境法体系主要包括哪几部法律?

总体上看，美国联邦环境法主要包括7部法律，即①《国家环境政策法》；②《清洁空气法》；③《清洁水法》；④《资源保护与回收法》；⑤《综合环境反应、赔偿与责任法》（又称《超级基金法》）；⑥《有毒物质控制法》；⑦《联邦杀虫剂、杀菌剂和灭鼠剂法》。

上述法律按照其类型划分，可以分为：①政策型法律，即《国家环境政策法》；②技术型法律，即《清洁空气法》和《清洁水法》；③风险评估型法律，即《有毒物质控制法》和《联邦杀虫剂、杀菌剂和灭鼠剂法》；④责任型法律，即《资源保护与回收法》和《综合环境反应、赔偿与责任法》。

根据污染控制的全过程，即事前预防、过程控制、末端处理，可以划分为：①风险预防型环境法律，即《国家环境政策法》，规定了美国联邦政府部门和机构在政策制定和行政行为上的环境程序性义务，尤其是环境影响评价义务。②过程控制性法律，主要体现在《清洁空气法》《清洁水法》《有毒物质控制法》《联邦杀虫剂、杀菌剂和灭鼠剂法》。③末端控制型法律，主要体现在《综合环境反应、赔偿与责任法》和《资源保护与回收法》中[①]。

14．《国家环境政策法》的地位和作用是什么?

美国《国家环境政策法》于1969年颁布，该法被誉为国家保护环境的基本章程。它主要发挥了两个方面的作用：第一，为美国的环境保护规定了国家政策，设定了目标，并提供了实施手段；第二，规定了环境影响评价制度。该法不仅对

① 张辉. 美国环境法研究[M]. 北京：中国民主法制出版社，2015.

美国国内环境保护具有纲领性的指导作用，而且其在国际上也产生了非常大的影响，其中最主要的原因是其确立的环境影响评价制度。

根据该法的第二条，该法目的是：宣示国家政策、促进人类与环境之间的充分和谐；努力提倡防止或者减少对环境与自然生命物的损害，增进人类的健康福利；充分了解生态系统以及自然资源对国家的重要性；设立环境质量委员会。

该法总体上有四个方面的特征：第一，设计并确立了环境影响评价制度。其中最为有名的规定是，如果联邦政府机构进行重大的联邦行动，那么必须为之编制一个环境影响评价报告书以供决策者在决策时参考。这个规定有助于改进机构决策程序，并促使机构考虑其行为的环境后果。第二，建立了法律制度的生态模式。通过各种方式鼓励使用科学知识，尤其是考虑用生态方式解决环境问题。第三，加强了环境决策的公众参与。公众参与一直被认为是《国家环境政策法》的显著标志之一。第四，确立了综合决策程序。《国家环境政策法》建立的环境质量委员会制度明确地将国家各项政策的制定与环境保护的实际需要结合在一起。

从 30 多年的执行情况看，美国的《国家环境政策法》基本上是成功的。当然，对于《国家环境政策法》持有积极评价和消极评价的人都很多，相比较而言，更多的人对该法发挥的历史作用给予高度评价。比如，密苏里大学哥伦比亚总部法学院的彼得·戴维斯教授认为，该法产生了下述影响：第一，很多工程因环境影响评价存在问题而停止；第二，很多工程改善了其设计不足之处；第三，大多数行政机关已经掌握编制合格的环境影响报告书的方法；第四，很多行政机关在工程的选择和设计方面做得更好；第五，尽管行政机关的偏向和利益集团的压力活动仍然存在，但《国家环境政策法》在一定程度上削弱了其影响[①]。

15.《清洁空气法》的发展历史是怎样的?

《清洁空气法》是美国基本的环境法律之一，先后经历了半个世纪的发展和修订。

早在 19 世纪末，美国的芝加哥便立法以应对日益严重的烟尘污染。然而，区域性的法律政策所能发挥的效果有限，空气污染这一现象又不受行政区划限制，对其控制和治理亟须大规模的统一规划和运作，全国性的联邦法律便应运而生。

最早的联邦空气污染相关法律可以溯源至 20 世纪 50 年代的美国公共卫生局

① 王曦. 美国环境法概论[M]. 武汉：武汉大学出版社，1992：241.

（Public Health Service，PHS）对宾夕法尼亚州多诺拉地区的空气污染情况的一项调查报告。该报告发现一些工业排放物在冷空气倒置的时候会变成有毒物质，这些有毒物质引致了数十人的死亡。该报告直接推动了第一部涉及空气污染的联邦法律的出台。1955 年 7 月《空气污染控制法》（*Air Pollution Control Act*）得以通过，该法首次尝试了从源头上控制空气污染，其主要内容是为空气污染研究提供资金支持，确保了美国公共卫生局连续 5 年、每年 500 万美元的研究经费。此外，它也要求公共卫生局和卫生、教育与福利部（Department of Health，Education and Welfare，DHEW）在信息收集、空气污染的原因与影响的分析方面进行合作。尽管该法在防治空气污染方面收效甚微，但却在很大程度上使政府意识到了空气污染是个全国性的问题，为联邦政府和州政府之间的技术合作、项目建设等提供了支持。

1963 年颁布的《清洁空气法》是首部以空气污染治理为核心内容的联邦法律。以此为指导，美国公共卫生局开始实施了一个研发监控和治理空气污染的联邦项目，并赋予政府直接干预“对任何人产生健康或福利方面威胁”的空气污染行为的权力。同时，该法也支持各州在与个人或邻近州之间存在有关污染排放等问题时，向卫生、教育与福利部要求听证、开会或向联邦法庭提起诉讼。这部法律也为后来 1970 年和 1990 年《清洁空气法修正案》奠定了重要基础。

1965 年颁布的《机动车空气污染控制法》是第一部针对生产商制定的联邦层面的法律，它授权卫生、教育与福利部制定了机动车排放标准。这套标准很大程度上借鉴了加利福尼亚州于 1966 年出台的标准，因为加州的标准自实行以来取得了很大的效果——碳氢化合物排放减少了 72%，一氧化碳排放减少了 56%。

1967 年，为了进一步扩展联邦政府的空气污染治理行动的覆盖范围，《空气质量法》（*Air Quality Act*）出台。根据这项法律，在有州际空气污染迁移的地区开始采取强制的行动，包括广泛的环境监测研究和有针对性的排污企业固定监测等。该法同时也对污染排放名录编制、环境监测技术和污染治理技术的研发给予了大力支持。该法的另外一个重要意义在于它启动了当前制定和实施规划的“联邦—州”结构，它要求各州在空气质量标准的指导下自行制定其可接受的污染物排放标准。

1970 年颁布的《清洁空气法》使得联邦政府在空气污染治理中的角色发生了巨大改变，设立了美国环保局这一联邦政府部门，以行使对全国公共环境健康监管、环保技术开发等职责。该法规定联邦政府和州政府都要针对固定源（工业排放等）和移动源（机动车排放等）污染排污企业制定限制排放的规章。这期间创始的针对固定排污企业的主要项目包括：国家空气质量标准、州实施计划、新能源性能标准以及有害空气污染物国家排放标准。通过该法，政府治理空气污染的权限得到了很大程度的扩展。1970 年《清洁空气法》实现了污染防治战略上的三个重大转变。第一，它促使了国家层面的工作重点从敦促各州开展污染防治项目到制定和强制各州实行全国环境空气质量标准的转变。第二，该法指导了环境保护部门来识别污染物和污染源，并确定了这些污染物的级别标准以更好地保护公共健康和福利。第三，该法认为当时的污染治理技术是无法满足联邦政府发布的标准的，所以要求各行业都研发适合自身的污染治理技术。

1977 年出台了《清洁空气法修正案》，其整体上延续了全国环境空气质量标准，并在此基础上补充了预防清洁空气地区的空气质量严重恶化的专章。此外，1977 年的《清洁空气法修正案》在污染源控制方面实行了“新源控制原则”，即对空气污染企业的设立进行前置审批。该法还更进一步地细化了污染防治的工业技术，在此基础上，环境保护局制定了最佳可得控制技术来减少固定污染物的排放，之后又相继出台了可用控制技术、最低可实现排放率等。

1990 年又出台了新的《清洁空气法修正案》，也是目前美国正在使用的最新版本。它面向环境保护局、各州政府以及各企业发布了一些新的要求，包括对污染防治技术的分行业要求、移动污染物排放的新标准和清除有害空气污染物等。此外，该修正案根据新的气候和环境状况，较大地扩展了法案所涉及的问题：空气中的有害气体的控制、酸雨的防治、无人区的空气保护、臭氧层保护、涉及空气污染源的联邦审批制度、五大湖地区的特别规定以及机动车燃料特别规定等。该修正案开始运用市场机制来进行污染物排放的控制与治理，如由环境保护局进行污染排放额度的分配，并允许进行各企业之间进行额度交易等。

16.《清洁水法》的发展历史是怎样的?

在美国，水体污染控制最早是关于禁止向河流或者港口排放垃圾的法律规定，即 1899 年颁布的《河流与港口法》（*Rivers and Harbors Appropriation Act*）[①]，该法禁止未经批准在河流上修建桥梁和其他建筑物，未经批准不得向河流或者港口排放垃圾。而具体管理部门为当时的美国陆军工程兵团。而直到今天，有关开挖

① https：//www.epa.gov/cwa-404/section-10-rivers-and-harbors-appropriation-act-1899.

和填埋的许可证管理仍然由美国陆军工程兵团负责管理和审批。

《清洁水法》(CWA)，是美国联邦管理地表水污染的第一个主要法律，建立了美国水域的污染物排放规范的基本结构和地表水的质量标准。

该法最初制定于1948年，特地为州和地方政府提供技术援助和资金来解决水污染的问题。水污染被看作主要是州和地方的问题，联邦政府没有规定目标、目的、限制，甚至指导方针。执法方面，联邦被严格限制在涉及州际的水域，并且需取得污染源所在州的同意。

在20世纪50年代后半期到20世纪60年代，1948年的《清洁水法》经历了四次修订。在此期间，联邦政府的作用和司法管辖区逐步扩展到包括州际的通航，以及州际公路和水域。

1965年的《水质法》使水质标准成为《清洁水法》的一部分，要求各州制定州际水域的标准，用来确定实际的污染水平。20世纪60年代末，有种普遍的看法，即现行的执法程序太费时，同时水质标准的做法是有缺陷的，因为很难把特定的排放与违反河流水质标准连接起来。此外，清除污染的工作进展缓慢且效果不明显，一方面，使人有越来越多的挫折感；另一方面，人们怀疑被开发的控制技术不适用。

美国俄亥俄州凯霍加河的污染非常严重，在1969年爆发了第二次重大火灾，促使了联邦政府对水的污染立即采取行动。对此事件的直接反应是帮助建立了1972年的《清洁水法》。这项立法提供资金来改善污水处理厂，并设置行业和污水处理厂排放污水的限值。

1972年的《清洁水法》，禁止把污染物排放到通航水域。直到1977年和1987年对《清洁水法》的重新修订，联邦政府预见到需要提供数十亿美元来保持可以安全游泳和钓鱼的干净水体。

需要指出的是，《清洁水法》并不直接解决地下水污染问题。地下水的保护条款包含在《安全饮用水法》、《资源保护和回收法》以及《超级基金法》中。

17.《资源保护与回收法》的发展历史是怎样的?

1965年，美国国会制定了《固体废物处置法》(*Solid Waste Disposal Act*)。然而，该法未能有效地处置废物管理问题。1970年，国会修正了该法，并更名为《资源回收法》，该法是美国重要的固体废物管理的综合性法律。

《资源保护与回收法》是美国管制固体废物和危险固体废物处置的主要法律。

该法设定了美国关于资源保护和回收的国家目标以及项目计划①。

专栏 1-3 美国《资源保护与回收法》设定的国家目标及其项目计划

- 保护人类健康和保护环境避免固体废物处置的潜在危险；
- 保护能源和自然资源；
- 减少产生的垃圾；
- 确保固体废物能够以环境友好的方式得到管理。

为了更好地落实国家目标，美国实施了具有突出特点且相互关联的三大领域的项目计划。

1）一般固体废物控制计划。在《资源保护与回收法》D 条款下，鼓励各州制定综合的计划来管理那些非危险的工业固体废物和市政固体垃圾，并为市政固体垃圾的填埋以及其他固体废物处理设施设定标准，禁止固体废物的露天堆积。

2）危险固体废物控制计划。在《资源保护与回收法》C 条款下，建立了对于危险固体废物从产生到最终处理全周期的有效控制体系，也就是"从摇篮到坟墓"的这一全过程。

3）地下储存罐控制计划。在《资源保护与回收法》I 条款下，主要是为了控制地下的装有危险物质和油气产品的存储罐。

为了更好地实施这部法律，1980 年 5 月 19 日，颁布了《资源保护与回收法》的第一部规章——《危险固体废物和统一许可证规章》，建立了目前依然适用的"从摇篮到坟墓"的危险固体废物管理制度。

---

① National goals：1）Protecting human health and the environment from the potential hazards of waste disposal. 2）Conserving energy and natural resources. 3）Reducing the amount of waste generated. 4）Ensuring that wastes are managed in an environmentally-sound manner. RCRA established three distinct，interrelated，programs：1）The solid waste program，under RCRA Subtitle D，encourages states to develop comprehensive plans to manage nonhazardous industrial solid waste and municipal solid waste，sets criteria for municipal solid waste landfills and other solid waste disposal facilities，and prohibits the open dumping of solid waste. 2）The hazardous waste program，under RCRA Subtitle C，establishes a system for controlling hazardous waste from the time it is generated until its ultimate disposal — in effect，from "cradle to grave." 3）The underground storage tank（UST）program，under RCRA Subtitle I，regulates underground storage tanks containing hazardous substances and petroleum products.（资料来源：https：//www.epa.gov/history/epa-history-resource-conservation-and-recovery-act）

1984年，国会对《资源保护与回收法》做了修订，以加强此法。除此之外，《资源保护与回收法》还分别在1992年和1996年被修订了两次，加强了对联邦设施的执法力度以及对特定废物地下处置规定的管制灵活性。

18.《超级基金法》的发展历史是怎样的？

《超级基金法》全称为《综合环境反应、赔偿与责任法》（*Comprehensive Environmental Response*，*Compensation and Liability Act*，CERCLA或Superfund），是美国为解决危险物质泄漏的治理及其费用负担而制定的法律。该法酝酿于20世纪70年代，缘起于拉夫运河事件（详见本书附录中的案例七）。

《超级基金法》于1980年12月11日由美国国会通过。根据这部法律规定，成立了第一个综合的联邦紧急授权和工业维护基金。后来国会花了近两年的时间对该法进行审查、讨论和修订，并最终在1986年12月11日通过了修正案《超级基金修正与再授权法》。修正案做出了重大调整，比如将超级基金的规模由开始的150亿美元提升至850亿美元，对环境治理设施中恢复措施设定了标准，要求恢复后的场所至少能够符合联邦及州环境法的基本要求等。

而在1996年的修正案，美国环保局则在以下四个方面对其进行调整：增强该法的公平性，降低交易成本；增强污染治理的效力性和连续性；扩大公众参与的程度和范围；增强州政府的作用。

19.《信息自由法》在环境执法中发挥怎样的作用？

环境法的实施除依靠政府外，重要的是要发动和依靠公众。公众参与环境法实施的前提是享有知情权即拥有信息，只有了解和掌握有关环境信息，才能真正拥有参与权、监督权。这就要求：一是政府向公众公布其掌握的有关环境信息；二是企业向公众公布有关其企业环境行为的信息；三是保障公民的知情权和获取信息的渠道畅通。

美国《信息自由法》[①]（*Freedom of Information Act*，FOIA，也译作《情报自由法》《美国信息自由法》）是美国关于联邦政府信息公开化的行政法规，颁布于

---

① https：//www.justice.gov/oip/blog/foia-update-freedom-information-act-5-usc-sect-552-amended-public-law-no-104-231-110-stat.

1966年。后又经历数次的修改和修订[①]。

《信息自由法》(《美国法典》第五篇第552节，就公共信息、机关规则、意见、命令、记录和程序做了规定）的主要内容是规定民众在获得行政情报方面的权利和行政机关在向民众提供行政情报方面的义务：

- 联邦政府的记录和档案原则上向所有民众开放，但是有九类政府情报可免于公开；
- 公民可向任何一级政府机构提出查阅、索取复印件的申请；
- 政府机构则必须公布本部门的建制和本部门各级组织受理情报咨询、查找的程序、方法和项目，并提供信息分类索引；
- 公民在查询情报的要求被拒绝后，可以向司法部门提起诉讼，并应得到法院的优先处理。

《信息自由法》对于保障公民获得信息的权利至关重要，特别是在环境保护公众参与方面作用巨大。而美国环保局则根据《信息自由法》的相关规定制定了《环境信息公开细则》[②]，具体见专栏1-4。

专栏1-4 《环境信息公开细则》部分内容

1）指出了公民获得信息的渠道（美国环保局及其相关地区机构的地址信息，此处不一一列举）；

2）公民对环境信息进行申请的程序（按照规定，只有文件式的申请才被接受；对于口头申请，美国环保局雇员也会耐心地回应，但这并不在《信息自由法》的规定范围内）；

3）公布了信息获取收费的规则。如果申请者要获得《信息自由法》规定范围内的信息，美国环保局会考虑根据法案第二条107款的规定，与申请者达成收费协议，最高25美元，除非有豁免的情况。美国环保局会在给申请者反馈时把这个协议写进

---

① 1974年对法律的修正，在政府信息免于公开范围内缩小了执法豁免和与国家安全豁免的范围，并在程序方面进行了补充，如收费、时限和法院的不公开审查等；1984年，国会废除了由1966年法案规定的法院应优先处理由公民查询信息引起的诉讼案件以及司法部门应快速审查该类诉讼的规定。1986年的修正案则扩大了执法活动信息的豁免范围，增加了特殊执法活动记录的排除规定，并设立了新的收费和费率减免体系，1996年的修正案主要解决的是电子信息公开以及行政机关积压信息申请等方面的问题。

② https：//www.ecfr.gov/cgi-bin/retrieveECFR？gp=&SID=48d77f6a492be4dbcfc9f8205b88703a&mc=true&r=PART&n=pt40.1.1.

条款，申请者可以申明自愿交多于或者少于25美元的金额。如果有必要申请者支付更多的费用，需要单独写协议的情况，这个双方协商的时间可以不包括在法律规定的必须20个工作日反馈的时间里。

对于申请或者申诉的反馈：除了申请者与环保部门有约定情形或者（e）条款规定的特殊情况，一般情况下，环保部门会在确认收到并进入信息自由办公室的系统之后的20个工作日内做出反馈。收到申请后，《信息自由法》办公室一般会给申请者一封感谢信说明申请已经收到，并会给一个处理编号方便申请者查询进度。如果申请特殊而法定处理时间不够的情况下，申请者会被书面提醒，在实际可能的时间内被处理。当延长时间超过10个工作日，相关部门会给申请者一个修改申请书内容的机会使得处理时间能控制在10个工作日以内。或者另行约定一个时间来处理原有的申请或者修改的申请。

除上述之外，《环境信息公开细则》还规定了其他各种信息申请的情况。这对于公众参与有了非常大的帮助。

根据《信息自由法》的规定，政府文件的公开是原则，不公开是例外。当行政机关拒绝公民取得政府文件的申请时，必须说明理由并负责举证。公众可以而且有权获得环境影响评价、许可证申请与发放、污染物排放以及紧急状态下与个人安危密切相关的一切信息。《信息自由法》以及美国环保局的《环境信息公开细则》为广大民众获得相关环境信息以及如何真正保障参与监督政府环境执法以及提起公民诉讼等方面提供了强大的法律保障，在为公民维护自身利益和公共环境利益而自发地进行监督和参与环境保护事务发挥了十分重大的作用。

20.《阳光下的政府法》在环境执法中发挥怎样的作用？

《阳光下的政府法》（*Government in the Sunshine Act of 1976*）是一部规定美国委员制行政机关会议公开的法律。在该法第二部分[①]，即政策声明中明确指出，公

① SEC. 2. It is hereby declared to be the policy of the United States that the public is entitled to the fullest practicable information regarding the decision making processes of the Federal Government. It is the purpose of this Act to provide the public with such information while protecting the rights of individuals and the ability of the Government to carry out its responsibilities.

众被赋予获得所有可获得的关于联邦政府决策过程相关信息的权利。本法的目的是为公众提供关于保护私人权利以及政府履行其责任的相关信息。关于其相关内容可参见专栏 1-5。

专栏 1-5 《阳光下的政府法》主要内容

1）关于适用对象的几个基本概念，包括行政机关、会议、机关成员的具体含义；
2）公开举行会议的要求；
3）豁免公开举行的会议或其中的一部分；
4）不公开会议的种类和举行不公开会议的程序；
5）宣布举行会议的程序；
6）不公开举行会议必须制作会议记录，对公众提供可公开会议信息的义务；
7）法院对行政机关执行该法情况的司法审查、诉讼费用、国会的监督等。

注：关于该法具体内容详见：https://www.law.cornell.edu/uscode/text/5/552b。

依据该法，公众可以观察会议的进程，取得会议的文件和信息。该法于 1976 年 9 月 13 日由美国第 93 届国会参众两院通过。1976 年国会修订《美国法典》第五编“政府组织与雇员”时，将其列为第 552b 节。该法适用于所有由两名或两名以上的个人成员为领导的委员以及被授权代表该机关行事的分支机构，其中多数委员必须是根据参议院的建议和认可由总统任命。该法所指的会议是“领导成员达到最低限度的人数，能够代表行政机关采取行动的讨论会”。该法“赋予公众取得关于联邦政府决策过程中的最充分的可以使用的信息的权利”，同时“保护个人的权利和政府履行职责的能力”。

根据该法规定：一切行政会议（指联邦政府中由两人以上组成的采用委员制而不是首长制的行政机关会议），除法定的例外，一律公开举行，会议至少提前一周向公众公开发出会议通知，会议召开时公民可以旁听，会议结束时公开会议记录，不得在会议外决策（某些情况除外）。该法的要点是将行政行为的过程公开。

该法为公众参与环境保护发挥了十分重要的作用，在于其能够在一些重大环境问题的决策开始就介入，能够有机会表达自身利益的关切，推动环境决策更加科学和全面。

21．环境司法体制概况是怎样的？

美国是英美法系国家。独立前，原13个殖民地基本沿袭英国的法律传统，又根据各自需要自立法令，自成司法体系。独立后，1787年美国宪法对司法权作了原则性规定，1789年美国国会颁布的《司法条例》规定了联邦法院的组织、管辖权和诉讼程序，逐步形成了现有的司法制度体系。美国司法制度的主要特点有：贯彻三权分立的原则，实行司法独立；法院组织分为联邦和地方两大系统；联邦最高法院享有特殊的司法审查权；实行“遵守先例”的判例法原则等。下面重点介绍美国法院的组织体系、美国司法部、美国检察机关等情况。

美国法院的组织体系分为联邦法院和州法院两大系统，适用各自的宪法和法律，管辖不同的案件和地域。这两套法院系统之间没有上下级关系，但在司法管辖的范围上有所分工。绝大多数的案件，既可向州法院起诉，也可以向联邦法院起诉。但州法院审判案件时，在适用法律方面不仅受州宪法和州法律的限制，也要受联邦宪法和法律以及联邦所签定条约的约束。

联邦层面的法院系统由联邦地方法院、联邦上诉法院和联邦最高法院组成；其管辖权受联邦宪法和法律的限制，只能行使由联邦宪法赋予和由国会立法规定的联邦司法权力。联邦地方法院是审理联邦管辖的普通民事、刑事案件的初审法院，每州根据本州人口多少，设立1～4个地方法院，法官1～27人不等。联邦上诉法院分设在全国11个司法巡回区，受理本巡回区内对联邦地方法院判决不服的上诉案件，以及对联邦系统的专门法院的判决和某些具有部分司法权的独立机构的裁决不服的上诉案件，法官3～15人不等。联邦最高法院是联邦法院系统中的最高审级，由1位首席法官和8位法官组成，其判决为终审判决，并享有特殊的司法审查权。联邦系统法院管辖的案件主要为：涉及联邦宪法、法律或国际条约的案件、一方当事人为联邦政府的案件、涉及外国政府代理人的案件、公海上或国境内供对外贸易和州际贸易之用的通航水域案件、不同州之间或不同州公民之间的争议以及州政府向他州公民提起诉讼。

州层面的法院系统极不统一，一般由州初审法院、州上诉法院和州最高法院组成。州初审法院是属州管辖的一般民事、刑事案件的一审法院。州上诉法院审理不服州初审法院判决的上诉案件。州最高法院是州的最高审级。此外，还有国会根据需要通过有关法令建立的特别法院，如联邦权利申诉法院等。法官实行不可更换制、专职制、高薪制、退休制。美国没有统一的行政法院，行政纠纷案件除由普通法院审理外，各独立机构也有权受理和裁决。

美国司法部是美国联邦政府机构之一，它是美国司法系统中不可分割的一个组成部分，是美国最高检察机关和最高执法机关。司法部长是联邦政府法律事务的主要官员，由总统经参议院任命，司法部长兼任联邦总检察长，也是联邦政府法律事务首脑，在法律上代表美国并充当总统和政府行政首长的法律顾问，向总统和政府行政首长提出法律咨询意见，监督司法行政管理，指导有关国家安全法律问题的解决，监督监狱和其他惩办机关以及各地区检察系统的工作。作为联邦总检察长，在联邦法院审理重大案件时代表政府参加诉讼。

美国司法部的职能主要包括：①负责法官选任的具体工作，民事、行政裁决的强制执行，以及部分法院的司法行政工作；②管理和监督联邦检察系统；③管理和监督联邦警察系统；④管理和监督联邦所属的全国监狱及其他惩罚机构；⑤对违反联邦法律的各种罪犯活动包括颠覆活动等案件进行调查和起诉；⑥负责调查并向总统汇报有关假释、缓刑、赦免的请求；⑦执行移民法、国籍法和有关麻醉品管理的法律；⑧协助起草联邦法律规程，应总统或政府首脑的请求，提供有关法律问题的意见；⑨依法对公民予以法律上的保护和帮助；⑩保护商业正常竞争；⑪归口管理对外司法协助与交流。在美国司法部内，下级机构向上级机构负责并受其监督，下级官员作出决定时可以求助上级官员。工作人员分为文职和非文职两类。司法部的机构设置方面，除执行官局外，还设有反托拉斯司、刑事司、民事司、民权司、国内安全司、土地和自然资源司、税务司、移民归化局、联邦调查局、监狱管理局、行政强制署、毒品管理局、法律顾问局、立法事务局、司法援助局、司法统计局、移民检查执行局、美国假释委员会、国家申请局、联络服务局等。

美国检察机关与司法行政机构不分，联邦总检察长即司法部长，是总统和政府的法律顾问，监督司法行政管理，在联邦最高法院审理重大案件时，代表政府出庭，参加诉讼。检察官受司法部领导，配属于各级法院。

22．唯一的环境法院是如何运作的？[①]

美国唯一的环境法院位于佛蒙特州。该州位于美国东部新英格兰地区，人口

① 谷望舒，杨蕾. 国外环境法院是如何运作的. 法治周末特约撰稿. http：//news.hexun.com/2014-06-11/165572177.html.

60多万人，森林覆盖率77%，是美国环境质量最好的州之一。环境法院的诞生源于该州历史上也曾有大规模的生态破坏，导致环境恶化，经济下降，人口流失。佛蒙特州采取了严格的生态环境保护措施，成立专门环境法院，统一环境司法，是非常重要的一种手段[①]。

该州历史上环境资源立法很多，各项环境资源立法都有自己的执行程序和机制；违法的处罚措施也有较大差别，使得环境司法无法统一。1989年，佛蒙特州州议会通过了《统一环境执行法》(*Uniform Environmental Enforcement Act*)，该法最主要的内容就是要在法院系统内建立环境法院，将环境执法过程标准化以确保执法的统一。因此，1990年，美国佛蒙特州创立了佛蒙特州环境法院。佛蒙特环境法院的法官由州最高法院任命，每届任期6年。该环境法院在性质上属于一个专门法院，与州的初审法院平级。但由于佛蒙特州没有上诉法院，上诉案件由州的最高法院受理，环境法院作为新的司法机构，与其他特殊法院或者法庭，如家庭法院、离婚法院、青少年法院不同，其审判权不是从传统法院分离出来，而是议会赋予的新的审判管辖权。

作为美国最早也是目前唯一的专门环境法院，在成立之初，其受理的案件有三大类：第一类是对环境行政机构提起的行政执行案件和其他案件；第二类为要求对环境执行命令进行审查而提起的诉讼；第三类是当事人对于环境行政行为和决定不服而向法院提起的诉讼。1995年，该环境法院的受案范围扩大到以下上诉案件：市政土地利用决定，自然保护局秘书、委员或者有关部门作出的行政执法以外的行政决定和行动，市政选址规划决定以及农业和林业部门就大型农业活动及伐木活动作出的决定。环境法院审理的案件基本上是与行政决定、行政执法、行政许可有关的环境行政案件，但并不涉及环境犯罪和环境侵权案件，后两类案件仍然由传统的刑事审判法庭和民事审判法庭受理，适用陪审团审判[①]。

2004年，佛蒙特州的《许可改革法案》将环境法院的受案范围再次扩大到针对自然资源局所发放的许可（包括暴雨雨水和水排放、湿地、固体及危险废物和空气污染许可等）而提起的诉讼案件和250号法案的起诉案件（对250号法案提起的申诉原来是由环境委员会受理的）。

也是在同一年，佛蒙特州最高法院为环境法院制定了新的程序规则——《佛蒙特环境法院程序规则》(*Vermont Rules for Environmental Court Proceed*,

① 李挚萍. 美国佛蒙特州环境法院的发展及其对中国的启示[J]. 中国政法大学学报，2010（1）.

VRECP）。该规则包括五大条款，即范围、一般规定、民事行动、行政执法命令的审查及上诉、生效日期。该规则主要体现了民事诉讼程序的特点，明确规定该州《民事诉讼程序规则》和《证据规则》可部分适用于审理环境案件，但也针对环境案件的特点作出了许多特殊而具体的规定。

佛蒙特州环境法院所审理的案件既涉及事实审也涉及法律审。环境法院对行政命令和行政决定的审查既包括合法性审查，也包括合理性审查。根据 VRECP 的规定，环境法院可以维持、推翻、修改或者终止行政机关的命令、许可和决定。

由于环境案件具有技术性、专业性强的特点。环境法院主要通过选择具有环境科学知识背景的法官及有专业知识的调解员来解决环境法庭所必需的专业性问题。环境法院的人员组成十分精简，由法官、案件管理员、调解员三类人员组成并行使相应的职权，其中法官和调解员需拥有环境科学知识背景。法院最初成立时只有一名法官即玛丽达斯·莱特法官，一名法庭职员，一名文件管理职员。

2004 年以后，由于法院的受案范围扩大，案件增加，办案人员不足。2005 年，增加了一名法官，即托马斯·杜金法官，法庭职员也成倍增加了。环境法院的法官由州最高法院提名及任命，每届任期 6 年。

环境执法体制和机制

23. 环境管理体系是怎样的?

美国环境管理体系（US Environmental Management System），指的是为实现环境保护目标所建立和形成的环境保护机构和相关机构的体系以及制定环境规章、实施环境法律和规章及环境执法司法审查、环境侵权救济机制的全方位的环境保护体系。美国是一个联邦制国家，在环境管理上实行的是由联邦政府制定基本政策、法规和排放标准，并由州政府负责实施的管理体制。为此，联邦政府设有专门的环境保护机构，对全国的环境问题进行统一管理。联邦各部门设有相应的环境保护机构，分管其业务范围内的环境保护工作。

美国的环境管理体系与其三权分立的政治体制、联邦制度是相对应的。①在联邦层面分为国会、政府与法院三部分。具体而言，根据宪法的规定，美国环境管理体系有如下要点：

（1）一个由多个立法主体制定、多个层级负责的体系，即国会不仅可以负责各项环境法律的起草、修改、制定，还可以授权其他机关制定、颁布环境法。据此，美国联邦层面的环境法体系包括联邦宪法、国会的立法、总统及其内阁的行政命令与规章、法院的司法判决、法律解释或判例、联邦其他行政部门的环境立法（由国会或法律授权）。

（2）多元主体负责的复合的环境执法体系，例如：①美国环保局（EPA）是美国联邦政府各项环保法中授权的执法部门，其环境执法队伍实行的是环境检察官制度；②根据《国家环境政策法》第 4342 条设立的国家环境质量委员会（CEQ），

① Chistopher L Bell. Environmental Management Systems and Environmental Law[A]//Thomas F P Sullivan. *Environmental Law Handbook*[M]. Twenty-second Edition. Bernan Press，2014：1011-1041.

是监督、协调各行政部门有关环境方面活动的部门；③根据《国家环境政策法》第 4332 条的规定，联邦机构都有保护环境的义务，因此许多联邦机构设立了具有环境执法权的内部机构。

（3）美国联邦的环境司法执法系统由最高法院、11 个联邦上诉法院和 90 个联邦地方法院构成，其主要职责是适用或解释有关的环境法律，对环境诉讼进行司法判决和司法审查。[①]其结构如图 2-1 所示：

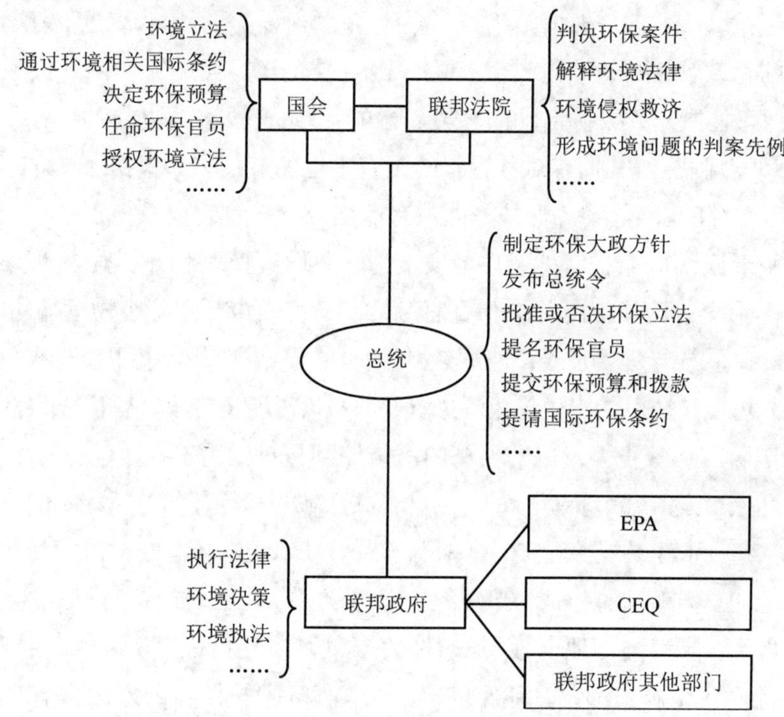

图 2-1　美国联邦层面环境管理体系

联邦政府的具体环境管理机构除了上述的 EPA、CEQ 外，在美国共有 24 个总局和大部设有环境保护管理机构，包括国会和政府间关系办公室（OCIR）、管理和预算办公室（OMB），以及司法部、公众健康部、农业部、能源部、国防部、

① Richard L Revesz. Federalism and environmental regulation：an overview[A]//Richard L Revesz. Philippe Sands，Richard Stewart. Environmental Law，*the Economy and Sustainable Development：The United States，the European Union and the International Community*[M]. Cambridge：Cambridge University Press，2000：38-75.

内政部、商业部、统计部等具有环境执法权的环境保护管理机构。[①]

具体而言，依据《国家环境政策法》的要求，国会、州议会、各级司法部门都应把环境价值观融入决策过程中。根据《国家环境政策法》第 4334 条的规定[②]，联邦机构应遵守环境质量的规范或标准；与其他联邦或州机构相协调或进行商讨；根据其他联邦或州机构的建议或证明，采取或禁止采取行动。政府各个部门都设有环保机构，都负有保护环境的法定职责，具有环境管制权限的机构，试举例如下：①商业部：根据 1973 年的《濒危物种法》的授权，其拥有濒危物种管理方面的行政管理权。②内政部：根据 1984 年的《露天采矿控制和回填法》的授权，其拥有控制露天采矿活动的环境影响的行政管理权。根据 1976 年的《联邦土地政策和管理法》，其拥有对其管辖的国有土地的管理权。根据 1973 年的《濒危物种法》，其还在濒危物种保护方面拥有一部分行政管理权。③劳工部：根据《职业安全和健康法》，其拥有涉及环境安全与职业健康管理监督权与劳动场地环境的执行权。④交通运输部：对涉及石油污染、飞机噪声、危险废物运输的事项进行控制管理。⑤核管理委员会：兼顾放射性物质污染的防治。⑥卫生与人文服务部：负责公共环境与公民的卫生健康。⑦农业部：负责涉及土壤、林业与保护区环境管理。⑧国防部：负责涉及国防设施的污染控制与对民用工程建设等的环境管理。⑨住房和城市发展部：负责城市规划、公共区域与房屋建筑等所涉及的环境问题。⑩能源部：负责涉及能源污染与新能源开发与技术等。⑪总统白宫办公室：负责对环境管理的总政策与总协调。⑫总统管理与预算办公室：主要负责环境保护方面各种项目的资金预算与管理。⑬司法部：负责对环境侵害进行司法诉讼。[③]

因政府各个部门都设有环保机构，在具体环境执法实践中，几个部门的环境管制权常常发生交叉与冲突。为此，美国联邦政府建立了一套协调机制。在美国，其联邦层面环境管理相关机构以及之间的相互关系的处理大体可以归结为四个方面：第一，明确各部门的环境管理职责；第二，在具体环境执法领域，避免职权交叉；第三，成立综合协调机构；第四，以美国环保局为中心，建立环境问题协调机制。具体而言，负责协调联邦政府各部门之间关系的机构大体包括美国环保

① 车国骊，田爱民，李扬，等. 美国环境管理体系研究[J]. 世界农业，2012（2）：43-46.

② *National Environmental Policy Act of 1969*，Sec. 104 [42 USC § 4334].

③ 田春秀，李丽平，胡涛. 国外环境保护管理体制（四）[N]. 中国环境报，2004-03-02.

局、内政部、环境质量委员会等 3 个机构。[①]在此，美国环保局为联邦环境行政办公室提供政策目标；环境质量委员会须向国会报告，对环境质量、管理与使用提供具体支持，提出建议；内政部负责开发决策中的环境保护。只是内政部在进行开发决策时，国会与行政当局之间经常处于矛盾地位，当内政部的决定（主要在水资源的利用方面）与 EPA 发生冲突时，由总统做出最终决定。除此之外，联邦政府各部门之间关系的协调主要是由联邦环境行政办公室来具体操作。联邦环境行政办公室隶属于 EPA，其负责人由总统指定，每两年向总统提交一次报告。在环境政策审核或环境执法中，联邦环境执行官办公室可以采取一切必要的行动措施来促使各联邦部门遵守环境法律规定[②]。综上所述，美国联邦层面环境管理机构及相互间关系如图 2-2 所示。

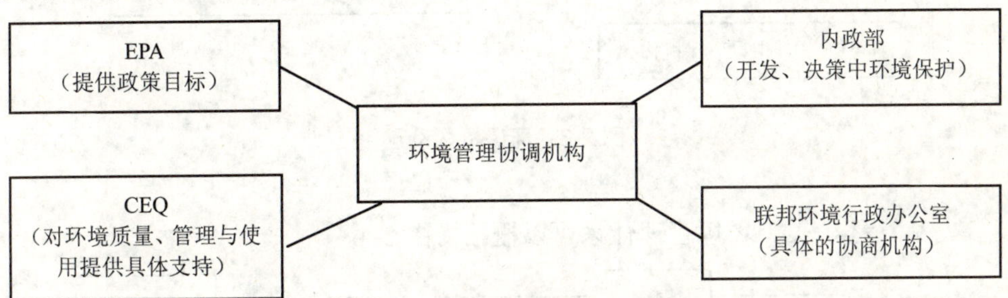

图 2-2　美国联邦层面环境管理机构及其相互间关系

在州的层面，各州的环境保护事务依然由各州来管辖。首先，美国各州都设有州一级的环境保护机构，负责制定和执行本州的环境保护政策、法规、标准等。联邦环境法律确立了联邦政府在环境管理制度如制定目标、基本措施和环境标准等方面的主导作用，同时承认州和地方政府在实施环境法规方面的重要地位。[③]大多数控制环境污染的联邦法规都授权 EPA 把实施和执行法律的权力委托给经审查合格的州级环保机构。其次，州环保机构和其他行政机关还可依据州的环境保护法规享有环境行政管理权。美国一些州设有州环境保护机构派出机构、专门的自

---

① *The National Environmental Policy Act of 1969*，Sec. 201 [42 USC § 4341]，Sec. 204 [42 USC § 4344]. https://www.ihs.gov/dfo/includes/themes/newihstheme/refdoc/energy/water/Guidance_for_Presidential_Memorandum.pdf[2017-10-13].

② https：//www.gpo.gov/fdsys/pkg/DCPD-200900783/pdf/DCPD-200900783.pdf[2017-10-13].

③ Lynton Keith Galdwell. *National Environmental Policy Act an Agenda for The Future*[M]. Indiana：Indiana University Press，1999：6-18.

然资源局或独立委员会来防治水污染。最后，州以下的各地方政府（如城市、乡村政府）管辖，其主要任务是提供环境服务以及依法处理区域噪声、恶臭和垃圾等事务，此外还从 EPA 接受信息、专门技术和资金。[①]其机构设置如图 2-3 所示。

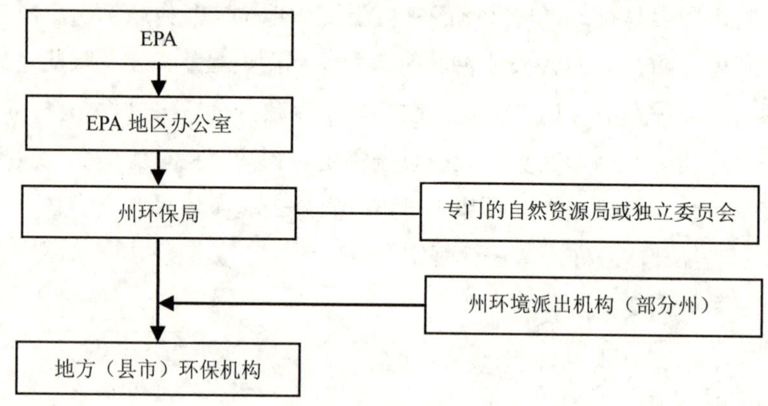

图 2-3 环保机构设置

综上所述，美国环境管理体系可以概括为图 2-4。

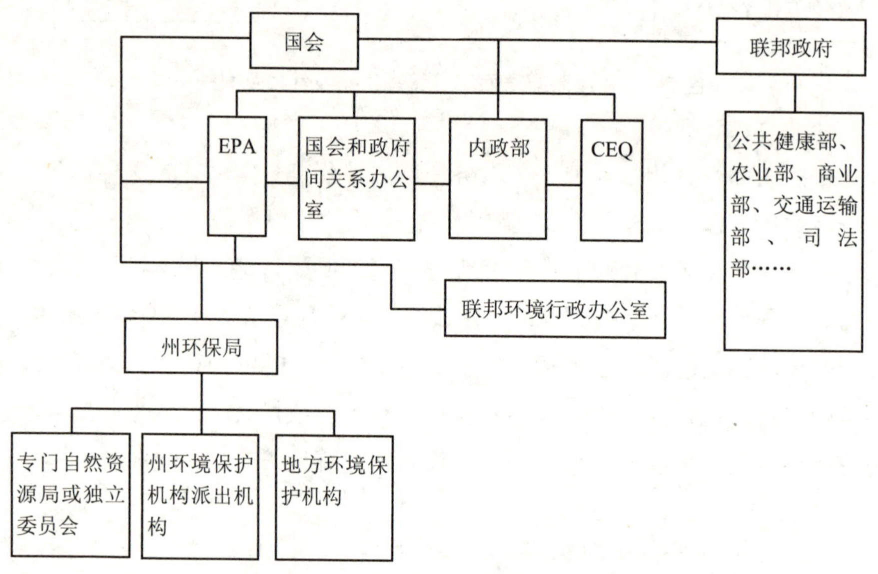

图 2-4 美国环境管理体系

① 参见徐嘉忆，朱源，赵芮，李明君：《构建多元参与的环境治理体系——美国经验与中国借鉴》，载《世界资源研究所》2016 年 11 月的工作论文报告。

24．政府内部环境管理的控制机制是怎样的？

美国政府内部的监督管理机构主要有国会与隶属于联邦政府的预算管理总局（OMB）和审计总署（GAO）。[①]OMB 和 GAO 属于总统。除了内部的监督管理机构外，总统也可以对各个联邦机构行使监督权。总统通过对包括 EPA 在内的各个行政部门的负责人任命、部门年度财政预算及对其工作审查等实现政府机构内部的控制并发挥着自己对环境管理的影响力。国会、OMB 和 GAO 的关系如下：

第一，总统的任命权。总统任命 OMB 和 GAO 的负责人。总统通过对这项任命来对环境政策发挥巨大的影响力。

第二，财政预算。EPA 的部门财政预算属于政府年度财政预算的一部分。每年夏季，EPA 就开始向 OMB 提交其财政预算计划，包括各种环保项目、项目优先顺序以及详细的预算要求。同时在 OMB 对 EPA 举行的听证会上对其预算进行详细的说明或申辩并接受质询与审查。如果总统要加强对某一环境问题的管理，就会提高涉及该类环境问题的项目预算优先权，而且对这类项目的审计过程也会相应加快并且得到比较充裕的资金预算，否则，这个过程将会经历较长的时间且预算经费受到限制。此外，由于总统的每项年度预算最终必须得到国会的通过，其管理程序中，总统需要代表政府在国会举办的听证会上进行说明与申辩。因此，对于 EPA 提出的某项环境政策或环境管理项目，如果符合总统环境管理思想，那么总统则会在国会听证会上对其进行有力的陈述与争取。因此，部门财政预算也成为总统体现其环境保护思想与对环境管理工作进行内部控制的重要机制。

第三，审查制度。这项审查制度指的是代表总统的白宫管理办公室对包括 EPA 在内的各个行政管理部门制定的各个管理条例与政策的审核与督查。也就是说，每个行政部门在颁布本部门任何行政法规之前以及提交自己所在领域的立法建议或对立法建议提出意见时，都必须首先将其提交给白宫管理办公室并得到总统的认可。因此，EPA 推出的任何环境政策都是在总统的管理框架之下进行的。通过审查制度，总统实现了对环境管理的有效控制。

综上所述，国会与 OMB 和 GAO 之间的关系大体如下：国会作为立法机构负

---

① 详细内容参照预算管理总局（OMB）网站 Office of Management and Budget- whitehouse.gov（https：//www.whitehouse.gov/omb）与审计总署（GAO）网站 Government Accountability Office - Official Site（http：//www.gao.gov）。

责制定、颁布有关政府内部控制的各项法律，OMB和GAO通过制定与国会相关立法有关的规章和制度，推动政府内部控制法律的实施和健全。一定意义上讲，这两大机构称得上是“政府内部控制的司法机构”。OMB可以监督检查其他联邦政府各部门。国会、OMB和GAO三大机构通力合作，采取恰当的行动，解决内部控制中存在的重大问题，不断提高政府内部控制的质量，推动美国政府内部控制的发展与规范。[①]美国政府的内部控制机制如图2-5所示。

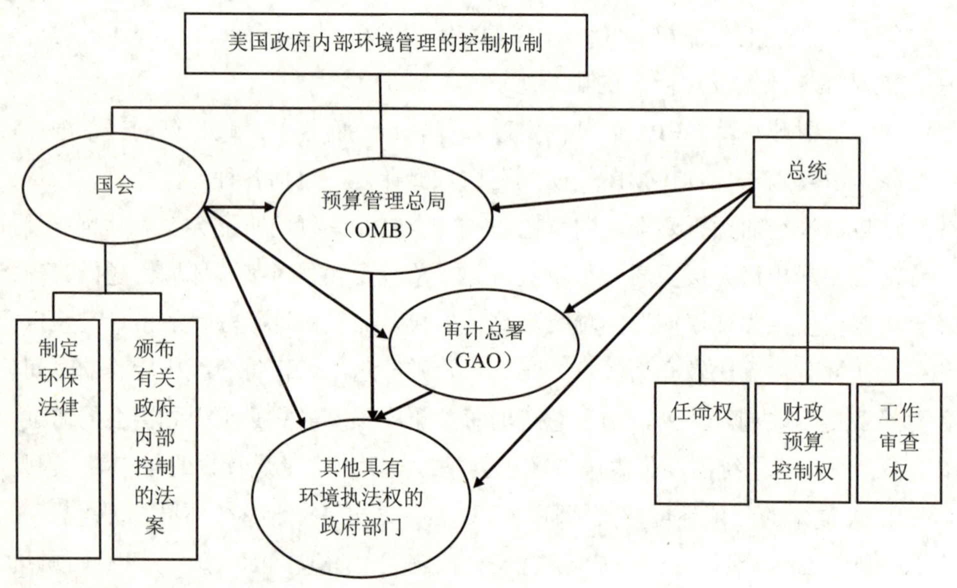

图2-5 美国政府内部环境管理的控制机制

25．美国环保局的战略目标是什么？

美国环保局[②]（United States Environmental Protection Agency，EPA）主管全国的污染防治工作。它是联邦政府执行部门的独立机构，直接向总统负责。EPA集中主管全国各种形式的环境污染防治工作，如制定国家环境标准、发放企业排污许可证、制定对内对外环保政策、实施和执行联邦环境法。EPA的局长由总统提名，经国会批准生效，直接对总统负责，主要任务是保护人类健康和自然环境。

---

① 臧慧萍. 美国政府内部控制的特征及启示[J]. 财会通讯，2011（35）.

② 李丽平，李瑞娟，高颖楠. 美国环境政策研究[M]. 北京：中国环境出版社，2015.

为满足管理联邦环境活动的需要，EPA 规模庞大，独立执法，权威很高。EPA 作为环境执法机关，依据《美国联邦条例汇编》第 40 章第 123 条［40 CFR § 123.45（c）］的规定，每一年都会向公众发布年度环境违规报告（Annual Non- Compliance Report，ANCP）。①

EPA 在其最近公布的战略目标书中列出了其保护人类健康和环境的优先事项和任务。该计划书确定了未来五年公众可预期的、可衡量的环境和人类健康目标，并描述了 EPA 打算如何实现这些结果。同时该计划书也体现了 EPA 对科学、透明度和法治的核心价值观的承诺。2017 年 10 月 2 日，EPA 发布了 2018—2022 年的五年环境保护战略目标（EPA Strategic Plan）②，具体如下：

目标 1：核心使命（core mission）：向美国民众提供清洁的空气、水和土地。具体而言：①改善空气质量（improve air quality）。EPA 与各州合作的目的是对空气质量的精准监控和确保更多的美国民众生活与工作在符合更高质量标准的环境中。②供应清洁与安全的水（provide for clean and safe water）。EPA 应通过选用更完善的水利基础措施、与州和部落的合作、可持续发展的饮用水管理方案、水域生态系统以及可休养的、经济的生活方式来确保水质的健康。③土地再生和污染防治（revitalize land and prevent contamination）。为了让土地再生与回归共享，EPA 应该提供更适合于处理污染场地的领导与管理体制。④确保市场里化学物品的安全。EPA 应有效执行有毒物品的管控法规以及联邦关于杀虫剂、杀菌剂、灭鼠剂的法规，以确保新的、现存的、对人和环境存在的潜在风险的化学物质和杀虫剂都能得到审查。

目标 2：合作联邦主义（cooperative federalism）：为了给美国民众创造出明显的良好环境效果，应对华盛顿当局和各州的权力进行再平衡。①扩大联合责任（enhance shared accountability）。在各州、部落、地方地局、联邦伙伴之间，通过共同治理、协助守法来改善环境保护的现状。②增强透明度与公众参与（increase transparency and public participation）。对利益相关者，应以倾听与协作的方式将其纳入 EPA 的执法决策过程。对于公众参与、EPA 与公众之间有意义的衔接，EPA

---

① US Environmental Protection Agency 2006 Annual Non-Compliance Report National Pollutant Discharge Elimination System Non-Majors CALENDAR YEAR 2006 FINAL REPORT（Released February 18，2009），https：//echo.epa.gov/system/files/ancr_report_2006.pdf[2017-10-15].

② Draft FY 2018-2022 EPA Strategic Plan：Public Review Draft，October 2，2017. https：//www.eenews.net/assets/2017/10/04/document_pm_02.pdf[2017-10-15].

应提供有效的平台。

目标3：法治和程序正当（rule of law and process）：应按照国会的立法意旨执行法律，各机关应重新聚焦于守法前提下的法定义务。①严格守法（compliance with the law）。为能有效地纠正违法行为和对污染场地的清理，EPA应当严格执行环境法律。②一致性与确定性的营造（Create consistency and certainty）。为确保良好的管理工作与积极的环境结果，EPA应准确描述预期的环境目标。③稳健性的科学研究优先（prioritize robust science）。EPA应重新聚焦于稳健性的健康研究，以让环境决策更加科学。④一体化和现代化（streamline and modernize）。EPA应该尽快发布许可证，并对美国的许可与报告体系进行现代化。⑤效力与效率的改善（improve efficiency and effectiveness）。为了确保EPA履行其职责，应提供适当的领导体制与内部运转管理体系。

26．美国环保局职能及机构设置是怎样的？

为保障环境不受侵害，人类能享有健康的环境，美国环保局（EPA）享有广泛的环境管制权[①]，其职能主要包括：

（1）制定和监督实施环境保护标准。包括与人体健康相关的污染物排放标准，与环境相关的质量标准，筛选最佳实用环保技术以及与执行环保法规政策有关的标准等；颁布有关的条例及规章，涉及的范围广泛，主要针对所有工业界提出各种要求并监督实施。

（2）组织排污许可证的实施。对各个行业、各个企业发放排污许可证，企业的许可证要接受环保部门的监督，要定期向地方政府汇报企业的生产情况和排污行为，要对每天的排污情况做出详尽的记录，便于环保部门的监督检查。

（3）现场监督和调查。各级环保部门对所有企业的排污行为进行调查和检查，确保企业的排污行为符合法律的要求和规定。

（4）环保执法。对企业的违法行为进行行政处罚，包括罚金、向法庭进行投诉等，对严重的违法行为可以提起刑事诉讼。

（5）环境监测。通过环境监测数据反映执法的效果，监测是EPA的一项主要政府职能。

---

① Chistopher L Bell. Environmental Management Systems and Environmental Law[A]//Thomas F P Sullivan. *Environmental Law Handbook*[M]. Twenty-second Edition. Bernan Press，2014：1015-1037.

（6）其他。对新的化学品发放许可证和执照；对商业化的化学品进行预先测试；对农药进行登记，确定是否可以使用；利用超级基金对历史遗留的被污染的土地进行恢复和对固体废物进行清理；提供经济援助；从事环境研究；实施自主自愿合作伙伴和相关计划；加强环境教育；公布环境信息等。

EPA 的内部机构设置：

在美国，EPA 的设立及内部机构设置都有明确的法律依据。EPA 的内部机构总共有 14 个：①行政事务办公室（Office of Administrator）；②政策办公室（Office of Policy）；③行政和人力资源管理办公室（Office of Administration and Resources Management）；④空气与辐射办公室（Office of Air and Radiation）；⑤化学安全与污染防治办公室（Office of Chemical Safety and Pollution Prevention）；⑥财务主管办公室（Office of Chief Financial Officer）；⑦执法与守法保障办公室（Office of Enforcement and Compliance Assurance）；⑧环境信息办公室（Office of Environmental Information）；⑨首席咨询办公室（Office of General Counsel）；⑩国际与部落事务办公室（Office of International and Tribal Affairs）；⑪美国印第安人环境事务办公室（American Indian Environmental Office）；⑫土壤与应急反应办公室（Office of Land and Emergency Management）；⑬研究和发展办公室（Office of Research and Development）；⑭水办公室（Office of Water）。根据一定的标准，这些内部机构可以分为两大类：一是负责行政机构运行的职能机构，包括负责人事、财政、检察等职能机构；二是项目机构，主要负责各类介质污染法相关法律的实施。但由于州环保机构并不隶属于 EPA，美国环境管理体系并不是一个垂直的管理体系，基于环境监督管理的需要，目前 EPA 内部所辖机构包括华盛顿特区总局、10 个区域分局和 24 个研究实验所，截至 2016 年，EPA 有全职员工 15 376 人。[①]为了能更好地回应地方上所关心的问题，EPA 将全美 50 个州划分为 10 个大区进行管理，在每个大区设立区域环境办公室：

第一大区办公室设在波士顿，负责康涅狄格州、缅因州、马萨诸塞州、新罕布什尔、罗得岛和佛蒙特州。

第二大区办公室设在纽约，负责新泽西州、纽约州、波多黎各和美属维尔京群岛。

---

① EPA 的其他详细信息可以参见 EPA 网站 United States Environmental Protection Agency | US EPA（https：// www.epa.gov）。

第三大区办公室设在费城，负责特拉华州、马里兰州、宾夕法尼亚州、弗吉尼亚州、西弗吉尼亚州和哥伦比亚特区。

第四大区办公室设在亚特兰大，负责亚拉巴马州、佛罗里达州、佐治亚州、肯塔基州、密西西比州、北卡罗来纳州、南卡罗来纳州和田纳西州。

第五大区办公室设在芝加哥，负责伊利诺伊州、印第安纳州、密歇根州、明尼苏达州、俄亥俄州和威斯康星州。

第六大区办公室设在达拉斯，负责阿肯色州、路易斯安那州、新墨西哥州、俄克拉荷马州和得克萨斯州。

第七大区办公室设在堪萨斯城，负责艾奥瓦州、堪萨斯州、密苏里州和内布拉斯加州。

第八大区办公室设在丹佛，负责科罗拉多州、蒙大拿州、北达科他州、南达科他州、犹他州和怀俄明州。

第九大区办公室设在旧金山，负责亚利桑那州、加利福尼亚州、夏威夷以及内华达州和萨摩亚。

第十大区办公室设在西雅图，负责阿拉斯加州、爱达荷州、俄勒冈州和华盛顿州。

关于区的划分基本以州的行政区为划分依据，每个区都有权在本区区域内根据实际情况制定政策和标准。这10个地区办公室是EPA的重要组成部分，所有的地区办公室雇员都是EPA的成员，约1万人，占EPA总雇员人数的一半多。近年来，EPA的预算每年为75亿～78亿美元。其中相当的部分用于各个地区办公室的工作。EPA的结构如图2-6所示。

各地区办公室与本区各州及地方政府密切合作，以确保该区域的需求能被予以考虑，确保联邦政府环境法规能有效实施。同时，各地区办公室作为州环保机构与EPA之间联系和协调的纽带，综合管理全国的环境事务。每个地区办公室的机构组成都与EPA结构相仿，办公室主任向EPA负责。每个地区办公室在管理的州内代表EPA执行联邦的环境法律、实施EPA的各种项目，并对各个州的环境行为进行监督。主要职责有：进行环境管理；发放许可证；起诉违法行为；执行审判结果；管理有害废物清除；检查联邦项目对所在区域的环境影响；为州、地方及私人组织补助资金。

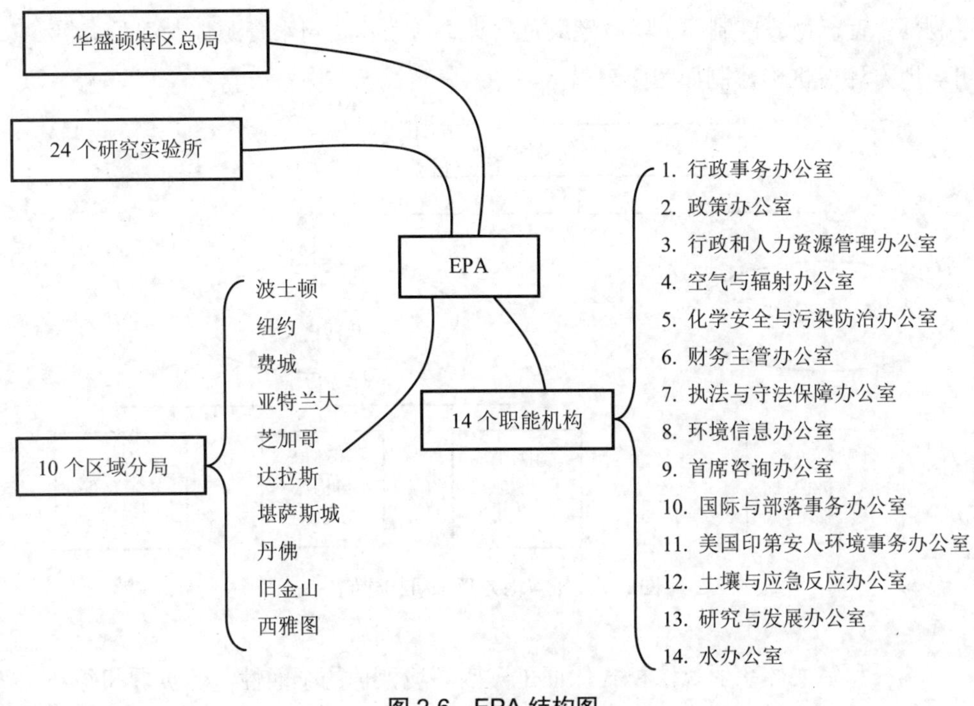

图 2-6 EPA 结构图

27．州级环保部门的职能及管理体制是怎样的？

由于各州情况不同，州环保机构的架构不完全相同。但总体而言，州与地方环境保护机构主要有两种建制：一是统一执法模式。统一执法模式指的是州政府环境执法机构直接管辖地方，即由州环保机构在全州范围内直接进行环境管理，各个县市根本不设立任何环境机构。此种建制适用于较小的州（如华盛顿特区、特拉华州）；二是多层体系的执法模式，即州政府建立环境执法机构，同时设立派出机构对地方执法机构进行监督，即州环保机构、州环保机构派出机构、地方（县市）环保机构。在多层体系的执法模式下，在县市一级，还会有地方环保机构。在此多层体系的执法模式逻辑为：州环保机构→州环保机构派出机构→地方（县市）环保机构。[①]多层体系的执法模式适用于面积较大、人口较多的州。当然，许多州也会在环保局内设立许多的执行机构来管制不同的环境问题，如加利福尼亚州。加利福尼亚州环保局（CalEPA）设有秘书办公室、空气与资源委员会、农药

① 田春秀，李丽平，胡涛. 国外环境保护管理体制（四）[N]. 中国环境报，2004-03-02.

管制部、有害物质控制部、环境健康危害评估办公室、州水资源控制委员会等。[①] 州与地方环保机构建制如图 2-7 所示。

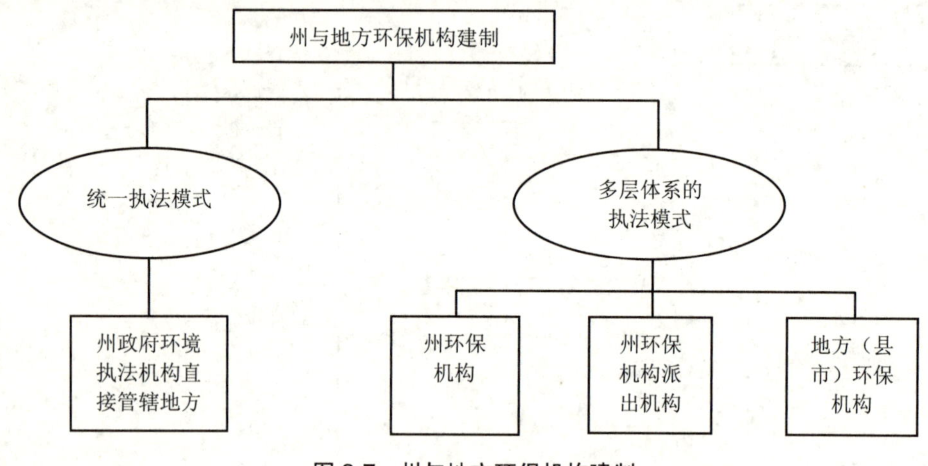

图 2-7　州与地方环保机构建制

统一和多层体系的执法模式保证了美国环境保护的全面性。但美国州级环保部门在国家环境保护中究竟起到什么作用？美国州级环保部门是如何进行环境管理的呢？

美国的州级环保部门在国家环境政策执行中发挥首要作用。据统计，90%以上的环境执行行动由州启动，94%的联邦环境监测数据由州收集，97%的监督工作由州开展，大多数环境许可证由州颁发。那么，州的环保部门是如何进行环境管理的？在美国，州执行环境法的权力大多来自美国环保局（EPA）的授权，前提是州必须首先采纳与联邦一致的法律法规并证实自己具备有效执行该联邦项目所需要的财力和人力。对于大型项目，EPA 在资金和技术方面会提供援助。同时，州也可以独立执行自己的环境计划，但要满足联邦的最低要求。美国的 50 个州有着本州的法律和法规，其中也包括有关环境保护的法律和法规。不同的环境法律和法规自然在环境保护的尺度上就会有所不同。例如，当一条河流流经两个州时，两个州在关于向河流排放污染物许可量的规定就很可能不一样。另外，基于环境

① 关注州一级环保机构的设置、权限的详细内容，可以参见加利福尼亚州环保局官方网站的介绍，CalEPA| California Environmental Protection Agency，https：//webcache.googleusercontent.com/search？q=cache：GY4tBNPrCYQJ：https：//calepa.ca.gov/+&cd=1&hl=zh-CN&ct=clnk&gl=cn&client=safari. 2017 年 10 月 23 日访问。

保护的跨区域特殊性，美国政府把全国划分为若干个区域进行管理。EPA 总部设在首都华盛顿。为进行环境执法，各州政府也建立了相应的环境保护机构。在州层面，主要的环保机构是州环保局。基于此，美国大多数控制环境污染的联邦法规都授权 EPA 把实施和执行法律的权力委托给经审查合格的州环保机构。因此，州环保局是环境法律法规的主要执行者，具有环境行政管理权，其主要职能包括经授权代表联邦执行联邦计划和州内事务；自主制定州的环境保护法律；监督环境状况、针对具体环境问题颁发许可证；根据有关授权，有对违法者处以罚款的权力；对被管理者进行现场检查、监测、抽样、取证和索取文件资料的权力；确保环境保护计划得以实施等。①

28．美国环保局与各州之间是如何开展合作的？

美国环保局（EPA）和各州之间的相互关系大体有如下四个方面：

第一，EPA 和各州环境管理权限的划分以《宪法》为基础。根据《宪法》，联邦的权力由《宪法》授予，《宪法》没有规定的剩余权力由州行使。联邦主义分权中的商务条款（commerce clause）是联邦商业立法的依据，也是大多数环境立法的授权依据。根据该条款，环境保护属于联邦和州共同管辖的领域。诸如环境保护这类共同管理的领域，州立法应该以不抵触联邦法为限，即联邦法是州法的上位法。但是，美国各州有自己的法律，因此各州的环保法规也有所不同。对于环保法规，任何一个州的每项标准在严格性上不得低于美国国家环保标准。比如，在《清洁空气法》中规定，各州和地方政府不得颁布或执行比可适用的州实施计划中的有效排放标准更低的标准。②除此之外，《清洁水法》规定的排放标准（effluent limitations）在各州也得到普遍执行。这也符合《清洁水法》[*Clean Water Act section* 304（m）] 中有关 EPA 关于排放指导方针（effluent guidelines）的要求。EPA 每一年都会向公众发布初步的排放标准，各州、各排污主体都须遵循。③按照这一原则，联邦环境法规为州环境法的执行规定了最低标准或最低要求。联邦政府与州政府的力量平衡造就了一个强有力的监管机制。

① 蓝艳，彭宁，解然，陈刚. 美国环境执法的实践经验及其对中国的启示[J]. 环境保护，2016，44（19）.

② 秦虎，张建宇. 以《清洁空气法》为例简析美国环境管理体系[J]. 环境科学研究，2008，18（4）.

③ Preliminary 2016 Effluent Guidelines Program Plan，https：//www.epa.gov/sites/production/files/2016-06/documents/prelim-2016-eg-plan_fact-sheet_6-20-16.pdf[2017-10-25].

第二，州的环境管理权不隶属于EPA。美国各州的环保局不隶属于EPA，而是依照州的法律独立履行职责，除非联邦法律有明文规定，州环保局才与EPA合作。美国各州也会有自己的法律，因此各州的环保法规也有所不同。正如前面所说的，州级环境保护局并不受EPA的领导和管理，也不是附属关系，各州环保局各自保持独立，依照本州法律履行职责，只依据联邦法律，在部分事项上与EPA合作，完成任务。根据一系列联邦环境保护法律，联邦和各州政府共同承担环境管理的责任。

第三，州级环境保护权接受EPA地区办公室的监督检查。虽然州级环境保护局不隶属于EPA，但是接受EPA地区办公室的监督检查。EPA将对在自然资源保护和污染防治治理上执行不力以及对各项环保计划的实行不予配合的州，给予严厉惩罚，包括停止向违法的州提供财政补助和技术援助、向法院申请禁止令、行使法律赋予的执法权。在联邦与州的关系中，财政或专项资助成为联邦约束州的重要手段，通过对联邦资助附加条件，联邦政府能对州政府管辖的事务进行充分控制。除了环境专项援助基金外，联邦政府还通过将环境保护与其他联邦援助项目捆绑，将环境目标设为其他援助的附加条件。另外，如果州环保局不能正常履行职责，EPA还可以直接接管其运行。

第四，美国国会在制定环保法时考虑由州政府负重要责任。如果一个州的计划中所采用的方法和标准同EPA的一致，该州就会获得特许地位，即该州可以有权使用州的法规管理本州的有害废物。每个特许地位都由EPA给予而且每年都必须由EPA进行重新审批。如果EPA在审批过程中发现这个州在有害废物管理中的某些方法和标准已经不能和EPA的方法及标准的变更保持一致的话，这个州的特许地位就有可能被撤销。失去了特许地位意味着EPA将取代州对有害废物进行全权管理。但各州和地方政府可以制定或者执行比联邦标准更严格的标准。很多环境法规允许各州和地方政府颁布执行比联邦更严格的环境标准。比如，《清洁空气法》和《清洁水法》都不排除各地方制定或者执行更严格的环境标准。又如，《固体废物处置法》规定，该法不得解释为禁止州或地方政府制定或执行比联邦更严格的环境标准或法律要求。《清洁水法》关于家居船舶卫生设施的设计、建造和使用标准的规定即属于此种情况。

基于EPA和各州的相互监督与相互合作的关系，EPA和各州的合作也显示出独特的模式：

在美国，EPA和州环保部门关于环境保护的合作主要是借助国家环境保护合作系统（National Environmental Performance Partnership System，NEPPS）展开的。国家环境保护合作系统是目前美国影响最大、范围最广的一个项目管理系统，为各州的环境质量局（Department of Environmental Quality，DEQ）和 EPA 在各州执行环境法提供了框架基础。国家环境保护合作系统为各州尽可能提供了联邦的环境保护资源，允许各州的环境质量局根据合作协议制订本州环境优先计划。这个系统由两部分组成：环境保护合作协议（Performance Partnership Agreements，PPAs）和环境保护合作资助（Performance Partnership Grants，PPGs）。根据 EPA 的统计[①]，PPAs 与 PPGs 在美国各州的比例、分布见图 2-8，每年占比的变化（1997—2014年）见图 2-9。

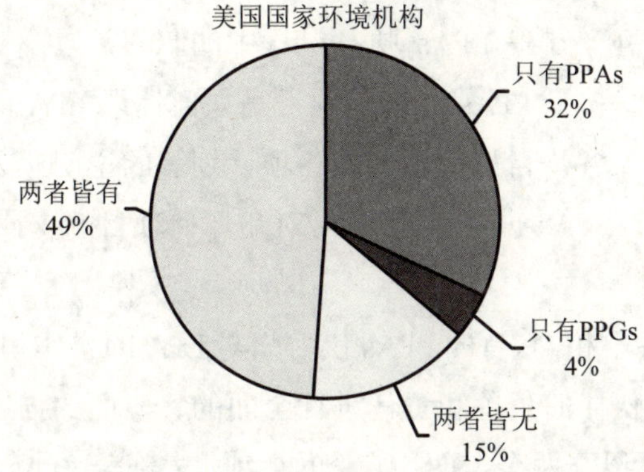

图 2-8　PPAs 和 PPGs 在各州中的分布

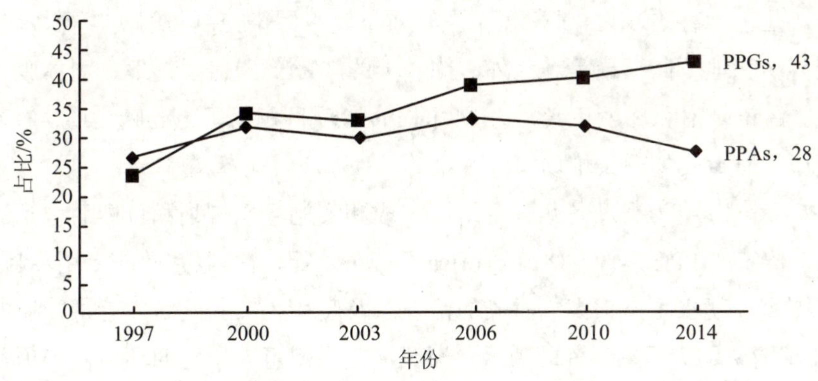

图 2-9　PPAs 和 PPGs 的变化趋势

① 详细信息参见 https：//www.epa.gov/sites/production/files/2015-12/documents/2014_nepps_program_implementation_summary_final.pdf. 2017 年 10 月 23 日访问。

PPAs 是各州政府与 EPA 一起针对本州的具体环境条件和问题，并结合 EPA 的总体环境规划而制定的本州优先的环境规划和目标。PPAs 是实施 NEPP 的核心方式之一，它是 EPA 与各州的环境质量局共同协商制定的一揽子环境保护行动计划。PPAs 是州环境质量局的环境项目，受到 EPA 的资助。州环境质量局是确定并解决各种合作事项的核心机制。构成一个有效的 PPAs 的基本要素主要有以下五个方面：①对各州具体的环境状况（environmental conditions）、环境优先事项和实施战略（priorities and strategies）进行描述；②对各州的环境保护进展进行绩效考核（performance measures）；③拥有一个可以共同评估 PPAs 的进展情况、就任何有必要改进的问题达成协议的处理过程；④对相互问责过程的具体说明，这个过程包括明确界定每一方在 PPAs 执行过程中的职责，以及对如何分配资源以完成工作进行概述；⑤关于 PPAs 的优先项目是如何体现 EPA 的总体战略计划、EPA 各区域的计划以及各州自己或相关的各项计划等的说明。为了获得对州环境保护行动的周全理解，PPAs 也会包括 EPA 对州环保项目的支持以及 EPA 在各州的环境保护责任。[①]

PPAs 具体内容各不相同。有的 PPAs 仅对州与 EPA 的合作关系进行简单描述；有的则会对每个合作伙伴的角色和责任进行全面的、多面的描述。但一般来说，PPAs 的内容主要包括以下两个方面：①总的事项。大部分 PPAs 包括项目优先权、战略计划、共同的环境目标、评估程序、工作报告的内容要求、环境效果测量、环境保护措施、争端解决程序、数据管理、每个合作伙伴的角色和责任等。②项目领域。几乎所有的 PPAs 都覆盖了空气质量、水污染控制与解决执行、饮用水、有害废弃物和地下储存罐等。此外，约一半的 PPAs 覆盖了湿地、固体废物、有毒物质、污染防治和环境正义，约 1/3 的 PPAs 项目包括了工业废弃场、农药、儿童的健康和有毒废物污染堆场清除基金等。

PPGs 是 EPA 为帮助各州、各地区完成和实施环境规划和目标而给予的资金支持。在传统的 PPGs 项目（“categorical” grants，即有关联邦政府专用项目资助）下，各州可以就水污染、大气污染的治理以及废物、农药残留、有毒物质的处理向 EPA 申请资助。后来，资助项目逐渐灵活，各州可就个别的环境保护项目受到 EPA 的资助，也可以在 PPGs 选择多达 19 个的资助项目。目前已有 43 个州的环

---

① 关于 PPAs 的内容，EPA 网站有详尽的介绍，https://www.epa.gov/ocir/national-environmental-performance-partnership-system-nepps. 2017 年 10 月 27 日访问。

境保护机构（43 state environmental agencies）通过 PPAs 来开展与 EPA 的环境合作。PPGs 是国家环境保护合作系统（NEPP）的重要组成部分，是 EPA 为了帮助各州实施环境项目而向各州派发的资助资金，可以说是 PPAs 的资金配套项目。一个有效 PPGs 具有以下几个基本特征：①根据 EPA 的国家环境管理的项目优先计划与各州的优先情况共同制订拨款计划和项目优先权（priority）；②PPGs 的工作计划要围绕环境项目区域（environmental program area）或其功能（许可、监管、检查）来组织；③大部分 PPGs 的拨款是根据一定分配方案发放给各州的，但一些 PPGs 的发放资格是各州通过竞争获得的；④PPGs 通过承认环境管理宗旨所需要的投入和产出措施来提升结果导向的环境项目（results-oriented environmental programs）；⑤因 PPGs 资金使用情况是结果导向（results-oriented）的，所以 PPGs 在资金具体使用和项目的具体运转过程中，也致力于消除过多的行政干预（administrative requirements）；⑥通过一体化的文书工作和问责程序，PPGs 可以降低各州的环境行政成本；⑦通过 PPGs，EPA 可以对各州的环境优先项目、急需处理项目进行直接资助；⑧通过 PPGs，各州可以尝试传统的 PPGs 项目（“categorical” grants）所没有的多媒体方法和环境动议权（multi-media approaches and initiatives）。[①]

另外，根据 40 CFR Part 35 和 2 CFR Parts 200 and 1500 中的规定，所有的 PPGs 都采用与 PPAs 一致的问责制和联合评价要求。根据 40 CFR Part 35 关于管制和绩效合作伙伴关系（Rule and Performance Partnerships）中的规定，各州只要在整体符合 PPGs 规定的基础上，其资助并不一定要通过单独项目申请、一体化的文书工作和落实责任要求而兑现（individual program，streamlining paperwork and accounting requirements）。PPGs 也对综合性的、跨领域的项目（cross-cutting projects）进行资助，各州在环境资助项目领域内就可以享有充分的优先权（state priorities）和灵活性（flexibility），但是：①各州应对 PPGs 的工作计划所产生的结果和效果承担全部责任；②各州和 EPA 都要对环境资助项目进行联合评估；③相关的进程和成果应准确记载于国家和地区的项目数据库；④EPA 可以要求每一项拨款都要与 EPA 的战略计划中所设定目标和目的挂钩；⑤所有受资助项目的工作计划必须包括明确的产出，并在切实可行范围内，写出明确的效果。这对任

① 关于 PPGs 的内容，EPA 网站有详尽的介绍，https://www.epa.gov/ocir/national-environmental-performance-partnership-system-nepps. 2017 年 10 月 27 日访问。

何拨款计划都不得例外，资助项目必须达到工作计划的要求。如果项目结项后，各州完成工作计划之后资金仍有剩余，则这些资金进入结转基金，可将其用于其他环保项目或交叉项目，如升级数据系统等。而对于没有完成计划的州则进行巨额罚款或提出更严苛的环境质量标准。①

PPGs 是州获得 EPA 资助的主要方式，但为了让联邦批准实施联邦授权项目，州必须首先采取与联邦规定相一致或更加严格的法律法规，同时还必须证实自己具备有效执行该联邦项目所需要的财力和人力。另外，由于各主要环境法规赋予 EPA 实施法规的权力和责任并规定其处于领导地位，因此州政府的主要责任在不同联邦环境法规和规章相抵触的前提下，制定州的法律和规章以实施联邦环境法规。可见，EPA 与州政府共同承担实施环境法律法规的责任。美国的主要环境法都规定 EPA 在政策、标准制定和监督执行方面负有职责，同时也规定由州及地方政府负责具体执行环境法。州在国家环境政策执行中起首要作用。实践中，州执行联邦的要求可以通过两种办法：一是通过授权批准执行联邦法律标准；二是依据各州自己的法规标准，但需要满足联邦法律的最低要求，其裁量权受到联邦法律的调控。如果是被授权执行联邦的环境项目，该州应执行联邦环境法律规定，并由 EPA 监督。②

29. 联邦环境执法的体系是怎样的?

联邦层面具有环境执法权的机关如下：EPA（执法与守法办公室）、EPA 地区办公室（执法机构）、商业部（拥有濒危物种管理方面的环境执法权）、内政部（拥有控制露天采矿活动的环境影响、所管辖国有土地、濒危物种保护方面的环境执法权）、劳工部（拥有劳工场地的环境执法权）、运输部（拥有危险废物运输的环境执法权）、核管理委员会（拥有防治放射性物质污染的环境执法权）、陆军部（拥有疏浚工程和疏浚污泥排放的环境执法权）。在这几个机构中，环境执法主体主要还是 EPA，为此还专门制定了一个“执法管理体系”（enforcement management

---

① 关于PPGs 的含义，参见“Best Practices Guide for Performance Partnership Grants with States”，https://www.epa.gov/ocir/best-practices-guide-ppgs-and-states. 2017 年 10 月 27 日访问。

② https://www.cfda.gov/index？s=program&mode=form&tab=step1&id=c1aabf31f46c4752661adb40c2005efb. 2017 年 10 月 23 日访问。

system)，详细规定了 EPA 的职权。[①]而处于“执法管理体系”中枢位置的是环境执法与守法保障办公室（Office of Enforcement and Compliance Assurance，OECA）。环境执法与守法保障办公室可以通过严格的民事和刑事环境执法措施追踪那些影响美国社区生活的污染问题，其执法主要针对严重的水、环境和化学污染。根据 EPA 对各个职能部门权限的分配，环境执法与守法保障办公室与 EPA 地区办公室（EPA regional offices）、州和区域政府（state and tribal governments）、其他联邦机关的协同执法或者以“伙伴关系”的模式共同执行联邦法律：《清洁空气法》（CAA）、《清洁水法》（CWA）、《综合环境反应、赔偿和责任法》（CERCLA）、《应急规划和社区知情权法》(EPCRA)、《联邦杀虫剂、杀菌剂和灭鼠剂法》(FIFRA)、《海洋保护、研究和禁猎法》（MPRSA）、《国家环境政策法》（NEPA）、《石油污染法》《固体废物处置法》（RCRA）、《安全饮用水法》（SDWA）和《有毒物质控制法》（TSCA）。[②]环境执法与守法保障办公室的职能包括以下 7 项：①帮助工业及其他部门组织改善守法状况；②协调和评估全国有害废物清理计划；③根据《国家环境政策法》协调对所有环境影响报告的评估；④制定守法监督纲要；⑤推荐关于守法与执法的全国政策；⑥确定国家守法与执法的侧重点；⑦对州和地区的执法行动提供支持。[③]

执法与守法保障办公室内部设有 8 个处，分别是：守法处（Office of Compliance）、民事执法处（Office of Civil Enforcement）、刑事执法与法庭辩论和培训处（Office of Criminal Enforcement，Forensics and Training）、环境破坏补救执法处（Office of Site Remediation Enforcement）、联邦行动处（Office of Federal Activities）、环境正义处（Office of Environmental Justice）、联邦设施执法处（Federal Facilities Enforcement Office）、规划与政策分析处（Office of Administration and Policy）。具体来说：①守法处包括执行目标和数据科（Enforcement Targeting and Data Division），监测援助和媒介项目科（Monitoring Assistance and Media Programs Division），国家执法培训科（National Enforcement Training Institute），环境规划、措施和监督科（Planning，Measures and Oversight Division）以及资源管理人事科

① Isaac Cheng. 美国环境执法：一个实践者的角度[J]. 法律适用，2014（4）.

② 关于 the Office of Enforcement and Compliance Assurance（OECA），参见：https：//www.epa.gov/aboutepa/about-office-enforcement-and-compliance-assurance-oeca. 2017 年 10 月 25 日访问。

③ 张岳武. 中国环境执法困境及其完善机制研究[D]. 北京：中国地质大学，2007.

（Resource Management Staff）；②民事执法处包括大气执法科（Air Enforcement Division）、废物和化学物质执法科（Waste and Chemical Enforcement Division）、环境水利执法科（Water Enforcement Division）、跨部门执法人事科（Cross Cutting Policy Staff）、资源管理人事科（Resource Management Staff）；③刑事执法与法庭辩论和培训处包括刑事调查科（Criminal Investigation Division）、法律顾问科（Legal Counsel Division）、国家执法调查中心（National Enforcement Investigations Center）；④环境破坏补救执法处包括政策和项目评估科（Policy and Program Evaluation Division）、区域援助科（Regional Support Division）、项目运营人事科（Program Operation Staff）；⑤联邦行动处包括国际守法保障科（International Compliance Assurance Division）、国家政策法守法科（NEPA Compliance Division）；⑥环境正义处（Office of Environmental Justice）没有具体的下属科室；⑦联邦设施执法处包括现场补救和执法人事科（Site Remediation and Enforcement Staff）以及规划、预防和执法人事科（Planning，Prevention，and Compliance Staff）；⑧规划与政策分析处包括行政管理科（Administration Management Division）、预算和财务管理科（Budget and Financial Management Division）、资讯科技科（Information Technology Division）、政策和立法协调科（Policy and Legislative Coordination Division）。[①]执法与守法保障办公室的结构如图 2-10 所示。

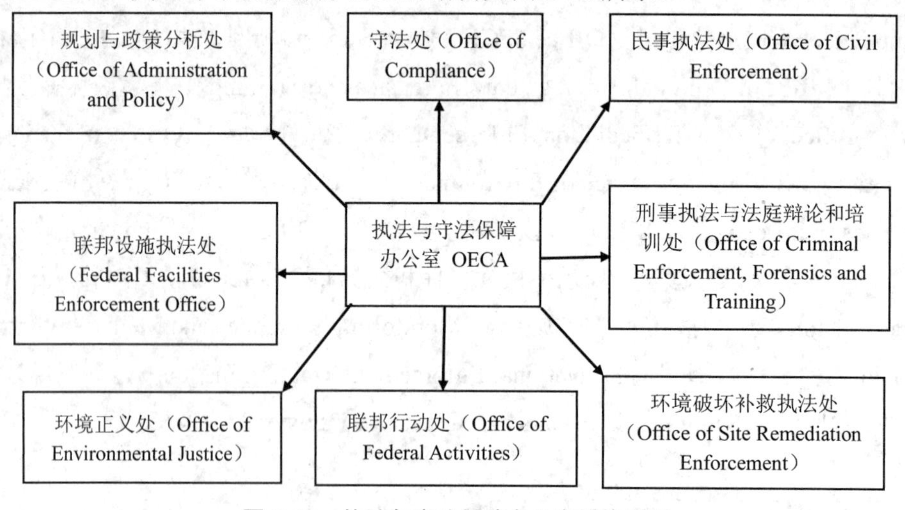

图 2-10 执法与守法保障办公室机构设置

① https：//19january2017snapshot.epa.gov/aboutepa/organization-chart-office-enforcement-and-compliance- assurance-oeca_html. 2017 年 10 月 25 日访问。

30．美国环保局与联邦政府其他部门之间如何开展执法合作？

为了美国整体的环境利益与环境执法的全面展开，美国环保局（EPA）需要与其他领域的管辖机构进行合作与协调，如内政部、农业部、核管制委员会等部门。EPA 为此制定了跨项目、跨部门的执法方案，通过与政府的其他机构以及州和地方政府建立、发展合作伙伴关系这一协调机制来处理跨部门管理和跨项目的环境违法案件。此外，EPA 会与这些机构签订谅解备忘录，达成协调管理和执法的共同协议，协调与这些组织之间的守法援助事项，共同跟踪各类援助活动，测量援助效果。通过与各州以及其他联邦执法、司法机构的合作，EPA 的环境执法与守法保障办公室保持了强大的环境执法能力。比如：EPA 与司法部的合作。美国司法部设有环境与自然资源处，该处有 600 多名员工，负责 EPA 提交的环境违法案件的民事和刑事起诉工作。该处负责起诉的范围要比 EPA 职能范围大得多，除污染控制外，还包括自然资源、野生动植物保护案件，而且还可根据《宪法》《国家环境政策法》的规定对政府破坏环境的决策提起诉讼。2007 财政年度，EPA 的执法与守法保障办公室通过与司法部的合作，司法民事处罚结案数为 180 件，向司法部提交民事处罚案件 278 件，民事罚款共计 3 980 万美元；向司法部移交的刑事案件 340 件，起诉 226 人，法院判处刑期共计 64 年，判处罚金共计 6 300 万美元，2007 年全年实施的经济处罚额度多达 1.459 亿美元。

31．州级环境执法机构如何运作？

如前所述，美国各州都设有州一级的环境质量委员会和环境保护局，州级环境保护管理机构在美国环境保护中发挥着重要作用。美国州的层面环境执法机构大体是：州环保局、州环境派出机构（部分州）、州的环境法规授权的行政机关。各州环境保护机构一方面是 EPA 执行各项环保法律法规、环境标准、环境保护计划的具体实施者和监督者，另一方面各州环境保护机构由于不隶属 EPA，因而也享有充分的自主权，负责本州区域内的人类健康、环境安全，并以此开展环境执法和环境研究。除此之外，与 EPA 一样，州一级的环境质量委员会和环境保护局也是通过行政聆讯和行政命令的方式来进行环境执法，对于一些违法行为，在先交由州检察官处理的同时，环保机关可以与州检察官一起，直接向州法院提起民事或刑事诉讼。大部分涉及州一级环境保护，联邦法律都有明确规定，州环保机构须经 EPA 审查合格，才可以被授予执行和实施环境保护法律的权力。同时，为保障州环境保护机构的自主性与全面性，州环保法规明确把环境行政管理权授予了州环保机构和某些其他行政机关。[①]

32. 美国环保局与各州之间在环境执法方面的关系是怎样的?

第一，在机构的设置上互相独立。美国环保局（EPA）代表联邦政府全面负责环境管理，是各项环境法案的执行机构，其宗旨是保护人类健康与环境。为满足管理联邦环境活动的需要，EPA 规模庞大，独立执法，权威很高。同时，各个州都有自己的环境管理机构，即州环保局，各州的环保局不隶属于 EPA，而是依照州的法律独立履行职责，除非联邦法律有明文规定，州环保局才与 EPA 合作。

第二，EPA 对环境法的实施进行监督。EPA 对各州实施环境法具有监督权，负责制定实施细则。州政府不仅要遵守环境法律，也要遵守 EPA 制定的相关规定。另外，在全美范围内共有 10 个 EPA 地区办公室，地区办公室是 EPA 为监督检查州环保局执法情况而设置的机构。

第三，EPA 对州和地方的执法授权。在此，州和地方对环境执法负有主要责任，大多数关于环境污染的联邦法规都授权 EPA 把执法权委托给经审查合格的州环境执法机构。同时，社会组织和公众逐渐成为环境保护的重要力量。

第四，州拥有环境管理机构人员的独立任免权。各个州的环境管理机构人员由各个州自行决定环保机构负责人由州长提名、州议会审核批准生效。[②]

33. 各州之间如何在环境执法方面开展合作?

根据美国《宪法》的规定，各州之间是完全平等的主体，没有共同的上级行政机关，因此各州在环境执法方面，须充分地尊重和协助，并适用“充分忠实和信任原则”（doctrine of full faith and credit），每一个州对于其他州合法成立的环境法律、环境行政决定和法院判决必须充分信任，承认它的效力。[③]但因环境问题的广泛性、集体行动的困境、环境因素外部性的困扰，“充分忠实和信任原则”并不能解决现实中的环境问题。因此，美国的环境行政执法除了美国联邦和州之间纵

① Steven Ferrey. Environmental Law[M]. Fourth Edition. Wolters Kluwer，2017：453-463.

② Steven Ferrey. Environmental Law[M]. Fourth Edition. Wolters Kluwer，2017：467-495.

③ Article IV，Section 1 of the United States Constitution：Full Faith and Credit shall be given in each State to the public Acts，Records，and judicial Proceedings of every other State. And the Congress may by general Laws prescribe the Manner in which such Acts，Records and Proceedings shall be proved，and the Effect thereof.

向的合作与协调外，美国州与州之间还建立了一套相互协力的环境执法合作机制。如《清洁水法》第1253条规定：“（美国环保局）局长应鼓励各州在预防、减少和消除污染物方面进行合作，鼓励制定与预防、减少和消除污染物有关的、经过改进的、可行的州统一法；鼓励各州之间签署与预防、减少和消除污染物有关的协定。”

在实践中，美国的环境执法合作体现为如下几个方面：首先，美国州与州之间在环境执法方面的合作体现在环境执法年度计划的制订。在环境执法计划的制定程序上，各州应根据自己州的资源分配情况和目前执法状况制订执法计划，涉及环境执法的年度计划的，除了应提交至EPA外，还应经过各州政府集体讨论后批准通过。在环境执法计划的制定内容上，各州在讨论执法计划时，应提供本州下一步计划的优先事项和重点领域，以促进整体资源的优化利用和各州间的执法合作。其次，在联邦体制下，美国的州际合作主要是通过州与州之间的协商或联邦政府的参与，在此各州之间存在很多合作形式，有非正式的合作形式（环境保护联合会），更多的是正式的合作形式，包括州际协定、行政协定和有关州际冲突的司法裁决等在内的不同形式。在州际协定、行政协定与司法裁决中，州际协定是各州实现州际合作和解决州际争端最重要的法律机制。[①]根据《清洁水法》第1253条、《五大湖协定》《阿肯色河流域协定》《康涅狄格河大西洋大马哈鱼协定》《俄亥俄河流域水卫生协定》《三州卫生协定》《西北州弱辐射物管理协定》等的规定，州际协定不仅对成员州具有法律效力，而且通过州际委员会还可以妥善处理各州之间的环境纠纷。[②]最后，美国各州之间的环境执法合作还体现在环境执法的互相监督。州际协定制定的程序首先是相关州共同协商制定州际协定（或协议），其次再经由国会批准，最后产生效力。在美国联邦体制下，经国会批准的州际协定就成为美国的法律，任何一州都不能随意破坏，具有州法和合同法的性质。[③]联邦政府不仅可以通过美国环保局（EPA）的严格执法（财政援助和罚款）、联邦法院的司法审查来推动州际合作，还可以通过其他方面来促进州际合作。因此，在进行环境执法监督时，各州之间除了可以采取自我监督的方式外，还可以进行州之间联合监督执法评价，以完善各自执法计划。

① 王玉明，刘湘云. 美国环境治理中的政府协作及其借鉴[J]. 经济论坛，2010（5）.

② 邓可祝. 美国州际环境合作及启示[J]. 环境保护，2012（18）.

③ 何渊. 州际协定——美国的政府间协调机制[J]. 国家行政学院学报，2006（2）.

34."州政府执法优先"具体是指什么?

在美国，就法律的制定及其规定的程度与标准而言，联邦法律相对于州法律而言具有优先权，在联邦法律的执行方面，联邦政府也具有执法优先权。而在环境保护领域，因环境问题的局部性、外部性与跨域性，环境执法的首要责任就落在了州政府层面。在环境事务中，州政府执法优先是处理州政府和联邦政府之间关系的一项基本原则。"州政府执法优先"的规定主要是基于以下理由：

首先，根据联邦法律确定的州在环境保护方面负有主要责任。比如，根据《清洁水法》(*Clean Water Act*) 第 101 条 (b) 款，明确了一项关于州政府法律地位的原则性规定，即州政府享有三项基本权利和义务，即：①防治、降低和消除污染的权利和义务；②土地及水资源的开发与利用的权利和义务；③向 EPA 咨询与协商的权益和义务。根据《清洁水法》的规定，美国环保局对跨区域、跨州的水污染问题具有主导性作用。[①]

其次，在美国，水环境管理的工作主要是通过各州的水资源管理委员会（State Water Resources Control Board，SWRCB）来实现的。[②]各州政府可以向 EPA 申请行使国家污染物排放消除系统（National Pollutant Discharge Elimination System，NPDES）许可证的管理权。根据许可规定（42 CFR 122）和排放限制的准则与标准（Effluent Limitations Guidelines and Standards）(42 CFR 412)，如果该管理权获得批准，就由该州政府按照国家污染物排放消除系统许可证的规定执法。目前美国已有 45 个州获得了 NPDES 排污许可证。可见，在美国，州承担了全国绝大多数环境相关许可证的发放工作，州的环境执法已起到主要作用。[③]

最后，无论是个体性的环境违法行为还是局部性的、跨区域的普遍违法行为，EPA 发现该违法行为后，都应当通知州政府。州政府在收到消息之日起 30 日内，州政府享有优先执法权（enforcement priorities)。在收到消息之日起 30 日内，州政府没有处理，或处理期限超过 30 日的，EPA 可以代位执法。但在现实中，EPA

---

① 更为详细的内容，可以参见 EPA 关于《清洁水法》的介绍（Introduction to the Clean Water Act）https：//cfpub.epa.gov/watertrain/pdf/modules/IntrotoCWA.pdf. 2017 年 10 月 13 日访问。

② 参见 https：//en.wikipedia.org/wiki/California_State_Water_Resources_Control_Board. 2017 年 10 月 25 日访问。

③ 参见 NPDES Program | Mid-Atlantic Water | US EP. https：//www3.epa.gov/reg3wapd/npdes/index.htm. 2017 年 10 月 25 日访问。

的代位执法机会没有使用过。[①]

35．“联邦代位执法”是指什么?

根据美国环境法律规定，对个别违法行为和普遍违法行为设定了不同的执法程序。联邦政府在环境保护的各主要领域（尤其在环境控制方面）都享有对州和地方政府的监督权。如根据《清洁水法》的规定，当EPA局长发现违反该法的行为时可直接对违法者采取行动/措施。在实践中，针对个别违法行为和普遍违法行为，EPA采取的民事执行措施（相对于刑事处罚而言）主要是，发出执行命令和提起诉讼，具体表现如下：

对于违法行为，EPA 可以签发“执行命令/处罚通知”，或者提起诉讼。该违法行为主要包括：①违反“技术类排放限制”的行为；②违反“水质类排放限制”的行为；③违反“新源排放标准”的行为；④违反“有毒物质排放限制”的行为；⑤违反“预处理排放执行标准”的行为；⑥违反“水产养殖许可”的行为；⑦违反记录、报告和监测的行为。不同的违法行为，联邦的执法程序也不同。首先，针对个别违法行为：①通知违法行为人和州政府，州政府须在30日内做出适当执法行为；②EPA行使执法权。如果州政府在30日内未行使执法权，那么EPA将对该违法行为人发出执行命令/通知，或提起诉讼。具体措施将根据案件的紧急性程度不同而进行选择。其次，针对普遍违法行为：①EPA通知所在州政府，限期30日内改正；②若超过30日，普遍违法行为依然延续，EPA应对该行为予以公示；③EPA代位执法。在公示期内，EPA有权代替州政府行使违法处罚权，向违法行为人发出处罚通知或者提起诉讼。

36．环境行政执法令有什么特点?

行政执法令（oder）是限期治理的一种方式，由EPA发布。但在美国，绝大多数环境行政执法案件并不是通过环境执法机关单方面的决定加以解决的。同其他环境行政执法案件一样，限期治理的行政执法令模式也是通过执法令中的磋商达成协议而加以解决的。具体而言，美国环境行政部门在对违法企业进行诉讼前，

---

① 参见环境保护部环境监察局与美国环境保护协会等编写的《中国环境宏观战略研究：建设完备的环境执法监督体系研究报告——环境执法保障专题》，https：//wenku.baidu.com/view/4dad822ab4daa58 da0114a91.html. 2017年10月25日访问。

将守法令（compliance order）作为环境行政执法的一个环节，通过磋商使企业和有关当事人了解案件情况和替代行动方案，纠正其违法行为，在诉诸法律行动之前能够获得补充信息和消除误解。美国环境行政执法中磋商解决的程序选择比较特殊，这一程序用比较小的社会成本解决执法问题，其特点为通过磋商推进执法。因此，环境行政执法令成为EPA环境执法行动中广泛采用的执法形式，仅在1990年，EPA就发布了4 000多项环境行政执法令。可见，环境行政执法令在美国环境执法中发挥了重大作用，通过环境执法主体与环境执法对象的互动磋商可以向监管对象表明政府在环境执法行动的同时，也愿意解决监管对象在遵守环境法律过程中所关心和面临的环境问题，并通过与监管对象合作，在法律规定的范围内达成令双方满意的解决方案，从而达到环境执法的目的。①

37. 环境司法机构设置及其职能是什么?

美国环境司法执法指的是经法律授权具有诉讼资格提起的、由法院依照司法程序对违法者进行审判并要求承担法律责任的司法活动。按照提起法院执行的主体不同，环境法律的司法执法可以分为由行政机关提起的法院执行和由私人主体提起的法院执行两大类。因此，针对环境违法行为，EPA也可以直接起诉至法院，即通过其律师进行民事或刑事的司法诉讼。虽然EPA有提起环境诉讼的资格，但专门处理违反环境法律法规的环境执法案件的权力在联邦司法部。

此外，联邦司法部（Federal Department of Justice）通过总部或设于各地的联邦政府律师、检察官办公室（U.S. Attorney's offices），处理违反环境法律法规的联邦司法执法案件。联邦司法部代表EPA进行民事和刑事诉讼，在诉讼的各个阶段，司法部都需要时刻与EPA保持密切互动。与EPA类似，州的环保机关也可以直接向州法院提起民事或刑事诉讼。同样，如果州环保机关选择直接诉诸法庭，那么并不是自己进行诉讼，而是将案件交至州政府诉讼部门或州检察官处理。州检察官和州环保机关一起，参与和解、民事或刑事诉讼、判决的执行。

美国政府中的环境司法管理部门具体指的是联邦政府中具有部分司法权的机构，包括联邦和州两个层面。

联邦层面包括：①1982年联邦司法部成立了环境调查特别小组，目的是加强

① 周杰. 美国行政守法令及其启示[J]. 世界环境，2004（5）；朱谦. 环境法基本原理：以环境污染防治法律为中心[M]. 北京：知识产权出版社，2010.

对环境违法行为的刑事制裁。②环境和自然资源局。环境和自然资源局的任务是通过向联邦巡回法院和州上诉法庭提起上诉来保护和改进环境，获得管理国土和自然资源以及保护和管理印第安人的权利和财产。环境和自然资源局还可以协助司法部第三副部长办公室在联邦最高法院进行诉讼。③EPA。EPA 负责刑事执法的主要机构是环境执法与守法办公室下设的刑事执法、司法鉴证与培训处（OCEFT）。联邦司法部还可以代表 EPA 进行民事和刑事诉讼，并在诉讼中与 EPA 和州保持紧密联系。

在州层面，州的环保机关有时也会向州法院提起民事或刑事诉讼。至于诉讼提起的方式，州环保机关选择直接诉诸法庭，或是将案件交给州的政府诉讼部门——州检察官。州检察官与州环保机关一起参与和解、民事或刑事诉讼、判决的执行。环境司法机构设置如图 2-11 所示。

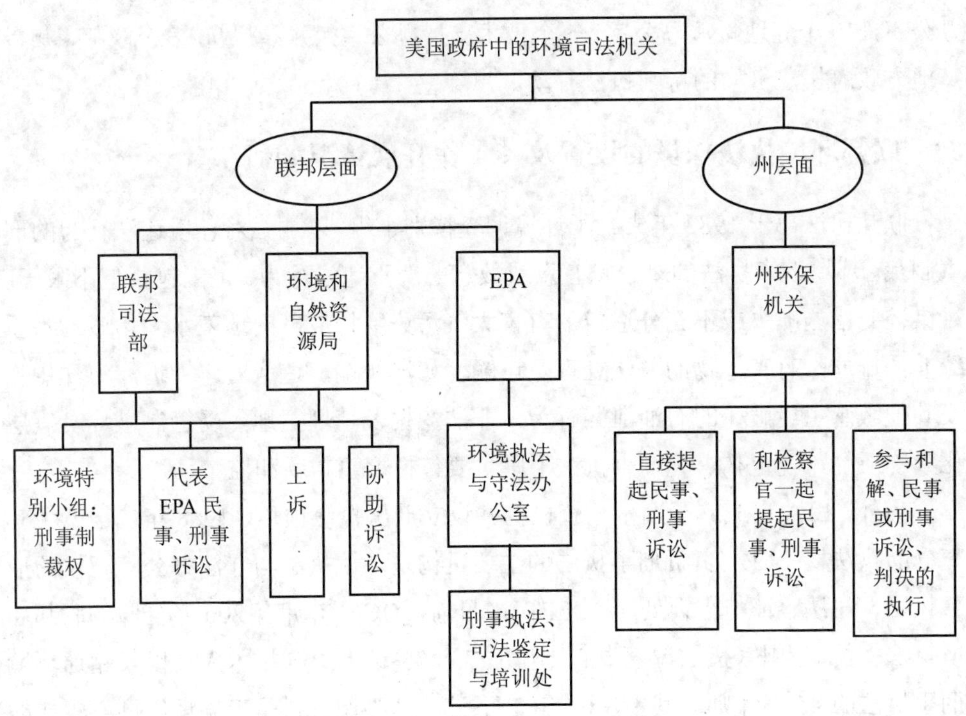

图 2-11 美国政府环境司法机构设置

38．环境刑事执法机构设置是怎样的？

美国环境刑事执法手段对于美国环境守法发挥了十分重要的作用。20 世纪 80 年代，美国开始注重通过刑事执法手段来震慑普遍违法行为的发生。1982 年，联邦司法部成立环境犯罪小组，以加强对环境违法行为的刑事制裁。同时 EPA 成立了刑事调查机构，并且组建了一个强大的智力网络，包括训练有素的探员、环境鉴定科学家、律师以及培训专家等各类人才，支持刑事诉讼的取证和定罪工作。

EPA 执法与守法办公室的刑事执法、司法鉴定与培训处下设刑事调查科，主要调查重大环境违法行为。刑事调查科是根据 1990 年《环境污染公诉法》(*Pollution Prosecution Act*）成立的，负责将所调查的重大案件向法院提请公诉。刑事调查员被称为“特别探员”（special agent）。2003 年，美国特别探员数量达到 203 人。特别探员具有携带武器执法权以及调查和逮捕权。刑事调查科在全国设有 10 个地区办公室，30 个驻地特派办公室、5 个技术支持办公室，并参与 90 多个联邦、州以及地方政府执法机构的特别执法行动。[①]

39．联邦环境执法探员的设置及其工作开展情况如何？

联邦司法部于 1982 年成立了环境调查特别小组，以加强对环境违法行为的刑事制裁。环境刑事执法的对象是有意或故意的严重违法行为，范围包括但不限于：污染控制措施缺失或不充分造成的有害大气污染物排放，向地表水和市政污水系统非法排放，有害废物的非法处理及运输，海洋倾倒，造成海岸、近岸海洋生物及其他敏感生境破坏的石油泄漏行为，非法挖掘及填埋湿地，受管制破坏臭氧层化学物质的跨境走私等。刑事执法手段主要包括刑事罚款和监禁。

另外，EPA 也成立了刑事调查机构并设立刑事执法项目，1988 年国会授予其充分的执法权。EPA 负责刑事执法的主要机构是环境执法与守法办公室下设的刑事执法、司法鉴证与培训处（OCEFT）。目前，OCEFT 拥有 200 名全职的联邦环境执法探员、在国家执法调查中心工作的 70 名鉴证专家与技术人员以及精通环境刑事执法的 45 名律师。其中，OCEFT 下设的刑事调查科是查处环境刑事犯罪的

---

① 参见 EPA 的 2003 年关于环境刑事执法办公室相关的报告（https：//www.epa.gov/sites/production/files/documents/oceft-review03.pdf）；张建宇，严厚福，秦虎，等. 美国环境执法案例精编[M]. 北京：中国环境出版社，2013：40-41。

主要机构，负责调查违反美国环境法令及相关附属法令的犯罪行为，协助联邦司法部及州检察官起诉环境犯罪，并在诉讼阶段提供调查支持。刑事调查科的刑事调查员称为特别探员，即联邦环境执法探员。美国联邦环境执法探员的设置与执法情况如图 2-12 所示。

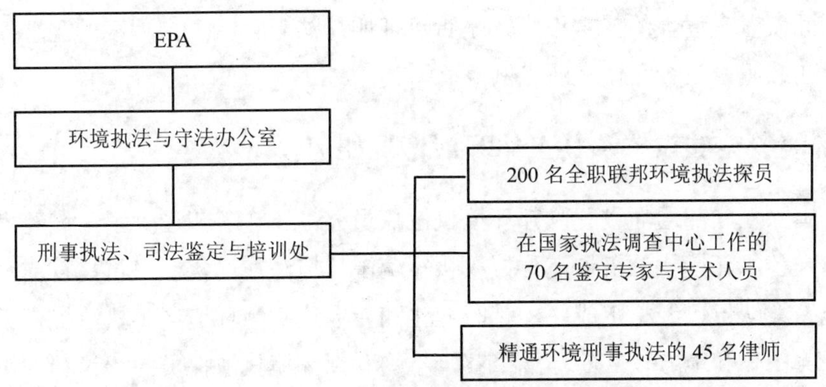

图 2-12　美国联邦环境执法探员的设置

刑事调查科总部人员主要集中在华盛顿特区，部分负有特别支持任务（如人员培训、计算机取证）的总部人员分布于联邦执法训练中心等地。此外，与 EPA 10 个大区办相对应，刑事调查科在美国设有 10 个地区办公室，并在距离地区办公室较远、环境罪案频发的 31 个城市设有驻地特派办公室，每个驻地特派办公室配备 2～5 名联邦环境执法探员。地区办公室和驻地特派办公室的设立，成为联邦刑事执法网络的重要节点，也成为监督企业、制约地方的重要力量。统计数据显示，刑事调查科于某一地区建立驻地办公室后，当地的环境犯罪调查及诉讼的数量均会出现明显增长。

联邦环境执法探员一般通过与环境专家、公诉人及其他部门执法人员合作，共同完成环境案件的调查执法。在执法过程中，经举报等渠道搜集到的犯罪线索，一般由联邦环境执法探员主管及一名专职探员负责评估，在 45 天内给出是否立案的意见。评估过程将参考涉案公司或个人的犯罪历史记录，考察违法行为是否造成实际或潜在损害以及其他各种法律、技术因素。[①]区域犯罪执法顾问以及来自国家执法调查中心的技术协调人员，也可能参与对犯罪线索的最初评估。完成一个

① 蓝艳，解然，陈刚. 美国环境警察什么样？[N]. 中国环境报，2017-03-23.

环境案件的全部程序可能会花费数年。一般而言，EPA 的调查阶段会在 1~2 年完成。尽管 EPA 是环境犯罪在联邦层面的调查机构，但国会并未授予其提起刑事诉讼权。OCEFT 确定环境违法行为的刑事犯罪性质后，需向联邦司法部（或 EPA 在州和地方的诉讼合作方）寻求诉讼援助。案件最终是进入起诉程序，还是辩诉协商或撤诉，取决于联邦司法部的裁决。决定是否提起诉讼的重要因素包括这一行为实际或潜在危害的严重程度，是否可证明违法者存在一定程度的犯罪意图，是否存在共犯，是否存在违法先例等。

40．环境警察的设置及其工作开展情况如何？

美国除在联邦层面设置联邦环境执法探员外，还在各州设置了环境警察。环境警察是各级环境执法机构充分授权执行美国环境法律的执法人员。目前，美国的环境警察队伍已经稳定成熟，且职业化和专业化，为环境刑事执法提供了有力保障。美国州和地方设立的环境警察，不受联邦环境执法探员的领导和约束，执行本州法律。州环境警察接受严格的训练，具有逮捕、调查和查封权。美国环境警察的设置及其执法的一般情况如图 2-13 所示。

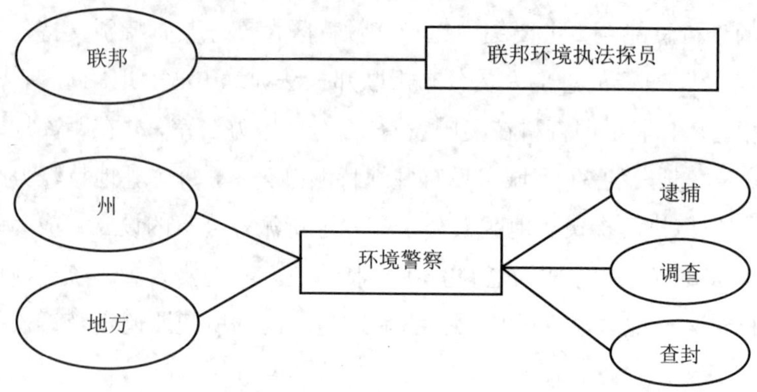

图 2-13　美国环境执法人员设置

虽然各州设立了环境警察，但各州环境警察的设置情况有所差异。比如纽约州，该州于 1983 年率先成立了环境警察队伍，州立法部门同时修订了《刑事诉讼法》，增加了环境警察执法的相关内容。1999 年，环境警察的管辖范围扩大到纽约市的 5 个区。2004 年，纽约州最高法院和纽约州上诉法院正式将环境警察作为纽约州的警种之一。以纽约市为例，市环保局设有警察与安全局，内设环境警察处、应急响应和技术评估处、安全处、安全系统工程处 4 个处。环境警察处的主要任务是保护供水和主要基础设施免受恐怖袭击、环境污染犯罪等危害，管辖范围包括纽约北部 2 000 平方英里的流域面积和布鲁克斯的主要基础设施。纽约市的环境警察每年要调查超过 4 000 起有关环境污染的投诉，其中约 500 起涉及环境犯罪，如危险废物的运输、储存和非法处置等。纽约州于 2002 年开设了环境警察学院，学员需要接受为期 31 周的综合培训。[①]马萨诸塞州于 1985 年成立环境警察局，内设环境犯罪局、内陆执法局、沿海执法局、海事盗窃管理局、船只和休闲车辆安全局、注册局 6 个分局，主要负责海洋渔业管理、渔业和野生动物资源管理、危险固体废物管理等。其中，环境犯罪局是马萨诸塞州唯一的跨部门调查组织——环境犯罪打击部队的组成部分。环境犯罪打击部队由州总检察长和能源环境事务秘书处直接领导，由马萨诸塞州环境部门的科学家和工程师、环境警察和检察官组成。环境犯罪打击部队负责空气污染、水污染、固体废物、非法使用农药等严重影响公众健康和环境的环境犯罪，通过调查取证，对这些违法犯罪行为提起公诉。总体而言，这支环境执法队伍具有队伍年轻、数量稳定、培训系统、分布广泛等特点，并具有调查、持枪、执行搜查令、逮捕等权力，是加大环境执法力度不可或缺的重要力量。[②]

41．环境执法的刚性保障体现在哪些方面?

美国环境执法的“刚性”表现为环境执法具有很高的强制性，任何人违反环境法律都要受到环境执法机关的处罚。美国环境执法的强制执行力体现在：①EPA 提供充足的经费和配备大量人员为环境强制执行提供基本保障。②设立了专门的执行机构“执法与守法办公室”，内设刑事执法处、民事执法处，有权直接调查、立案、起诉环境违法案件。③立法赋予环境执法人员充分的权力。环保局对一切监管对象有调查权，并有下达守法令、罚款等权限，特殊情况下，执法人员有权佩戴枪支进入执法现场。④环境执法手段有保障。在环境执法过程中，可供环境执法检查的手段包括访问、查阅记录、取样、观察操作等，且检查的结果也可用于日后可能的法律行动。[③]

---

① 蓝艳，解然，陈刚. 美国环境警察什么样？[N]. 中国环境报，2017-03-23.

② 蓝艳，彭宁，解然，等. 美国环境执法的实践经验及其对中国的启示[J]. 环境保护，2016，44（19）.

③ 郭润生，张小平. 美国环境执法法中的强制执行及其启示[J]. 外国法译评，1996（4）.

42．环境执法的柔性体现在哪些方面？

在强调环境执法的“刚性”，即充分发挥法律强制性的同时，美国环境执法过程也重视柔性执法。所谓柔性执法，是指环境执法机关在履行环境保护职责时，加强对环境执法对象的指导与沟通，增强其自觉守法的积极性，提高环境执法对象的守法意识，从而提高环境执法的效率。环境执法中的“柔性”执法方式主要有如下三种：

（1）守法援助项目。美国有大量的守法援助项目，鼓励引导人们自愿遵守法律、保护环境。例如，通过守法教育，让民众了解具体的环境保护法律规定，明白不遵守环境法律的严重后果；通过技术援助帮助企业进行环保技术改造；通过资金补助鼓励企业购买必要的环保设备等。

（2）行政奖励。例如，帮助守法企业进行正面宣传，提高其公众形象和声誉，提升其产品市场竞争力；对守法企业进资金补贴或给予退税。

（3）自愿环境管制。此种管制形式赋予企业环境保护的自主决策权，在自身意愿的基础上，可以随时调整企业生产所涉及的环境行为，以减少污染、加强对环境的保护。在此，自愿环境管制可以发挥企业的环境保护积极性，使其积极参与到政府的环境管制活动，减少对于环境执法行为的抵触情绪，以节约政府的环境管制成本。通过这些“柔性”环境执法手段，既减少了执法成本，也可以促进民众自愿保护环境，弥补了“刚性”环境执法的不足。[①]

43．公众参与对环境执法的影响有哪些？

环境公众参与制度是美国环境执法中的一大特色，是美国环境民主（environmental democracy）的体现。[②]公众参与体现在环境执法的很多环节。公众参与对美国环境行政执法的影响主要体现在以下几个方面：

第一，督促美国环境行政机关的环境行政。根据美国《信息自由法》的规定，政府文件公开是原则，不公开是例外。当行政机关拒绝公民取得政府文件的申请时，必须说明理由并负举证责任。该项规定在环境行政的很多环节中得到体现。例如，在环境影响评价程序、许可证的申请与发放、污染物排放以及紧急状态下

---

① 张福德. 美国“柔性”环境执法及其对我国的启示[J]. 环境保护，2016，44（14）.

② 朱谦. 环境法基本原理：以环境污染防治法律为中心[M]. 北京：知识产权出版社，2010.

获取与个人生命健康相关的信息等方面。公众通过环境知情权的行使督促政府及时公开环境信息。此外，公民还可以通过公民诉讼的方式督促美国环境行政机关积极履行环境行政职权。1970 年的《清洁空气法》赋予了公民借助联邦法院督促环境执法的权利，《清洁水法》、《有毒物质控制法》以及《安全饮用水法》规定了公民诉讼条款。任何人都可以以自己的名义对违反环境法的人提起诉讼，包括行政机关。一方面给行政机关造成了压力，另一方面也可以使法院参与到对行政机关的监督中来。可以有效防止被管理者因行政机关没有对公共记录所认定的违法行为执行而逍遥法外，制约了环境行政机关在环境执法过程中的自由裁量权的行使。[①]因此，公民可以通过公众参与以及公民诉讼的途径督促美国政府的环境行政。

第二，完善环境行政决策。对于一些重大的环境问题可以征求公众的意见，通过公众参与环节可以使环境政策的制定更具科学性。同时，依据该环境政策的实施，也使政府的环境执法过程获得更多公众的支持。

第三，畅通环境行政执法的渠道。公众参与可以使公众以切身体验的方式参与到环境保护中来，加大了环境保护的宣传工作，从而调动公众环境保护的热情，更重要的是，使公众能够懂法、守法，从而畅通了环境行政执法的渠道。被管理者不仅会面临强大的公众压力，同时，也会面对来自政府机关的强大压力，从而能够更加遵法守法。

44. 公众如何参与环境政策的制定？

1969 年的美国《国家环境政策法》第 4332 条规定了环境影响评价报告书应根据《美国法典》第五编第 522 条的规定向社会公开。社会组织和公众逐渐成为环境保护的重要力量。基于此，20 世纪 70—80 年代，美国制定的环境法律中无一例外地将公众参与具体细化到每个环境政策制定之中。此外，美国环保局（EPA）在 1981 年制订了《美国环保局公众参与政策》（*Public Involvement Policy of the U.S. Environmental Protection Agency*），经过充分的修订和完善后，2003 年进行了正式公布。根据《国家环境政策法》与《美国环保局公众参与政策》的规定，在美国，公众可以参与国家环境政策制定的全过程，公众参与环境政策的制定主要表现为以下几个方面：

---

① 崔华平. 美国环境公益诉讼制度研究[J]. 环境保护，2008，14（24）.

首先，在环境政策制定的启动阶段，行政部门就必须通过各种方式向民众，特别是利益相关群体广而告之，并鼓励大家积极建言献策，广泛参与到相关环境政策的制定过程中来。

其次，在环境政策制定过程中为公众提供讨论政策并提出意见以及质疑的机会，即政府部门将初步拟定的环境政策在专门的联邦纪事（federal register）上刊登，接受各种公众的评议、质疑或建议。这些公众可以是任何组织或个人，甚至是政府的其他部门，如工业集团、州政府、环保组织、普通民众和其他各类人员。

最后，在收到这些建议后，相应政府部门必须在规定的时间内对公众评论中指出的各种问题做出解释、答复，甚至修改。这个过程反复进行，讨论或论证各种可能的问题如某项技术问题、遵守成本、科学分析缺陷或者某些相关者的利益没有得到充分考虑等，直至各种问题得到充分讨论与解决、各种意见得到圆满答复或修正之后，才能确定该项政策的基本内容。对于确定下来的环境政策，该政府部门内部还要再次对其进行法律检查，通过之后本部门的行政领导批准签字，该项环境政策正式生效并颁布实施，对所涉及的所有机构或人员产生法律效力[①]（见图2-14）。

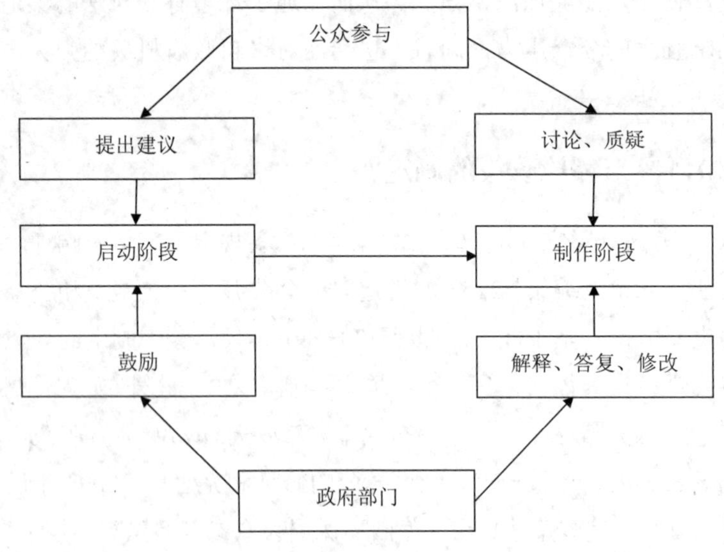

图2-14　公众参与环境政策制定程序

① Administration of Barack H. Obama，Memorandum on Transparency and Open Government，January 21，2009，Office of the Federal Register，Register，11:15 a.m.，January 23，2009.

45．民间环保组织在环境保护中发挥怎样的作用？

在美国，有各种民间环保组织（Environmental Non-Governmental Organizations，ENGOs），是美国非政府组织（Non-Governmental Organizations，NGO）的一种。在 1958 年“美国有色人种促进会诉亚拉巴马州案”后，法院裁定结社自由受到“第一修正案”的保护，此后，美国民间环保组织获得了《宪法》的保障。美国现在有很多的民间环保组织，如塞拉俱乐部（Sierra Club，1892 年）、美国环境保护协会（EDF，1967 年）、世界自然基金会（World Wildlife Fund，1961 年）、自然保护协会（The Nature Conservancy，TNC，1951 年）、自然资源保护理事会（Natural Resources Defense Council，NRDC，1970 年）、绿色和平组织（Greenpeace，1971 年）、地球之友（Friends of the Earth International，FOEI，1971 年）等。[①]美国民间环保组织作为公众环境利益的代表，已经从最初始的小团队发展为具有一套严密结构的庞大组织。其资金主要来自会员会费、个人捐助、基金会资助、政府项目经费、投资收益、其他社会捐款等。

虽然各环保组织关注问题的重点不同，但目的只有一个，那就是保护环境。这些组织历史悠久，人数众多，机构遍布全国各地，是公众在环境问题上的代言人。例如，在 ENGOs 的广泛联盟下，促成了全民公投中“23 号提案”的否决，加快了美国气候变化行动的进展。尽管他们没有政府授权，然而，作为“看家狗”（watchdogs）与“吹哨者”（whistle-blowers），当政府机构或企业违反环境法时，他们会大呼“犯规”。[②]

在美国，民间环保组织可以借助政府的签约委员会、公民咨询委员会、研究小组、圆桌讨论会和专家小组、公告和评议、公开的会议和听证会等民主协商会议参与到环境决策中去。除此之外，民间环保组织也可通过写信、请愿、参加委员会和听证会、公共监督团体、人民监督员制度等渠道参与到环境立法中去。因此，民间环保组织在美国的环境保护中发挥了不可替代的重要作用。另外，民间环保组织往往能够掌握更多的环境保护的专业知识，有更大的能力抵御市场风险和政府滥用公权力，而且能够更好地调动社会公众的环保热情，组织引导公众更

---

① 详细内容可以参见维基百科（英文版）的介绍，https：//en.wikipedia.org/wiki/List_of_environmental_organizations. 2017 年 10 月 23 日访问。

② 郑少华. 论美国环境法中非政府组织的法律地位[J]. 法学评论，2005（3）.

有效地参与环境保护，维护自身的环境权益。各种民间环保组织通过各种途径宣传普及环保知识使得“环境保护”被社会公众深入了解，提高了公众的环境意识。因此，民间环保组织通过广泛的社会舆论，对政府的环境政策以及执法起到了推动作用。[①]

① Randy Peerenboom. 美国立法和治理中的公众参与[A]. 钟瑞华，译//李林. 立法过程中的公共参与[M]. 北京：中国社会科学出版社，2009.

环境执法依据

46．环境执法指的是什么?

环境执法（enforcement）是指政府环境执法机构或其他相关机构在受监管的社区达到合规、纠正或暂停危害环境和公共健康的情况或者活动而采取的一系列行动。

政府的执法行动通常包括：

（1）检查。检查是用来决定受监管社区的合规情况，以及发现违规情况。

（2）协商。与违反了规定的个人或设施的管理人员进行协商，来制定出经双方同意的达到合规的方法和进度安排。

（3）法律行动。有需要的情况下，法律行动可以强制实现合规，对违反法律或危害环境质量或公共卫生的个人或设施追究责任。

另外，政府还通过教育项目、技术支持和补助等方法对自觉达标者给予鼓励。

非政府组织可以通过检查超标情况、与违规者交涉和评论政府执法行为等方式参与执法。如果法律允许，他们可以采取合法行动反对违规者的超标行为或政府推行的环境要求。银行业和保险业在为一项设施发放贷款和保险政策前，可以通过要求有关方面做出遵守环境要求的保证，从而间接地参与执法。对不遵守环境要求者实行严厉的社会制裁，这对保证达标非常有效。例如，如果公众认为某制造商损害环境，他们可能选择抵制这种产品。

一项有效的环境法律应包括执行法律所必需的权威和权力，可以覆盖环境要求的实施、检查、设施监测和违规行为的法律制裁等方面，通过颁发规章、许可证、执照、指导政策等方式实施。比法律规定详细得多的规章确立了受监管社区必须满足的一般要求。有些规章可直接执行，而有些则利用许可证和指导的手段，为制定设施专用的要求提供标准和程序，从而成为执法的基础。

要制造、试验、出售和推广一种在非正常利用情况下可能存在环境或者公众健康风险的产品，需要批准执照。执照可能是通用的，也可能是设备专用的。

同样，还需要有权威部门对设备进行检测，对违规行为进行法律制裁。检测的标准可根据设备的特殊情况予以取消或修改，权威部门将检查受监管的设施，并有权随时查看其记录和设备，以决定其是否达标。

必须有一个权威部门以保证所辖社区能监督自己的达标情况，保存其达标的活动和状态记录，定期向执法部门报告信息，并在监测期间提供信息。

一项行之有效的法律也应包括对违规设施采取法律行动的权力，加强对违法设施的经济惩罚和其他制裁，以及对那些肆意违法的设施（如有意造假数据的设施）和个人的违法制裁。同样，也赋权纠正对公共健康或环境产生直接和重大威胁的情况。

环境执法响应机制的范围和类型取决于由环境和相关法律提供给执法项目的官方机构的数量和类型。执法机制可能设定为使违法者伏法，强加制裁或剥夺违法者的经济利益。执法可能要求采取特定的行动去测试、监督或提供信息，也可以消除对环境的损害和修正公司内部的管理问题。

执法反应机制包括非正式反应，如电话、现场视察、检查、警告信以及比警告信更为正式的违法通知书。他们给设施经营者提供违法说明、如何改正和改正的期限。非正式反应没有惩罚，但如不给予重视则将导致更严厉的反应。更正式的执法机制以法律为后盾，并结合保护个人权利的程序性要求。行政命令是合法的、可单独执行的命令，直接由执法项目官员签署。这些官员在界定违法行为时提供违法证据，要求接受者在一个规定的期限内改正其违法行为。如果接受者不遵从命令，项目管理者可以利用其他命令采取进一步的法律行动或诉讼制度强迫其服从命令。

进一步的法律行动包括利用现场传票，这是由巡视员当场发出的行政命令。要求违法者改正明显的违法行为并交少量罚款。现场传票被用来管理对环境不构成很大威胁的较常见的违法行为。法律诉讼还可导致民事司法的行政诉讼，这是庭审前的正式法律诉讼。这些诉讼要求减少直接威胁公众健康和环境的行为，执行被违抗的行政命令，并对已提出上诉的命令做出最终裁决。最后，当个人或设施故意和有意违犯法律或涉嫌违法，社会认为是必须施加最严厉法律制裁的行为时，将采取刑事审判行动。这些行动包括刑事制裁，也包括罚款和监禁。刑事行动是最难实施的一类执法，需要深入调查和庭审辩论，但它却能产生极大的威慑作用。

环境执法必须包括平衡个人权利与政府快速反应需要的步骤。应在采取任何行动之前发出违法通知书，以便受指控一方能对违法的裁决提出争辩，或在政府采取进一步行动之前改正其违法行为。在执法过程中的几个阶段应允许上诉，从而可以重新考虑违法行为的裁决、所要求的弥补行动或拟给予惩罚的严重程度。在项目官员和违法者之间的交涉也应有争论的解决过程，包括面对面的讨论或听取审查员的陈述，或利用第三方调解人、仲裁人或说客①。

47. 环境执法的理念和一般原理是什么?

美国环境执法的核心目的是实现环境质量的改善，直接目标是促进所有管理对象实现守法，而非设置其他诸如罚款创收等目标。美国环境执法理念不断转变，即经历了一个从开始的严格执法为核心转变到以执法和守法并重，再到以守法为核心，执法为辅的过程。具体如下②：

第一，加强守法援助的服务职能，减轻执法压力。

EPA 通过提供守法援助服务为有效执法铺平了道路，减轻了执法压力。守法援助主要是通过向受管制部门与一般公众提供生产、管理、生活过程中需要遵守的环境法律、环境管理信息，以及提供一些更高效、更低成本地达到环保要求的帮助等服务，以促进公众遵守环境法律法规和相关政策。每年 EPA 的执法与守法保障办公室都会制定一个守法计划指导守法援助行动。一般来说，守法援助是 EPA 提供的一项免费服务，但有些事项也会收取一定的费用。守法援助主要分为两类：部门针对性的守法援助和法律针对性的守法援助。

部门针对性的环境守法援助主要是帮助某一具体的受管制部门达到环境守法要求，如农业、工业、化工、干洗、金属加工、装修业等部门或政府机构（包括地方政府、联邦政府）。EPA 根据不同部门的特点，分门别类地制定了相应的守法援助方案。这些援助主要是帮助某一部门了解环境法律法规对本部门有哪些环境要求，需要采取哪些措施才能达到环境守法的目标，以及如何才能降低守法成本。环境受管制者可以很容易地从环境守法援助中心获取电子和纸版手册或语音形式的服务信息，从而大大降低了企业的守法成本。这种援助方式在法律与守法者之间建立起了便利的、和谐的沟通渠道。

---

① [美]Cunningham William P. 美国环境百科全书[M]. 张坤民，等译. 长沙：湖南科学技术出版社，2003.

② 秦虎. 美国环境执法特点及其启示[J]. 环境科学研究，2005，18（1）.

法律针对性的环境守法援助是根据不同介质划分的服务援助方式，如空气、水、固体和有毒物质、杀虫剂以及紧急状态预案与公众知情权等方面的援助方案。由于美国是依介质进行环境立法的，法律针对性的环境守法援助事实上是对相关介质环境法的实施的阐述与解释，从而帮助公众和主要排放某类污染物的受管制者更加清楚地理解这些法规的规定和更好地遵守法律、监督不法行为。

第二，利用经济激励来引导守法。

污染防治与自然资源分属管理的机制制约了 EPA 采取综合措施解决环境问题；法律授权的前提也使 EPA 的权限受到很大制约。为最大限度地消除这些制度上的缺陷给管理带来的影响，提高管理效能，EPA 正努力改革传统的单一命令控制的管理方式，更多地强调自愿行动和守法，采取市场手段进行管理。经济激励也因此贯彻到了执法与守法活动中。

守法激励政策是一种提高排污者守法自觉性和积极性的利益诱导机制。该政策对能够事先积极预防污染，能够在环境事故发生后自觉揭发、及时纠正违法行为从而降低环境破坏程度带来的损失的行为者给予不处罚或减轻处罚的激励。守法激励政策在具体操作上一般包括 4 个阶段：告知受管制者出现的违法行为，提出相关的要求；告知自查期限；企业自查、披露相关信息、采取纠正措施后被告知免于处罚或减轻处罚；对不执行自查者进行处罚，并告知以后将面临更严厉的处罚措施。

为了细化相应的激励规则，EPA 还出台了一些行业具体的守法激励方案，如通信行业、钢铁行业、有机化学工业、猪肉产品加工业等都有具体的执行方案。

利用市场机制促进企业守法是 EPA 守法激励的重要内容之一。美国证券交易委员会（SEC）规定上市公司要披露相关的环境信息，这有利于 EPA 和公众对企业进行监督。要求上市公司披露自己的环境信用，既增强了企业的环境意识，也使资本市场中的环境效益因素得到大大提升。消费者—市场—企业，这样一条信用链意味着守法即是经济效益，消费者获取越多的企业信息就会给企业越大的守法压力。因此，EPA 不仅仅通过 SEC 要求上市公司自己披露信息让公众了解企业的环保状况，而且 EPA 专门建立了一个网上守法历史数据库（ECHO），公众可以通过互联网很容易地获取企业的守法信息，以便于消费者和投资者监督企业的环保状况。

第三，保障公众环境诉讼权，为公众创造参与执法渠道。

美国多项环境法律专门列出条款保障公众参与，如美国联邦和州的环境法中都有公民诉讼制度，公民享有对环境违法行为提起侵权诉讼的权利。如果行政机构保护环境的措施不力，或对环境违法行为没有采取有力制裁或制止措施，公民或民间团体可以向法院提起行政诉讼，因此，在美国出现了几乎所有的环境诉讼都是涉及政府各机构间的争执的诉讼，而不是涉及私人间的争执的诉讼的现象。

这有利于监督和推动 EPA 及其他政府机构加强环境管理、积极执法。公众参与执法的意义并不限于法律的强制规定，更主要的是它能改善 EPA 执法效能，成为 EPA 积极引导公众参与执法的动力之源。EPA 通过加强与受管制群体、利益相关者在制定政策上的沟通以及通过创建畅通的执法守法意见反馈渠道，能够提高执法与守法政策的针对性、有效性，增强公众参与环保、监督违法行为的积极性，从而有利于进一步改进环境管理。

美国环境执法的原理可以通过图 3-1 进行了解。

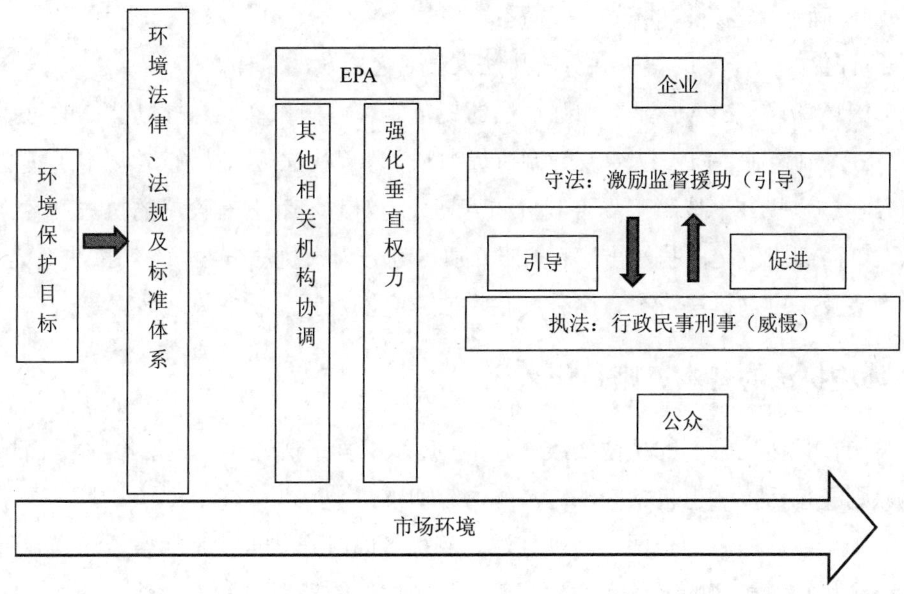

图 3-1 美国环境执法原理

需要指出的是，美国环境执法是在美国环境立法确定环境目标基础上，通过环境法规、环境标准以及具体执行依据——排污许可证，以 EPA 及各州环保机构为核心的执法，并通过公众监督的方式，以守法激励和执法威慑两种相结合的方式推进美国环境目标的最终实现。

48．环境执法战略是什么？

在立法并制定法律规章之后，就是具体的执法这一十分重要的步骤。如何进行执法？首先要制定执法与守法的方案，明确执法思路和执法重点，让被管理对象有章可循，提高违法成本，降低守法成本。

一项有效的执法方案通常包括七个方面：

- 确定必须履行的环境法律义务；
- 明确履行环境法律义务的主题并确立执法方案的重点；
- 规定在法律适用范围内促使义务人守法的措施；
- 对守法活动进行监测；
- 对违法活动的反应；
- 明确划分各机构的任务和职责；
- 评价执法方案的得失并分析执法人员对之应负的责任。

美国环保局（EPA）注重加强执法的规范化和可操作性。为提高法律的可执行性，EPA 制定了“EPA 法律及管制执行细则”和“执法应对措施”，规定了执法行动方案。这些方案按照接受管制机构可划分为对政府和公有设施的执法方案、对私人工商部门设施的执法方案；按照介质可划分为水执法方案、大气执法方案、有毒物质及杀虫剂执法方案、固体废物执法方案以及紧急状态执法方案等[①]。

49．环境执法的基本原则是什么？

美国在长达几十年的执法实践过程中，逐步探索形成了十大执法原则[②]。而这十大原则既包括执法也包括守法。具体内容如下：

原则一：以即时、全面、连续守法为目标。即时守法也就是期望新法实施后立即得到执行，相应的义务人要履行到位。全面守法即所有的法律法规条文都应得到完全的、彻底的遵守，而不仅仅是部分的或是某种程度上的执行。连续守法指的是所有法律相关方在任何时间、任何地点和任何条件下都必须履行法律规定。

原则二：营造全民守法文化是实现守法目标的关键。对法律的遵守是基于某种文化的、历史的和民族心理的、社会背景的。要求全民遵守法环境法律，应该

---

① 张建宇，严厚福，秦虎. 美国环境执法案例精编[M]. 北京：中国环境出版社，2013.

② 张建宇，严厚福，秦虎. 美国环境执法案例精编[M]. 北京：中国环境出版社，2013.

把环境法律法规的要求变成一种社会或者商业规范，要求每个公民、企业遵守法律，其前提是让每个公民意识到违法环境法律的风险，提升环保意识。

原则三：法律法规规定清楚并能被广泛认知和理解，从而能最大限度地实现守法。法律法规的规定要语言平实、清晰易懂，便于遵守，要向公众和单位提供便利的渠道和条件，要让他们能够获得法律相关规定，并主动向其解释法律的目标及其原因。

原则四：应让人们看到主动改过自新比被动查处的后果更优。执法者应该创造主动守法的激励，对于等待查处而不主动纠正行为的违法者要实施更加严厉的处罚。对于主动守法的管理对象要采取经济激励，对主动纠正行为减免处罚。

原则五：具备合理的可以查处违法行为的能力。主动守法的一个十分重要的保障就是对违法行为保持一定查处率。这就要求法律制度的设计要便于发现违法行为。此外，还可以通过其他渠道获得违法行为，如全面检查、随机抽查、秘密举报、公众投诉、自我报告机制等。

原则六：要对违法行为采取公正的、可以预见的处罚。要提高公众对政府执法能力和执法公正性的信心。对于处罚做到公正、一致而不偏私。对于违法行为，要视执法规模、频率、违法持续时间、违法的历史记录、违法者的违法手段等的不同做出不同程度的处罚。同时，被处罚者要享有申辩的权利，并为其提供公正、有效的纠纷解决机制。

原则七：执法应创造公平的经济环境。如果违法者能避免守法成本，而守法者要为守法付出“额外”的成本，则事实上为违法者创造了竞争优势，将打击守法者的信心和主动性。因此，对于违法者的处罚必须消除其违法带来的竞争优势。例如，通过罚款抵消其获得违法收益。

原则八：广泛宣传受到处罚的案件，扩大威慑效应。在人力和资源有限的情况下，执法者不可能对每一个违法行为都进行及时有效的纠正。执法者可以通过设定执法重点、执法信息传播、广泛宣传，让其他违法者或处于违法边缘的人知道违法后果，以儆效尤。

原则九：公私部门在法律面前一律平等。对于环境法律，无论是政府部门还是国有或私营部门都要遵守，而不能有例外。所有企业或部门都要遵守同样的法律，对于同样的违法行为要受到同样的而不是差异性的处罚。

原则十：执法活动应该透明和可问责。对执法的尊重是成功执法的重要前提，而成功执法应该要对执法结果有所反馈和进行评估，从而进一步改善执法。这就要求对执法活动公开、透明。当然，这还要与执法的具体需要和执法过程的必要保密保持一致。

综合上述十大原则，我们可以总结出美国环境执法十大原则围绕如下几点展开：设定一个执法直接目标（原则一）；明确一个手段（原则二），营造守法氛围的“三公”原则：公平（原则七和原则九）、公正（原则六）、公开（原则十）；以及经济（原则四）、行政（原则五）、宣教（原则三和原则八）等三个具体手段。

50.《清洁空气法》的主要内容有哪些?

《清洁空气法》主要内容包括五个方面：

一是国家环境空气质量标准。自 1970 年的《清洁空气法》颁布以来，国家环境空气质量标准（NAAQS）一直是该法的灵魂和核心。NAAQS 由美国环保局（EPA）设定，包括一级标准和二级标准，分别是“为保护公众健康所必要的并留有充分的安全余地的标准”和“为防止大气中的各种污染物对公众福利（建筑物、农作物、动物、纤维制品等）造成任何已知的或者可预见的有害后果所需的标准”。EPA 为 6 种标准污染物设定了国家环境空气质量标准，包括二氧化硫、二氧化氮、颗粒物、臭氧、一氧化碳、铅。

二是空气清洁地区的空气污染控制。所谓空气清洁地区是指空气质量优于国家环境质量标准的区域。为了保护这些地区，该法制定了“防止显著恶化项目”。根据该法，将空气清洁地区划分为三类区域：一类区域，不允许出现空气质量恶化；二类区域，空气质量允许一定程度的下降，但底线是国家环境空气质量标准；三类区域，为了发展工业，允许大气污染物浓度有较大程度的提高，但红线依然是国家环境空气质量标准。

三是未达标区域的空气污染控制。所谓未达标区域，是指未能符合一种或者多种联邦空气质量标准的地区。对于未达标区域，该法规定了更加严格的控制要求，允许排放总量只能减少，不能增加。其中最能体现美国将环境与经济进行平衡的政策——泡泡政策，就是将一个特定的区域，集团公司或者工厂内的大气污染物总量比作一个泡泡，只要总量符合要求，在这个区域，集团公司或者工厂内的各个排放单位或者一个排放单位的各个排污口之间，可以进行此消彼长的协调。适用泡泡政策前，必须首先获得 EPA 或者经 EPA 授权的州的批准。

四是新的污染源排放标准。该法对新建或者改建的污染源规定了比现有污染源更加严格的要求。如果新建了排放大气污染物的排放源，或者对一个现有的污染源进行改造导致大气污染物排放量增加，则该污染源的经营者必须首先获得一个“新污染源”许可，以确保新增加的排放量不会降低空气清洁区域的空气质量或者妨害“未达标地区”达到国家环境空气质量标准。

五是许可证制度。1990年的《清洁空气法》建立了一个由EPA监督、由各州实施的空气污染控制的许可证制度。

《清洁空气法》的执行部门是EPA和其授权的州环保部门。根据该法律的授权，EPA现有以下权限：

（1）对违法者发布违法通知，指出其违法行为；

（2）对违法者发布守法命令，命令其立即改正违法行为；

（3）行政罚款；

（4）对违法者提起民事诉讼；

（5）通过司法部对违法者提起刑事诉讼。EPA的大气执行部门负责该法的行政和司法执法活动。

需要特别强调的是，该法首次确立了公民诉讼制度，也就是说，任何人都可以以自己的名义对据称违法的任何人，包括美国政府机关、公司或者个人等提起诉讼。而民众包括非政府组织等也是该法执行的十分重要的参与者和监督者。

对于包括《清洁空气法》在内的环境法律的执行需要制定详细的执法方案。而执行方案涉及分散执行和集中执行两种选择方式，对于美国而言，综合了两种方式的优势，采取了平行责任体制。具体是指，各州拥有执法的主要责任，而联邦政府保留平行的权力和责任。为此，大多数的美国的环境方案都在联邦和各州之间建立了某种衔接关系。通常情况下，只要这些方案符合已经颁布的执行标准，联邦政府原则上同意州的环境方案。从这点而言，州的方案在执法中发挥主导作用。但联邦政府保留了平行职权。如果州的方案不符合某种标准，它可以进行干预，将国家方案直接在该州付诸实施，直到该州的方案获得批准为止[①]。

51.《清洁水法》的执行情况如何？

《清洁水法》颁布于1972年，是美国保护水质的框架性法律，为管理水污染物排放确立了基本架构。该法所做的政策规定涉及的内容包括：禁止有毒污染物排放，联邦政府为兴建公共废水处理设施提供财政支持，确定并实施针对各州污

① 美国国家环境保护局. 环境执法原理[M]. 王曦，王凤理，等译. 北京：民主与建设出版社，1999.

染源的处理、管理和规划程序，努力开展研究和示范工作以开发必要的技术来消除排入航运水道和海洋中的污染物，制订和实施非点源污染控制计划。此外，该法还重申，各州享有对辖区内的水资源进行分配的权力。

在《清洁水法》的总体框架下，美国政府制定了一系列重要的政策措施，主要包括：

（1）日最大负荷总量限制：早在1972年，《清洁水法》中就有条款规定了日最大负荷总量，即对排入各水体中的污染物总量设定一个最高界限。该条款要求各州列出仅通过现有污染控制措施尚不足以使其达到相应水质标准的水体名录，并确定其点源与非点源污染物的日最大负荷总量。现行的日最大负荷总量限制计划是根据1992年的有关规章制定的，它包括三个关键部分：点源排放的废水负荷分配、非点源的负荷分配以及安全边际。根据法律规定，由州、准州管区或者自治部落上报的名录以及日最大负荷总量须经EPA批准或否决。如果所报内容不完整，EPA必须确定名录或日最大负荷总量。

（2）水质管理规划：美国联邦规制（Federal Code）第40篇第130章规定了流域管理原则以及水质管理规划的内容，日最大负荷总量限制便是其中之一。

（3）非点源控制计划：2003年，EPA根据《清洁水法》第319节的内容为各州和准州管区制定了新的非点源控制计划和资助方针。该文件建议，只要在可行的情况下，都要制定和实施以流域为单位的项目计划，无论这种项目是保护未被污染的水体，还是恢复被污染的水体，或者是兼而有之。新的资助方针规定了基于流域的非点源控制计划必须包含的内容，包括：①确定需要控制的污染源及其原因；②估算采取管理措施后可能削减的污染量；③确定为达到预期削减量需采取的非点源管理措施；④估计实施非点源控制计划需要的技术和资金支持、相关成本以及有关管理机构；⑤提供有关信息和教育培训，以提高公众对该项目的认识，鼓励其尽早参与；⑥制定一份实施非点源管理措施的合理的时间表；⑦为评估非点源管理措施的执行情况和进度确定可衡量的标准；⑧明确用以评价实施效果的监测措施。

《清洁水法》的执行主要包括以下几个方面：

（1）通过规定严厉的刑事责任保证企业排污申报制度的有效运转

美国《清洁水法》管理着35万余个排放数百种不同污染物质的点源。只有有限人力和物力的行政机关面临着对污染源进行监察以及及时发现环境违法行为的巨大难题。为此，《清洁水法》对排污企业规定了自我监测和主动申报排污情况的排污申报制度，详见专栏 3-1。

专栏 3-1　企业自主排污申报

排污申报制度

①建立并保护监测记录；
②制作该报告；
③装设、使用并保持该监测设备或方法；
④取样调查排水；
⑤提供需要的其他信息。

为保证企业真实申报排污情况，该法还规定，管理机构有权进入排污企业所在地点或记录所在地点，可“在合理的时间接触并复印各种记录，视察监测设备或方法，并取样调查该企业排水”。同时，该法还对违法者规定了严格的刑事责任：“故意作虚假记录、报告、计划或其他上报或保存文件者，或者故意伪造、破坏、篡改监测设施和方法者，经审判会被处以 10 000 美元以下罚金或 2 年以下监禁，或者二者并罚。对于累犯者，处以每违法日 20 000 美元以下罚金或 4 年以下监禁，或者二者并罚”。

（2）建立了企业员工保护制度，鼓励员工揭露企业违法行为

即使通过严厉的刑事责任，有时也难以保证企业能真实地申报排污情况。为了弥补该制度的不足，《清洁水法》建立了企业员工保护制度，鼓励员工揭露企业违法行为。该法规定，禁止给予为环境保护管理机构或环保团体提供企业违法信息的企业员工不平等待遇。认为自己因此而被企业解雇或被不平等对待的任何员工，可以在 30 天内向劳工部部长申请复核该解雇行为或指控的不平等待遇。劳工部部长若查明违章行为确有发生，就应做出裁定，要求违章行为的一方当事人必须采取劳工部部长认为适当的确认行为以停止该违章行为，包括但不限于使该雇员被重新聘用或恢复原职，并且给予补偿。

（3）建立了“按日计罚”的处罚制度和黑名单制度，加大了企业的违法成本

为了进一步引导与促进企业自觉遵守环境法规，除实现环境审计政策外，美国还建立了按日计罚的处罚制度和黑名单制度。《清洁水法》规定，对于因过失而违反排放限额的任何人，可处以每违法日 2 500 美元以上、25 000 美元以下的罚金；对于故意违法，可处以每违法日 5 000 美元以上、50 000 美元以下的罚金。按日计罚的处罚制度使违法者不可能因为违法而“获利”。而黑名单制度的建立，

则进一步加大了企业违反环境法规的成本。《清洁水法》规定，对于已被证明违反《清洁水法》相关规定，并且主观上存在过错（包括过失和故意）的人，任何联邦机构都不得与其签订任何协议以取得货物、原材料以及服务。EPA 局长应当建立向所有的联邦机构提供对执行上述规定必需的通知程序。上述两项制度的建立，对于促进企业自觉守法具有重要意义。

（4）授予环境管理机构广泛的执行权

即使企业的环境违法行为被发现，法律的执行仍然十分耗时费力，并且充满不确定性。企业拥有的各项程序性权利，使得执法机关在承担举证责任时面临着高昂的成本。为了推动环境执法，环境法律为环境管理机构规定了不同的举证责任、程序要求和严厉程度的执法方案：民事、行政和刑事执法。

一般而言，对于追究违法者刑事责任，举证责任要求最高、诉讼程序复杂，但处罚力度最大，对违法者可判处监禁和罚款。对于故意制造危险者可处 25 万美元以下罚款，或 15 年以下监禁，或二者并处。如违法者是法人，则可处以 100 万美元以下罚款。如违法者是累犯，则刑罚幅度应在原基础上翻一番。对于违反行政命令的违法者，环保部门负责人可提起民事诉讼以寻求适当救济，包括永久强制令、临时强制令，并可处于 25 000 美元以下的罚金；也可要求其遵守许可证规定，并处以行政罚款（分为一级罚款和二级罚款，数额一般低于民事罚款数额），前者的程序要求及举证责任更为严格。

（5）建立公民诉讼制度，督促企业和行政机关履行法定义务

根据《清洁水法》的规定，任何公民均可以对违法排放污染的企业提起民事诉讼，要求其遵守法律或追究其法律责任，或者对环境行政保护机构提起诉讼，要求行政机关依照环境法律法规规定作为或不作为。为了推动公民诉讼，《清洁水法》还规定，法院“可以裁定由任何占优势或主要占优势的当事人承担诉讼费用（包括律师和专家证人的合理费用）”。

（6）设立了排污许可证制度

《清洁水法》强化了过去软弱无力的政府监督执法功能。为了强制执行新的排放标准和更严格的受纳水体标准，《清洁水法》设立了排污许可证制度。许可证制度明确了排污者必须遵规达标的条件，排污者必须按时准确无误地达到排放标准。通过发放许可证，大大简化了政府监督执法的任务，因为政府不需要花时间去证明水质恶化与排污者之间的责任关联。《清洁水法》把排污许可证项目扩大到所有点源排放者，包括现有的和新建扩建的排污者、工业和非工业排污者。

（7）设置多层次的强制执法权

首先，《清洁水法》授予 EPA 强大的环境执法和监督权，EPA 还可以将民事的环境违法提升到司法部门；其次，州政府负有主要的执法权，管理和执行本州的排污许可证，联邦政府作为后备执法者；最后，美国民众享有监督和起诉政府执法不力、企业等违法的权利。除此之外，《清洁水法》还限制了政府行政部门的自主裁量权，以应对政府的长官意志和受政治倾向带来的执法不力情况，规定 EPA 在有违法证据时必须采取行政命令强制执法，除非 EPA 已经将案件移送司法部门或者州政府已经采取了行动①。

52.《资源保护与回收法》的主要内容有哪些？

《资源保护与回收法》②设立了四项国家目标：一是保护人类健康和环境免受废物处置潜在危险的威胁；二是节约能源和自然资源；三是减少废物产生量；四是确保以环境友好的方式管理废物。其主要内容包括：

第一，关于危险固体废物。

根据法律授权，EPA 制定了一系列的规章保障危险固体废物从其产生到运输处理或者储存，直到最终处置，都受到安全的管理。而这个管理制度则非常明晰地规定：危险固体废物的认定、危险固体废物产生者、运输者以及处理、储存或处置危险固体废物的人或设施，都必须向 EPA 通报，并遵守法律要求。其中一个特别关键的制度是许可证制度。通过许可证制度，EPA 或者州环保局都可以要求处理、储存和处置适用的技术标准。

第二，关于非危险固体废物。

EPA 并不具备对于非危险固体废物的执法权限，其主要是负责制定适当设计和运行市政固体废物填埋场以及其他固体废物处置设施的联邦标准，包括有关选址、运行、设计、地表水监测、矫正行动、关闭和关闭后以及财政保障等方面的具体条款。各州和地方政府则是主要的实施战略规划的制定者，管制和执行的主体。EPA 除了制定标准外，还为各地方政府提供信息、指导、政策和规章的服务。

第三，关于地下储存罐。

EPA 根据该法的授权，颁布了一个旨在确保安全设计、运行、维护以及关闭

---

① 程群. 美国水污染防治的政策和策略[C]. 首届华人科学家环境论坛论文（摘要）汇编. 2010.

② https：//www.epa.gov/laws-regulations/summary-resource-conservation-and-recovery-act.

的技术标准。该标准包括设计、建造、安装、运行、侧漏监测、侧漏报告、调查和确认、矫正行动、关闭以及财政责任。美国国会则在 1986 年针对地下储油罐的泄漏问题设立了“地下储存罐泄漏信托基金”。

53.《资源保护与回收法》的执行情况如何?

根据《美国法典》中的《资源保护与回收法》联邦执行之第 3008 部分的（a）款关于执法的条款：

（1）无论什么时候，基于任何有关信息，EPA 局长对于任何违背法律条款的任何人都应发出违法通知。如果违法行为在收到违法通知后的第 30 天仍然没有改正，EPA 局长应当签署有明确改正期限的守法命令或者到当地的法院进行民事起诉，以寻求合适的司法救济，包括临时或者永久性的强制执行命令。

（2）在本节中，对于违反法律条款的行为，若其发生地所在的州参加了联邦危险废物管理执行计划，EPA 局长在签署命令或者提交当地法院之前可先通知该州。

（3）如果违法者在规定时间内未采取措施改正行为，那他将承担民事惩罚责任，即持续地接受每日 25 000 美元的罚款。而 EPA 局长可以行使吊销或者收回违法者的许可证（无论许可证是联邦颁发还是州颁发）。

（b）关于公众听证。

任何命令或者吊销或者收回许可证将成为最终决定，除非在上述法令在实施 30 天之内，被惩罚者提出召开公众听证会。对于违法者的这一诉求，EPA 局长应立即召开听证会。与此相关的程序包括，EPA 局长要签发传票（subpenas）来召集听证会参加者、目击证人等，并准备相关材料、文件等，并声明关于发现违法的程序性规则。

（c）关于守法的必要条件。

对于此部分条款下，任何签署的命令都应该声明违法的性质以及守法的明确时间。如果有惩罚的情况，同时应对惩罚做出评估，基于 EPA 局长对违法的严重性做出的判断基础，并以善意的方式提出遵守法令必须达到的可行条件。

（d）关于犯罪的惩罚。

对于任何明明知道法律规定的人：

（1）运输任何（在本节中列明的）危险废物到并不具备处理资质的设施；

（2）处理任何危险废物（在本节中列明的）但并未获得许可证的；

（3）关于危险废物的声明或者表述，标签、说明书、维护说明、记录、报告、许可证或者其他关于遵守本法律要求的文件等，出现任何错误的；

对于上述任何一种情形，将会被处罚每天不超过 25 000 美元的罚款，或者被监禁不超过一年；如果是重犯，那么其处罚为每天不超过 50 000 美元，或者监禁不超过两年，或者两者并罚。

对于此法律，各州负有主要的执法责任。而 EPA 的主要任务是领导国家的环境科学研究，宣传教育并评估各州的实施效果。具体包括以下几个方面：第一，协助国会制定和实施各项环境法规和法律；第二，向各州提供环境项目资金援助；第三，进行环境科学研究；第四，发起自愿的合作计划；第五，向公众开展环境宣传教育。

各州环境保护局负责各地的环境保护工作，组织实施联邦法，并以联邦法为基础制定适合本地需求的环保政令、条例、法规、标准和实施细则。美国各州在贯彻联邦立法的前提下，根据各自情况制定了适合本州的地方立法。例如，马萨诸塞州 2005 年 8 月颁布了一条法令，禁止填埋某些特定类别的建筑垃圾，该法从颁布之日起 9 个月后生效。禁止填埋特定类别的建筑垃圾包括油毡、砖头、混凝土、木头、金属以及塑料等。其他建筑垃圾如石膏墙体、沥青混合建筑材料、地毯、石棉和屋瓦等，将分期、分批加以填埋限制。禁止填埋特定类别的建筑垃圾必须运到指定的废物回收再利用中心进行加工再利用。在该州固体废物总体规划目标中，到 2010 年，建筑垃圾填埋量只占总产量的 12%。美国加州从 2006 年 2 月 9 日开始全面实施《普通有害废弃物法》。加州政府不准在垃圾填埋场填埋被称为普通有害废弃物的电池、荧光灯管以及含电子元件和汞的恒温器。法律要求，加州所有居民和单位不得将此类有害废弃物混入填埋类垃圾。该法于 2002 年通过，分阶段实施。首先针对 50 人以上的企业实施该法律，为小型企业和居民家庭规定了一个 4 年的豁免期。

54.《超级基金法》的主要内容及其执行情况是怎样的？

《超级基金法》[①]为联邦提供了一个“超级基金”，专门处理那些未被控制的或者废弃的危险废物场地，同时也包括那些事故中产生的危险废物、石油泄漏或者

① https：//www.epa.gov/laws-regulations/summary-comprehensive-environmental-response-compensation-and-liability-act.

其他紧急情况下释放到环境中的污染物和装有危险废物的容器。EPA 被授权在美国 50 个州和少数民族地区实施该项法律。超级基金所能够使用的地点的鉴别、监测以及相关的紧急应对等，则是具体通过各州的环保部门或者废物管理机构付诸实施的。

《超级基金法》的主要内容是确立了如下四项制度：

一是信息收集与分析制度。规定 EPA 可以发布命令，将那些可能渗透进入环境并造成公众健康、福利和环境的实质性危害的物质指定为“危险物质”，并由危险物质的所有者对其总量和类别向 EPA 报告。

二是明确了联邦在处理危险物质上的特权，即联邦可以对危险物质的紧急处理做出反应并参与对渗透场所的清理工作。同时，联邦还制定了《国家应急计划》。

三是设立了“危险物质信托基金资助制度”，又称“超级基金制度”。由于治理有害物质泄漏和清理污染场所需要大量的资金，这是一种用于资助环境清理措施的联邦基金。超级基金初始为 16 亿美元，主要来源有两个方面：①对生产石油产品和某些无机化学制品的行业征收专门的税收，共有 13.8 亿美元；②联邦财政拨款，共有 2.2 亿美元。1986 年在《超级基金修正与再授权法》中，将这一基金增加到 85 亿美元。

四是确立了由造成危险物质泄漏者承担全部清理和恢复原状责任的制度。该法建立了一种全新的民事责任体制，根据该体制，政府可以从潜在责任者处重新找回恢复环境的费用。根据该法规定的民事责任是对传统民事责任侵权法的延伸，适用于自然资源和环境的损害，总统或任何州授权的代表可以“作为这种自然资源委托管理人”的公众代表身份回收损害赔偿费；回收的损害赔偿费用于恢复或更新被损害的自然资源。

关于《超级基金法》的执行，其授权联邦政府采取多种方式来做出反应。EPA 可以使用超级基金资源来清除危险有害物质的存放和泄漏。根据《国家紧急计划法》，EPA 通过“确立对危险物质泄漏的反应程序和标准”，管理清除危险物质的活动。同时，EPA 可以控告任何可以确定的有责任的当事人，要求他们偿还清除费用；它还允许联邦政府立即采取反应措施，如果有责任的当事人，联邦政府可以要求他们偿还清除费用；它还允许联邦政府立即采取反应措施，并且随后尝试将经济责任转移给责任人。因此，如果该地址已经被废弃，或者如果有责任的当事人躲避侦查，抑或私人资源不充分，此时超级基金就包括了清除的费用。另外，该法还授权 EPA，在联邦地区法院寻求强制令救济，迫使有责任的当事人清除任何对公众健康、福利或者环境有紧迫和实质危险的地点和泄漏。

当然，该法令并不是将所有清除任务交给联邦政府，而是要求州或地方政府与联邦政府签订合同或者合作协议，凭借合同或者协议，他们也可以在分担费用基础上采取行动。

55. 美国环保局、州、部落的环境执法如何衔接?

美国环保局（EPA）、州、部落在环境执法方面的衔接，一个主要实现手段就是 EPA 通过各州提交的环境执法方案实现相互之间的合作。

美国大多数环境执法方案都在联邦和各州、部落建立了衔接。通常情况下，只要这些方案符合已经颁布的法律法规和执行标准，EPA 原则上就会同意州的环境执法方案。而环境执法主要是由各州自己来执行，州发挥着主导性作用。当然，EPA 保留进一步的权力，如果州的方案不符合某种标准，EPA 可以进行干预。EPA 和各州共同工作，帮助各州符合环境法律的要求。

在这一安排下，各州负责环境治理的监测和维护，制定相应的环境执法战略，设定目标并进行监测，惩罚违法者，核实监测的环境质量及守法数据。

56. 编制环境执法方案要考虑哪些要素?

执法方案的建立和不断调整相当于执法行动的初始总设计，十分重要。当然，对于每个具体的地区，一些相关具体情况会存在方案之间的巨大差异，总体上看，每个可行环境执法方案不能缺少如下四个方面的要素：

（1）关于参与执法方案设计的人员

①执法方案需要各种技术人才的广泛参与。这些人员包括专家学者、工程技术人员、法官和行政管理人员，这些人需要发挥各自的特长，通力合作，以便尽可能让执法方案更加全面可行。

②需要注意的是，执法方案中要充分考虑具体的对监管对象进行观察的人员与执法行动的人员是否是同一批人。或者，进行专业分工，调查的归调查、执法的归执法，不同的做法有不同的效果。另外，如果条件允许，执法方案配备足够的人员以保证方案目标的实现，但在实践中，只能根据现有的资源和可能获得潜在资源来实施。同时要注意资源的调配和平衡，如果将人员配备到发现违法行为方面，可能许多已经查明的违法行为不能及时得到处理，从而导致方案缺乏可信

度，执行效力不够高。

③培训。由于执法是一个高度专业性的活动，需要大量的具备综合技能的高素质人才，且必须经过专业化的培训方能胜任执法工作。EPA专门设置了培训机构，为检查人员、执法人员及相关工作人员提供综合性的培训。当然，培训工作也可以委托第三方的专业性机构进行。

（2）关于信息管理

建立信息系统对于执法非常重要，而信息系统需要首先解决或者确定如下问题：

- 由谁负责收集信息以及应该收集哪些信息；
- 谁负责管理信息以及信息需要保留多长时间；
- 谁来分析数据以及分析的时间频率；
- 哪类信息属于保密的，哪类属于可以公之于众的。

（3）关于执法方案实施的资金

美国各州通常采用罚款的方式获得执行方案的资金支持，而联邦政府则采取财政预算的方式。通过罚款的方式获得资金，有一定的质疑，对于执法的公平性以及社会公信力会产生一定的负面影响。

（4）执法方案的动态调整

环境执法方案能否落实与政府最高决策者的重视程度有很大关系。20世纪70年代后期，EPA将执法重点放在对最严重违法者的惩罚上，并取得了十分显著的效果。但20世纪80年代初，由于执法不再得到高级别领导的高度重视，联邦的民事诉讼和其他执法行动数量急剧下降，从而使环境质量受到了不小的冲击和影响。而80年代中期及以后，执法又得到高层的高度重视，并进行了系统化、制度化，恢复了活力。EPA制定了管理执法的战略、措施和制度，执法活动提到一个前所未有的高度，环境质量则得以不断改善。

美国环境执法方案随着新的形势在不断调整，反映了环境执法策略在不断地调整和改进，以适应不同条件下新的更高的环境要求。

57．美国环保局对环境执法方案评估的标准是什么？

对环境执法方案进行评估并不是一件十分容易的事情，美国的环境执法方案评估也是长期存在争议的事情。美国设计了很多参数用以评价环境执法方案。其中，有一些参数是用来衡量结果的，比如环境质量的改善和守法率；有一些是用来衡量活动状况的，如已产生威慑作用的视察和执法行动。具体如下：

- 评价执法反应的或者是评价企业违规后执法手段效果如何的参数，主要包括：

（1）环境效益；

（2）守法率；

（3）使重要违法者守法取得的进展；

以上是美国20世纪70年代后期一直应用的主要评价参数。最初，美国环境管理部门查清了全国范围的绝大多数主要污染源，并对它们采取了相应的执法活动。这种努力让许多大企业回到了守法行列。而1985年后，美国则采取了新的手段。决策者们不再挑选特定的工业企业，而是制定了国家标准，用来确定构成重要违法者的条件。执法方案的执行官员必须查明管辖范围的主要违法者，并保证每3个月对特定数量的违法者采取一次具体行动，并实行跟踪管理，直到守法为止。

（4）监测守法的措施；

（5）采取执法行动的数量；

（6）采取执法行动的及时性；

（7）征收罚款等。

- 评价促进守法的参数，主要包括：

（1）环境效益；

（2）守法率；

（3）技术援助措施。

58．环境执法的具体依据——排污许可证是怎样的？

美国环境执法部门进行执法的依据除前文所述的各相关法律及规章制度外，还有针对管理对象量身定做的排污许可证。排污许可证就是具有法律约束效力的、载明详细排污限量以及条款来控制和管理排污行为的证照。

排污许可证是美国在实现企业守法证明方面的机制设计。排污许可制度可以系统地整合对企业守法监测、报告和守法证明的要求与方法，为促进企业自我报告守法状况提供了支持。美国排污许可证集合了对企业守法的管理要求，明确了企业的信息报告责任，建立了一套针对企业排放信息的报告、检查和追责体系，从而保证了企业实际排放和环境管理信息的真实性和准确性，为环保监管机构建立了一套可用于决策的排污企业数据，也为企业守法证明提供了有力支撑[①]。

作为美国污染防治的核心手段，排污许可证制度以环境质量改善和达标为目标，以基于技术的排放标准和环境质量标准为双重约束。排污许可证是企业守法排放的重要文件，也是政府对管理对象进行环境执法和监管的重要具体依据。美国涉及污染物排放的许可证是依据单项立法分别制定的。因此，大气排放许可证、水排放许可证是分别发放的，并且依据不同的法律，许可证的要求也不同。

排污许可证的主要目的是规范有关排污行为符合所有相关法律法规要求（比如排放标准、控制技术、排放限量、排污监测、工艺参数监测、合规保证、数据记录保存、数据上报等），并且确保有关排污行为造成的环境污染不超出保护公共健康和福祉的环境质量要求。美国排污许可证是按环境要素来发放执行的。工业企业需要向环保部门申请并获得审批的排污许可证主要包括大气排污许可证、污水排污许可证、雨水排污许可证等类型。这些排污许可证通常是企业向获得EPA授权的州或地方环保部门提出申请，并由该环保部门审核、发放和执行。对于重大排污企业，EPA及其他有关联邦机构（如国家公园管理局）在许可证审核过程中有权提出意见及反馈。除了联邦的许可要求，州或地方也可根据地方的情况制定更严格或针对其他环境要素或工业行为的许可要求[②]。

59．排污许可证与环境法律、法规之间的关系是怎样的？

在美国，联邦环境法律（law）制定了一般性的要求，EPA则根据法律制定了配套的法律规章（regulation），最后，各州通过排污许可证的形式来实施联邦法规，具体解释法律和法规制定的要求。

专栏3-2　排污许可证与一般的环境法律、法规之间的关系

1. 法律

规定了环境保护的范围和授权。

2. 规章

比法律的规定更加具体，它确定管理对象必须遵守的一般规定，如对危险废物的检测、登记、操作、监测、排放和处置等规定。这些规章一般根据法律规定的范

① http：//www.zhb.gov.cn/hjzli/pwxkgl/201605/t20160525_346033.shtml.

② [美]戴伟平，邓小刚，吴成志，等. 美国排污许可证制度200问[M]. 北京：中国环境出版社，2016.

围，适用于国家、州、地区等不同层次。一些规章可以直接执行，一些规章则为特定排污者排放许可证或执照的制定规定标准和程序。后者构成了执法基础。

3. 许可证

一般用来控制排放污染物企业的建设和运行。许可证中的规定一般是根据法律、规章和指导规定的具体标准而制定。

(1) 一般许可证。明确规定了使用此规定的某类企业（如加油站），适用于不宜对每个企业颁布特定许可证的情况。例如，当有众多运转情况相同的小企业时，颁布一般的许可证较为合适。

(2) 特殊许可证。明确要求了适用此规定的企业，一般必须考虑该企业运行条件。

4. 执照

类似于许可证，是对杀虫剂等可能因使用不当而构成对环境或公众健康危害的产品的生产、检测、销售、分装的许可。执照也分为一般和特定两类。

以《清洁水法》中的一项要求及其所发展出来的法律规章和许可证要求为例。《清洁水法》中的一项要求规定“环保局应要求任何点源的拥有者或经营者按照指定的方式对排放的污水进行采样”。EPA 根据该法律要求制定了相应的法规，规定“州颁发的许可证必须详细说明所需要的监测要求，包括监测的类型、间隔和频率，以及是否进行连续监测等”。根据 EPA 的该法规，弗吉尼亚州在其发放的许可证中做出了相应的要求，规定“在本许可证生效之日起三个月内，许可证持有人应从指定排污口，对排放的污水采集连续 24 h 的混合样品（composite sample），除非挥发性有机物、酚类和氰化物的分析需要进行定时取样（grab sample）”。①

专栏 3-3　美国排污许可证与一般的环境法律、法规之间的关系

在美国，联邦环境立法确立环境法律规定，然后通过联邦规章进一步规定较为具体的环境法律规定。最后，州通过许可证具体地解释法律和规章规定的环境法律规定，推动联邦规章的执行。以美国《联邦水污染控制法》的规定看其是如何转化的：

法律

该法规定：环境保护局局长应该要求任何点源污染的所有者或操作者（依据局长规定的方法）对污染排放物采样。

规章

规章中响应部分规定：由各州颁布的许可证必须“包括类别、间歇和频率”等方面的监测要求，以保证监测的数据具有代表性……

① EPA，Principle of Environmental Enforcement，1992.

许可证

在弗吉尼亚州许可证的相应部分规定：在许可证有效期的三个月时间内，以及此后的一年时间内的每个季度，被许可人必须从（规定的）排污口收集24 h的混合物样品。挥发性有机物、酚、氰化物等污染物除外。

60．编制排污许可证需要回答哪些问题？

专栏3-4 编制排污许可证必须回答的问题

总则

- 许可证是否规定了明确的有效期？是否规定何时更新许可证以及何时递交申请新许可证的申请？
- 许可证是否包含有关条款，规定如果企业的所有权变更，许可证必须修正，以及如果企业改变了规定的工艺，许可证必须修正。
- 许可证规定的条件是否与企业所持有的其他许可证的条件相冲突？
- 许可证是否包含有关条款，规定如果发现申请人在申请阶段故意提交虚假、不真实或者不完全的信息，许可证可以自动被撤销。
- 许可证是否规定企业所有人或操作人因违法行为而承担的相应法律责任。

规定

- 规定或其他结果是否可以度量？守法的度量单位是否清晰？
- 许可证是否在规定和标准变化时规定了修正？
- 如果规定是一个污染物排放限制量，许可证是否明确规定限制的时间安排(如立即、每三小时、每天等)？

监测和检查

- 许可证是否对企业明确规定必须监测的指标？这些规定是否有助于环境规章目标的实现？
- 确定企业污染物排放是否守法需要何种检测方法？这些检测方法对企业而言是否清楚、易操作？是否明确规定检测次数？
- 许可证是否规定伪造自我监测数据行为属于违法？
- 许可证是否规定自我监测计划？

许可证是否规定，保证检查人员获得确认企业是否守法的有关数据的检查程序？程序是否包括进入企业、检查文件、采集样品等内容？

记录保存和报告

- 许可证是否明确规定企业需要保存和报告数据？
- 这些数据能否表明企业违法？这些数据是否提供了对违法行为进行立案的足够证据？

- 企业是否必须报告违反许可证规定的行为？如需要，许可证是否规定报告的期限以及向谁报告的问题？
- 许可证是否明确规定记录保存和报告的计划和格式？
- 许可证是否规定信息向谁报告？
- 规定的报告频率能否保证对违法行为做出及时的反应？企业是否必须为执行的目的将有关信息保留足够长的时间？
- 许可证是否规定未能保留或报告记录的行为属于违法行为？
- 企业是否必须依据检查人员的要求提供记录？
- 是否明确列举保存记录和报告的例外情况？
- 保存记录和报告的规定以及检查和监测是否有助于减少执法成本和增强检查效果？

守法证明

许可证是否清楚地规定什么是守法？如何认定守法？

许可证是否清楚的规定，谁负责对守法或违法举证？

许可证是否规定企业达到守法的期限？期限是否有开始和截止的时间？如果守法期限以某时间的发生为条件，而不是以某个日期为条件，事件能否让检察人员清楚确定企业是否守法？

为保证排污许可证的质量，可采取如下措施：

- 在许可证和执照制定过程中，对有关制作人员进行培训；
- 运用标准格式，保证每个许可证和执照包含了所有基本信息；
- 适当时，可运用许可证或执照样本，样本包含适用于某种类别企业的规定，许可证或执照制作人可以依照样本稍加改动，对某个企业颁发许可证；
- 对许可证制作人提供关于如何制作许可证的明确指导。

当然，除上述表格中关于许可证有关问题的回答外，还需要注意，为特定企业制作特殊许可证的人必须考虑，新许可证的要求是否与企业已经持有的许可证要求相冲突，许可证之间的冲突可能会造成守法的破坏。

一般地，关于环境执法方案确定之后，及时设计对特定企业的法律规定会增强执法方案的可信度和权威。否则，可能无法形成威慑，并导致环境法的适用的延迟。若执法部门资源有限，决策者可以尽快对排污量大或排放污染物毒性大的企业先付诸法律实施。[①]

① 美国国家环境保护局. 环境执法一般原理[M]. 王曦，王夙理，等译. 北京：民主与建设出版社，1999.

专栏3-5 制作许可证的一般步骤

- 企业向有关环境管理机构提供关于生产经营和污染物排放有关的信息；
- 许可证制作人审查有关信息，并要求企业提供必要的补充信息；
- 许可证制作人通知当地社区等相关利益主体，表明正在制作许可证；
- 许可证制作人邀请相关利益主体，对企业是否应获得许可证以及需要规定何种环境法律规定的问题进行评议；
- 如有必要，可以通过磋商程序解决许可证制作人、企业、工人、当地社区和其他利益相关者之间的争议；
- 经过充分的信息收集，并进行谈论、磋商后，许可证制作人决定是否颁发许可证；
- 如果许可证制作人发现申请递交虚假、不完全或者误导性信息，可以对其进行惩罚。

许可证的颁发程序,从某种程度上可以保证企业能够从保护环境和遵守法律的角度，清楚地理解有关环境法律的规定并认识到遵守环境法律的重要性。

61．谁来发放和审核排污许可证?

根据美国联邦法律（如《清洁空气法》和《清洁水法》等）授予EPA颁发大气和水许可证的权力。虽然EPA有权发放排污许可证，但由于工作量太大，掌握的信息也十分有限。许可证颁发则授权到符合要求的各州。为此，美国排污许可证的发放主体一般为州环保部门。EPA对许可证发放实行监督，并回应公众提出的重审许可文件的要求。

许可证发放是一件技术性要求非常强的工种，许可证审核人员需要具备专业的知识和相关的工作背景方可。美国环保部门里有经验、懂专业的人居多，许可证的审核基本上按照技术人员的背景以及他们能做出的最佳专业判断，并遵照一定的流程和导则来开展工作。以水的排污许可申请为例，环保部门技术人员可以根据EPA的《国家污染物排放削减系统许可编写者手册》来指导水许可的编写工作。但最终在许可证文本上签字的人可能不完全是技术层面的人员，但它依靠技术团队支撑了审查事务，而这些技术团队人员都是政府工作人员。对于具体各州的许可证发放，情况会有所差异。有的州比较大，分工相对较细，比如不同的行业（如化工、煤电、水泥等）都有不同的专业团队负责。工作人员开展工作的核心要求是，保证发放的许可证条款符合所有企业必须达到法律法规要求、技术标准和排放标准等。当然，不排除在忽略某些法律要求的情况下发放了许可证，但如果公众或者机构等发现了这个漏洞，有可能最终迫使政府取消许可证，那将会给相关企业带来相应的损失。

此外，EPA 对州环保部门的许可证审批工作进行定期的监督和检查①。

62．排污许可证发放部门对许可证负有哪些责任？

在发放排污许可证前，政府环保部门对于排污许可证申请者申报的材料进行严格审核。而工作人员在审查材料时，主要查看（但并不保证）企业呈递的材料是否合理、全面、准确地反映所有的技术要求和法律要求等。许可证申请材料的审核只是审批流程的一个环节，环保部门的技术团队要保证许可证中的条款能够完全地反映所有相关法律法规的要求。尽管环保部门审核材料时对信息的准确性进行把关，但由于信息存在严重的不对称，工作人员难以保证信息的质量，而如果出现申报材料不实、不准确的数据情况，最终责任将由企业自负。

如果发放的许可证依据的是企业提供的不真实的材料、不准确的数据，那最终这个企业能否保证其排放情况符合许可证规定的技术要求和排放量限制，责任由企业承担。而具体审核人员如果发现漏洞或者错误，则会及时提出或指正。环保部门也会对企业申报材料的准确性和真实性做一定的审查，但不会为此负责②。

63．排污许可证申请者在申请过程中承担的义务是什么？

排污许可证申请者对许可证申报的内容的准确性、完整性和真实性负责。而环境管理部门则将通过许可证合规性检查、实际排放量申报等后续管理以及执法行动形成约束力和威慑力，防止企业弄虚作假。假如一家企业在申请许可证过程中采用虚假数据，导致企业无法满足许可证条款要求，则该行为将被视为违法，会面临巨额罚款甚至刑事处罚。如果申请者采取虚高排放量的申请要求，则可能导致企业遵守更加严格的法规要求（如排放标准、控制技术等）和申请更加复杂且审核时间更长的许可证类型。

排污许可证申请者，主要是企业需要根据自身的具体排污情况判断申请的许可证类型、申请对象、具体申报内容，与相应的发放排污许可证的部门进行沟通，当然也可以委托第三方咨询机构办理和申请。

---

① [美] 戴伟平，邓小刚，吴成志，等. 美国排污许可证 200 问[M]. 北京：中国环境出版社，2016.

② [美] 戴伟平，邓小刚，吴成志，等. 美国排污许可证 200 问[M]. 北京：中国环境出版社，2016.

64. 环保部门是如何通过排污许可证进行合规审查的?

在制度设计上，一套完整的许可证制度，要求企业内的每一个污染源所需要遵守的条款都明确写入排污许可证。同时，结合企业定期进行合规审查、提交偏离报告和每年的排污申报。

第一，环境管理部门通过许可证申请材料的审查和许可证的发放，一方面获得企业关于环境基本状况的信息，另一方面通过这个过程让企业知晓其排污需要遵守的法律法规的具体要求。

第二，管理人员可以通过参与企业的初始和合规证明过程等，比如参加烟囱测试的监测预备会议、观摩连续排放监测系统的相对准确度测试审计过程等，监督企业合规的过程。

第三，管理人员可以通过对企业的各项监测、采样记录、生产数据、设备运营时间等足以证明企业合规的信息和数据的抽查，监督企业的合规情况。

第四，管理人员可以通过审查企业提交的合规报告、背离报告和排污申报材料，核查企业的合规情况。

专栏 3-6 企业提交的背离报告及其主要内容

所谓背离报告就是列举与许可证要求不符的情况报告。背离报告必须提交到环保局，民众有权获取。根据背离事件本身的程度和性质，环保部门给予相应处罚。

背离报告的信息主要包括：背离事件持续时间、背离次数、原因、采取的措施等；检测结果和可信证据提交（可选），包括背离项编号、监测方法/可信证据、证明合规状态的详细监测结果或证据，以及其他附加材料。

背离报告要求提交区域管理办公室，至少6个月提交一次。若未发生背离，可不提交。如发生背离，提交空白报告和不提交是同样的处罚后果，而且必须要受到处罚。若发生背离，且提交了背离报告和可信证据，政府审查后可视情况采取免于处罚或者降低处罚。

65. 如何通过排污许可证的设计避免企业虚报数据?

制度设计的严密性，总体上保证了排污许可证管理的有效性。根据排污许可证制度要求，每家企业的每一个污染源所需要遵守的条款都必须明确地写入排污许可证。而企业申报的污染物排放量通常就是企业能够在实际生产过程中同时满足各方面要求的排放量。根据要求，企业申报污染物排放量时，要提供实际的原辅材料用量、燃料用量、生产工艺、采用的控制技术、能够达到的控制技术水平，并根据这些基本信息提供采用的计算方法、所用的排放因子或者模型软件的输入输出结果等。数据的准确性有一定的科学性保障，在拿到许可证之后，监测、采样、测试等都有详细的方法以及规范的流程。这些规范基本上在程序上保证了数据的相对准确。

除在排污许可证发放过程的前期进行控制外，在后期管理中，美国环境管理部门也有严密的举措。按照要求，企业必须定期进行合规审查，提交偏离报告和每年的排污申报。企业依法提交的报告具有法律效力，违法报告将面临严重的法律后果。虚假报告是一种严重违法行为，违法者除受到实体违法（虚假信息和报告企图掩盖的非法排污行为）惩处外，还要承担同等严重的法律责任。例如，《清洁空气法》规定对于违法行为可进行按日连续处罚，并且在一定条件下会追究相关责任人的刑事责任。对于故意制作虚假声明、陈述或证明资料，忽略信息来源，更改、隐藏、未能提交与维护守法证明材料的行为，根据《清洁空气法》将给予2年有期徒刑和/或罚金。如累犯则加倍处罚①。

环境管理部门要进行合规监测和检查，以确保企业能够守法。而在后续管理过程中，如果发现企业违法行为，企业将可能面临罚款、暂时或者永久吊销排污许可证，甚至刑罚等代价。当然，还包括信贷影响等。企业绝大多数情况下是不敢进行虚假数据申报以及出现其他故意违规行为的。

66．企业合规的定义是什么？

合规（compliance）指的是完全达到环境法律法规的要求，如在获批准的场所处理危险废物、符合排污许可证的各项规定等，或通过改变来达到要求，比如改变工序或原材料、改变操作准则等。不同的地区、行业、生产过程会需要遵循相应不同的法律法规要求。一般而言，设施需要达到所持有的所有许可证上载明的要求，以及当地、部落、州和联邦所有相关的法律法规。

一些常见的合规要求包括：

- 雨水许可证
- 污水许可证
- 空气许可证

---

① http：//www.zhb.gov.cn/hjzli/pwxkgl/201605/t20160525_346033.shtml.

- 社区知情权报告
- 有毒物质排放目录报告
- 有毒废物生产状态登记
- 预防泄漏控制和对策计划（SPCC）（适用于储存石油的设施）
- 储存罐登记（适用于储存燃料、化学制品、添加剂和溶剂的设施）

67．企业为实现合规需要做的基础性工作包括哪些？

许可证将法律中规定监测、记录保留、报告、守法证明和违法后果等一系列企业守法证明的链条当中的条款，针对特定企业进行详细的规定和要求。

企业为了实现正常开工和生产运营符合环境法律规定要求，必须做好相关的基础性工作：

一是具备一定的监测力量。根据自身申请的许可证要求，配备相应的监测力量，包括设备和人员。当然，也可以委托第三方进行监测，这个由企业自主决定。以某炼油厂的初始和合规证明要求为例，持证人必须安装、校准和维护连续排放监测系统来测量和记录烟囱内来自相关污染源的污染物浓度、各设备需要监测的污染物列表，以及监测系统需要完成安装并投入运行的时间等。

二是做好监测与记录保留要求。许可证会列出监测的数据要求与方法，企业应建立并维护一个文件，这个文件包括相关的监测数据、图表，或其他必要的基础资料，以证明其实际排放量。这些记录需要保存一定的期限，不同地方规定不同，一般为3～5年不等。

三是遵守报告规则。许可证会规定报送的对象和时间以及其他报告事项要求。许可证会明确要求数据的报送期限，如按月、季、半年报送一次。除常规污染物的报告外，此后的一些法规还可新增一些报告事项，并额外规定报告规则。例如，温室气体强制报告规则于2009年9月22日发布，要求排放超过2.5万t二氧化碳当量的排污企业进行强制报告；对符合报告条件的设施，2010年4月1日要制订完成监测计划，每年3月31日提交上一年度报告。除上述常规情况报告外，许可证持有者应在发现任何背离许可条件但未达到紧急事件标准的情况下，向主管部门报告。

四是规定年度守法报告。企业需提交《守法证明/报告》文件，并对文件真实性负有法律责任。企业每年需要提交年度《守法证明/报告》，报告需要企业负责人签署，并在证明文件中做出“叙述和信息都是真实、准确和完整的”承诺声明。

守法证明通常包括如下内容：梳理许可证中规定的相关要求，确定守法方法、在报告期内采用上述方法测定的守法状态以及其他任何许可证所要求的特定信息。守法证明需要同时向当地环境管理机构和 EPA 地区办公室提供。

68. 排污企业的自我监测、报告和建档具体指什么?

企业对污染物排放的自我监测、报告和建档是要求企业检查自己的合规情况和记录，或者提供记录结果的报告以便政府审查的三种途径。自我监测、报告和记录保存逐渐被认为可以为补充和支持合规检查提供重要的数据。

在自我监测中，企业会测量固、液、气的排放参数或者控制设备的运行性能参数，以对污染物的排放或者控制技术运行提供信息。例如，企业可能会监测地下水的质量，或者定期对出流进行采样分析，以检测某些特定污染物是否存在或者是存在的浓度。企业可能会被要求监测污染控制设备中那些可以显示设备运行情况的运行参数，如线电压、电流等。运行参数的监测成本一般不高，然而这些参数在提供可靠的数据来给出准确而有代表性的宏观排放情况方面，比偶尔对排放本身的采样分析更有用。对污染控制设备的监测被证明是性价比较高的执法方式，企业可以通过这种方式来保证污染控制设备正确、正常地运行。

自我记录保存指的是企业有责任维护和保存自己对特定受监管活动的记录，比如对有害废料的运输等。

自我报告需要企业定期或在有要求的时候，向执法部门提供自我监测和记录保存的数据。

自我监测、报告和记录保存比定期的合规检查能向执法部门提供更广泛的数据。自我监测、报告和记录保存还向受监管社区转移了一部分监测的经济负担，同时也向该受监管社区提供了一个关于合规要求的教育机会。自我监测、报告和记录保存还可能提高设施管理层对合规的关注，以此激励管理层提高生产效率和防止污染。

自我监测、报告和记录保存需要给受监管社区提供可靠且价格合理的监测设备。自我监测、报告和记录保存取决于排污企业提供准确数据。

69. 环保部门对排污企业的自我监测、报告和记录保存有什么要求?

环保部门对排污企业在不同环境要素方面进行自我监测、报告和记录保存的要求会有所差异，下面将根据不同的环境要素进行分别说明。

（1）水污染

国家水计划在很大程度上依赖于企业对排污企业的自我监测和自我报告。排入美国地表水域的所有排污企业必须进行自我监测和自我报告。法规要求对排放进行监测，使用标准表格报告监测结果，最低报告频率为每年一次，并要求保存至少 3 年的记录。监测和报告的具体参数、方法和频率应根据排污企业来具体确定，并在其许可证中进行描述。例如，许可证可能需要排污企业持续监测温度、流量和 pH，以及固体、有机化合物、有毒金属、油和油脂的流出物的特定样品。大多数重大源必须每月或每季度报告一次。非重大源通常每年报告一次或两次。

（2）空气污染

由于检测大气污染的成本高昂，执法方案的官员一般对固定污染源规定了最低限度的自我监测要求。一般要求固定污染源检测其排放的二氧化硫、氮氧化物、一氧化碳、铅、颗粒物、挥发性有机物和其他危险空气污染物。这种检测可能是偶尔的、定期的或者连续的（在条件许可的情况下）。对于流动污染源（即机动车辆的发动机），自我监测、报告的义务主要施加于能够集中影响机动车污染物排放的机构，如机动车制造商、维修商和燃料供应商。

（3）有害废物

该计划牵涉成千上万处理各种废物的废物处理人员。因为受规管人员数量庞大，相互之间的差异性也很大，所以自我监测、报告和记录就显得非常重要。只要对废物进行运输，就需要有相应的单独记录保存文件。每个环节的废物处理人员（如生产者、运输者、储存设施、处理处置设施）都必须在文件上签名并且保存一份副本。生产者在废料运输出去之后还必须保存该文件 3 年，而且每隔一年还必须向其授权的州机构或 EPA 提供其活动信息。处理、储存和处置设施必须实行自我监测。例如，通常需要进行地下水监测来检测垃圾填埋场的泄漏；废物焚化炉可能需要连续监测其排放物的温度和一氧化碳含量。

（4）农药

该计划的重点是确保农药经过测试和注册。记录保存的要求非常重要，因为检查人员可以此确保产品标签和广告不违反任何农药使用的限制。农药制造商还必须对其产品进行测试以确定对健康潜在的影响，并提交试验记录，以帮助追踪使用中的农药的有害影响。

（5）饮用水

饮用水供应商必须对饮用水特定的化学、微生物以及已制定国家标准的放射性污染物等指标进行检测。为保证质量，必须由经过政府认证的实验室进行检测。检测结果及其向政府报告的频率依据供水系统和被检测污染物的差异而不同。报告的频率范围可以从每天一次到三四年一次不等。报告的检测结果将成为公开信息。如果检测结果超过标准，该违法行为对公众健康造成的后果必须由供水商向其消费者报告。

70．影响合规的主要因素有哪些？

环境执法的一个首要目标是改变人类的行为以遵守环境要求。为了达到这个目标，需要激励受监管社区遵守规定、去除阻止合规的障碍以及克服现有鼓励违规的因素。以下是影响合规的几个因素：

（1）威慑

对于任何法规，有的人会自觉遵守规定，有的人不会遵守，有的人只有在看到别人因为违规而受到处罚之后才会遵守规定。这种人们为了避免处罚而改变他们行为的现象，就叫作威慑。执法行动通过威慑使被查出的违规者避免再次违规，也通过发出违规成本可能会很高的讯息，来威慑其他潜在的违规者。这种杠杆的效应使执法成为实现普遍合规的有力工具。执法的经验研究表明，威慑有 4 个重要的因素：

- 违规有很大的可能会被发现
- 对于违规的响应行动会很迅速并且可以预料
- 响应行动会包括适当的处罚
- 受规定监管的对象知道前三个因素的存在

这些因素会相互影响。例如，为了建立起适当水平的威慑，对于难以被发现的违规行为会需要更严厉的处罚。相反地，对于容易被发现的违规行为就不需要那么严厉的处罚了，对违规的响应也会因此而更迅速。

因为觉察到执法的存在对于建立威慑非常重要，所以执法行动执行的方式与执法行动本身几乎同等重要。历史上有很多以少胜多的战争故事就是人少的一方通过营造出一种强大的印象从而取得胜利。同样的，如果执行和宣传得当，执法行动的影响可以远远超出其本身。

（2）经济因素

经济方面的考虑也可能会激励改变。当执法人员可以说明合规可以节省费用（如通过循环利用可用的材料可能会带来更多的利润），或者当政府提供某种形式的合规补贴时，受监管的社区更有可能遵守规定。相反地，合规的费用越高，在受监管社区的合规受到的抵制程度会越大。有些本来想合规的设施管理人员最后可能并没有这样做，因为他们认为合规的费用会成为设施运行的经济负担。

为了消除违反法律的经济激励，理论上罚金的数额至少应该与设施因违规而获得的经济收益相当。这防止了因为经济刺激而发生故意的违规，同时也公平地对待了合规者与违规者。

（3）法律和执法机构的权威性

每个国家都有自己关于遵守法规的社会风气。这些风气很大程度上取决于法律和执法机构的权威性。例如，在历史上法律执行度较差的国家，社会风气就会偏向于违规，也许是因为法律本身很难被执行，也或许是因为执法机构缺乏政治权力或资源去实行执法行动。

政府对于执法的意愿，也就是坚定推广自发合规以及对违规者追究法律责任的意愿，会反映并影响社会价值。如果不执行法律，就会传达出一种合规并不重要的价值观。相反地，如果政府有强烈的意愿促使合规，就会传达出合规是非常重要的价值观，从而会对建立起合规的社会风气有很大的帮助。

（4）社会和道德因素

个人与社会的关系也会影响到具体的行为。道德和社会的价值观会鼓励或阻止合规。例如，在某些情况下，企业会出于提高环境质量的真挚愿望从而自愿达到合规要求，也有可能是出于想成为一个好公民以及在当地社区做好事的想法。企业的管理人员可能会害怕一旦违规的信息被公布，企业会失去声誉。

执法人员和企业管理人员的良好关系也有可能会激励合规。然而，执法人员也有可能因为想避免冲突而不对企业采取应有的执法行动，如果执法人员与企业人员太过熟悉，执法人员的客观程度可能会下降。由独立的执法人员来实施现场监督视察可以避免这个问题。关系的因素在合规策略中可以体现为给企业提供技术支持，以及提高合规人员的人际技巧。通过建立合规企业的榜样作用，以及坚定和可见的环境执法行动（特别是对于严重危害环境和公共卫生的违规行为的执法），会提高社会对环境法规的尊重程度。

（5）心理因素

某些普遍的人类心理因素可能会影响合规的比例。其中一种是对改变的恐惧，相信用熟悉的方式去运作是安全的，而新的方法则是危险的，类似于惯性。很多人因为觉得改变需要更多的时间精力从而自然而然地抵制改变。无论是推广合规所能带来的益处，还是让公众意识到违规的后果，都对克服这种心理惯性非常重要。

（6）技术条件

除了有促进合规的动力，企业还必须有能力去达到合规要求。这意味着他们必须知道受要求的约束，明白达到合规的步骤，有防止、监控和清理污染所需要的技术，以及知道正确使用这些技术和设备的方法。知识和技术的缺乏有可能是实现合规的重大障碍，可以通过提供教育资源、扩大服务范围以及提供技术支持来克服这个障碍。①

71. 合规和执法的重要性体现在哪些方面？

（1）保护环境质量和公共卫生

合规对于能否实现环境法律保护环境质量和公共卫生的目标而言非常关键。只有当环境法律得以落实时，才可以保护环境质量和公共卫生。合规和执法对于是否能达到法律预想的结果非常重要。

（2）建立和增强环境法律法规的权威性

为了达到法律制定时预想的效果，环境规章以及实施这些规定的政府机构必须被严肃对待。执法对于建立环境规定和政府机构的权威性非常重要。一旦建立起了权威性，后续的执法必须努力保持这种权威性。权威性意味着整个社会意识到环境规定和相关机构是强而有力的。权威性鼓励那些在规定和机构比较无力时不太可能会遵守规定的设施达到合规。权威性越高，越有可能实现合规，政府其他保护环境的措施也越有可能被认真看待。

（3）保持公平

有效的执法项目可以相对地保证那些本来就愿意遵守环境规定的企业的公平。

（4）对社会和企业的长期收益

尽管合规在短期来看通常会更加昂贵，但它对于合规的企业和社会都有显著的长期经济利益。由于合规而产生的更加健康的环境会减少公共卫生和医疗支出，以及长期而言减少的社会清理环境的费用。合规涉及循环利用可用材料或是提高工序效率的企业可能也会立即感受到合规带来的经济利益。有效的执法项目可能更倾向于鼓励企业通过防止污染和减少浪费来达到合规，而不是安装昂贵的污染控制和监测设备。

---

① EPA，Principle of Environmental Enforcement，1992.

环境执法程序及内容

72．环境执法的一般性流程是什么？

执行环境法律法规的责任由美国环保局（EPA）、EPA 地区办公室、州和地方的环境机构共同承担。

EPA 执法活动包括五个方面：①合规监测；②民事执法行动；③刑事执法行动；④合规性激励措施；⑤合规性援助。[①]

当 EPA 或州通过合规监测活动（检查、信息收集等）或自我报告的信息来确定涉嫌的违规行为时，EPA 或州通常会给被涉嫌的违规者发出警告信或违规通知，这是执法过程的第一步。这类通知向受监管实体表明，执法机构认为该实体违反了法律，它应该实现合规，否则就需要准备在后续的执法中为其行为辩护。在判决完成之前，这些涉嫌的违规行为并不代表最终的法律判定。

执法过程下一步，或者在一些情况下的第一步，是启动民事行政行动和/或民事司法诉讼（在某些严重的情况下，可能会直接采取刑事执法行动）。民事行政行动是由环保局或州根据其相应的权力自行执行的，不涉及司法法庭程序。它通常从颁布行政命令开始，以实现合规。

当地方环保局采取民事执法行动，无论是行政行动还是司法行动，被告都有机会对环保局的违规指控提出异议。执法行动可以通过多个步骤进行，在执法过程中也有可能会得出违规行为没有发生的结论。

民事司法行为是在法庭上针对不遵守法律或法规要求或行政命令的个人或实体提起的正式诉讼。这些案件通常由联邦司法部代表 EPA 或由州总检察长代表州的环境监管机构提交法庭审理。

① https：//echo.epa.gov/resources/general-info/echo-faq#stages_enforcement.

民事的行政和司法行动往往以双方同意该执法案件的解决方案来结束。民事行政行动中的解决方案通常是以同意协议（CA）或最终命令（FO）的形式。民事司法行动中的解决方案一般体现在由诉讼各方签署的同意法令中，并在适当的法院提交。在解决方案中，环保局或州通常要求强制令（恢复合规和纠正环境破坏所需的行动）和罚款。解决方案还可能包括补充环境项目（SEP），这是被告在执法行动的解决方案中同意实行的对环境有益的项目，但在法律上被告不是必须要实行 SEP。

图 4-1 以空气固定排污企业为例，以流程图的形式介绍一般的合规执法流程。

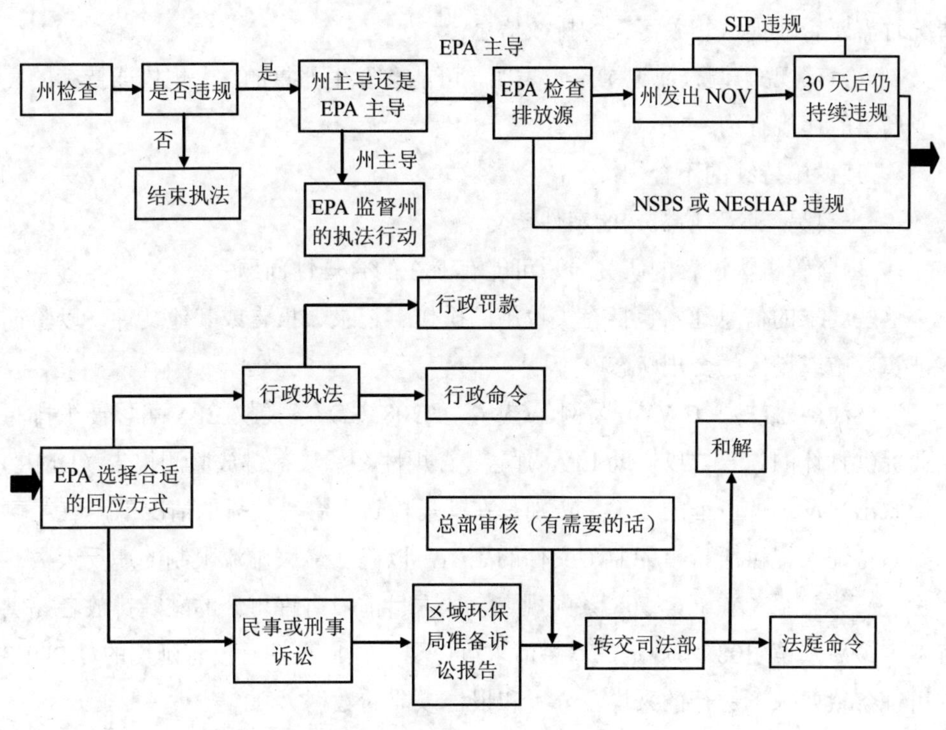

图 4-1 固定源的合规执法流程

73. 环境执法机制是如何启动的？

合规监测是美国环境执法机制中最先启动的一环。EPA 或州环保机构通过设施的自我监测报告、信息收集，以及合规检查等合规监测的方式，确定涉嫌违规的目标设施，以及根据合规监测的结果来决定是否采取更进一步的执法行动。

对于合规检查，各州根据经过 EPA 批准的合规检查频率方案（如对于非重大源至少每五年进行一次检查），结合各地的优先事项、在线连续监测数据、企业的排放情况和历史合规记录，以及群众的举报投诉等因素，制订需要进行合规检查的设施名单，从而启动执法。如果设施的检查结果合格，则执法行动终止，相当于常规的例行检查。如果设施在检查中被发现有违规行为，则会触发进一步的执法机制，视违规的程度而定，可能是行政命令、民事诉讼或刑事诉讼。

74．执法部门在什么情况下要求企业提供污染物排放信息？

执法部门可以以书面要求的形式，要求受监管的企业提供信息。当出现以下情况时需要企业提供相关污染物排放信息：

- 检查、现场调查或记录审查表明，可能会发生严重的、大规模或持续的民事或刑事的违规行为；
- 某设施持续的不合规；
- 来自另一个政府机构的案件转交；
- 由监管机构进行的研究显示可能有潜在的合规性问题。

这些要求的信息通常包括有关设施的操作、记录、报告或其他文件，以验证或证实设施或场地的合规状态。①

以《清洁水法》（CWA）为例，CWA 第 308（a）条授权 EPA 可以要求排污企业提供具体的信息，以协助 EPA 确定其合规性。如果在排放监测报告（DMR）中反映出违反了许可证的要求，特别是在现场检查不容易安排的情况下，EPA 可以要求持证人提供所持有的监测文件的副本，以确认最大出流限制的违反天数。EPA 还可以根据 CWA 第 308 条的规定，要求目前没有许可证的嫌疑排放者提供资料。最后，第 308 条规定，信息请求可以要求在已过期且没有延期的 NPDES 许可证条款要求下进行的采样、分析和报告以前的数据。

① https：//www.epa.gov/compliance/how-we-monitor-compliance：

- an inspection，site investigation， or record review suggests the potential for serious，widespread，and/or continuing civil or criminal violations，
- a continuing pattern of non-compliance by a facility，
- a referral from another agency，
- a study or studies conducted by the regulating agency indicating a potential compliance problem.

75．合规监测定义及内容是什么？

合规监测是 EPA 用来确保受监管的社区遵守环境法律法规的一个关键部分，用来核实法律法规要求的符合程度。它包括所有监管机构用来确定设施是否遵守相关法律的行动。合规监测包括：

- 制定和实施合规监测战略
- 现场合规监测：合规检查、评估和调查（包括许可证、数据和其他文件的审查）
- 场外合规监测：数据收集、审查、报告、计划协调、监督和支持
- 检查员培训、认证和支持

EPA 提供合规的激励和审计，以鼓励企业找出违规行为并自行向 EPA 报告。公众也可以通过网站[①]向 EPA 投诉。任何由于这些活动而被发现的违规行为都有可能导致民事或刑事执法。

以《清洁空气法》（CAA）为例，CAA 第 114 条授权地方环保局官员或授权的代表，对排污企业进行合规监测，包括以下要求：

- 记录并且维护记录
- 定期提交报告
- 安装、使用和维护监测设备
- 根据 EPA 规定的位置、间隔和方法对排放进行采样
- 提供其他可能需要的信息
- 配合合规检查工作

76．合规检查的目的是什么？

合规检查可以确认并记录不合规的情况，支持环境项目以及执法过程，监督命令的执行情况，在受监管的社区建立存在感，阻止不合规的情况，支持许可证流程的发展，收集证据以支持执法行动，获取支持许可证操作的信息，评估遵守命令或同意法令（consent order）的情况等。

---

① https：//www.epa.gov/enforcement/report-environmental-violation.

77．合规检查包括哪些内容？

合规检查是现场合规监测活动的一种，是正式评估其执行环境法规和要求的合规性的重要工具。EPA及其他监管部门在主要的法律和监管计划的授权下进行合规检查。

检查是通过访问设施或场所（如商业设施、学校、垃圾填埋场等），收集信息以确定其是否符合规定。检查通常包括预检活动，如在进入设施或场所之前获取场所大致的信息。其他在现场访问期间可能进行的活动包括：

- 采访设施或场所的代表
- 审查记录和报告
- 拍照
- 收集样品
- 观察设施或现场作业

一般情况下，检查是针对单种介质进行的，如《清洁水法》，但也可以针对多种介质进行。还可以通过检查来帮助解决基于某种特定的环境（如一条河流中的水质）、设施或工业部门（如化学工厂）、地理（如区域或地区）或生态系统（如空气或流域）的问题。检查的强度和范围可以从不到半天的快速步行检查，到需要花费数周时间才能完成的带有大量物理样本收集的检查。

78．合规检查的频率是怎样的？

（1）基于《清洁空气法》（CAA）的合规检查频率

根据EPA制定的CAA固定排污企业合规监测策略（CMS），对于重大源（major source）①，进行CAA完全合规评估（FCE）的国家目标频率是每两年一次；对于重大源设施中最大的超重大源（mega-site），要求的频率是每三年一次；对于综合非重大源（SM-80）②，要求的频率是每五年一次；对于不是SM-80的其他非重大源（minor source）没有明确的要求。州和地方在合规检查频率的制定上享有一定的灵活性，可以根据当地的具体情况，向EPA申请CMS代替方案。例如，州和

---

① CAA的重大源：排放的某个标准大气污染物（CO、NO_x、SO_2、$PM/PM_{2.5}/PM_{10}$、VOC和Pb）的最大可能排放量（potential to emit）是每年100短吨（91 t）或以上的固定源。

② SM-80：某标准大气污染物的实际或可能的排放量高于重大源标准的80%（即72.8 t）的固定源。

地方可以将其他非重大源列入自己的 CMS 中，也可以将重大源的完全合规评估的频率定为每三年一次。①

（2）基于《清洁水法》（CWA）的合规检查频率

根据 EPA 制定的 NPDES 合规监测策略（CMS）的要求，对于 NPDES 的重大源②，国家的目标检查频率是至少每两年一次；对于传统 NPDES 的非重大源③，要求的检查频率是至少每五年一次；对于其他的 NPDES 的非重大源④，没有做出明确的要求，只建议需要根据设施类型来确定检查频率。与 CAA 的合规监测频率相类似，州和地方在制定合规检查频率时也享有一定的灵活性，可以根据当地的具体情况，向 EPA 申请 CMS 代替方案。⑤

79．有哪些因素会影响合规检查的频率？

EPA 制定的合规监测策略（CMS）确定了合规检查频率的国家目标。不同的州、部落、地方对不同法律下的环境计划的合规检查频率会有所不同。合规检查活动的开展取决于很多因素，例如，州、部落、地方的合规监测计划和当地的优先事项，以及民众的提示或投诉等。

州、地方、部落可以根据 EPA 确定的国家目标频率来实施合规检查活动，也可以在 EPA 的批准下，基于每个设施或者整个排污企业的类别确定特定的检查频率。在确定适当的检查频率时，应考虑以下因素：

（1）排污企业

- 合规的历史；
- 设施的位置；
- 潜在的环境影响；
- 操作实践（如操作是稳定持续状态还是季节性操作）；

---

① EPA，Clean Air Act Stationary Source Compliance Monitoring Strategy，Oct. 2016.

② NPDES 的重大源：日排放量大于等于 100 万加仑（3 785.41 m^3）的由政府经营的生活污水处理厂（POTW）。

③ 传统 NPDES 的非重大源 4：设计日排放量少于 100 万加仑（3 785.41 m^3）的 POTW，以及生产活动活跃的工厂等。

④ 其他 NPDES 的非重大源 5：生产活动不活跃的工厂、市政雨水、建设施工雨水和动物集中饲养场地（CAFO）等。

⑤ EPA，Clean Water Act NPDES Compliance Monitoring Strategy，2014.

- 使用控制设备的情况。

（2）州、地方、部落领土的环境项目计划

- 确定州、地方、部落的总体合规性监测计划的缺陷情况（如预算短缺或职位空缺等临时的资源限制）。相关环保机构应该能够讨论正在采取什么步骤来解决这些问题。

- 确定当地的空气污染情况，以及阻碍实现合规、需要优先处理的事项，还有所需要的资源。相关环保机构应该能够提供解决这些阻碍或优先事项的进度安排。

- 向其他州、地方、部落领土提供的援助（如提供专业知识、培训新的检查员等）。

（3）EPA 的国家执法举措

- 州、地方、部落政府对国家执法活动的参与程度。

州、地方、部落应将其合规检查频率方案写进合规监测策略（CMS）计划，然后将其提交至 EPA 总部（合规办公室）进行审查，这可以保证总部得知方案并适当地维持全国的一致性。①

80. 如何确定需要进行检查的目标设施？

州、地方的环保机构需要根据被批准的检查频率方案、当地的情况、机构的资源和民众的投诉等因素，确定需要对其进行检查的目标设施。

（1）确定是否成为检查目标的因素

- 排污企业规模
- 排污企业位置
    - 所在区域是否达标
    - 城镇还是偏远地区
- 环境影响
- 处理和控制设备的类型
- 污染物的类型
- 以往的合规历史和态度

① EPA，NPDES Compliance Inspection Manual，Interim Revised Version，January 2017.

（2）参考辅助材料

- 公民投诉
- 故障报告
- 排放超标报告
- 检查报告
- 许可证更新申请

（3）技术手段

- 空气的连续排放监测（CEM）系统
- 执法和合规历史在线（ECHO）系统
- 检查目标模型（ITM）

以上技术手段的详情请参见第八章美国环境执法技术支撑体系。

81．从哪些来源可以获得设施的背景信息？

EPA 地区办公室和州环保部门保管着以下有关信息的文件。此外，许多州还有能查到许可证和许可证申请的网站。设施的背景信息来源包括：

- 合规、执法和诉讼的历史，包括检查报告、公民投诉和采取的行动的副本。以前的检查报告可以提供常规的设施信息，以及以前检查中记录的问题或顾虑。
- 设施的自我监测数据。
- 季度违规报告（QNCR）。
- 排放监测报告（DMR）的质量保证（QA）报告。
- 许可证和许可证申请，包括特殊豁免和豁免的申请、授予或拒绝。
- 意向通知（NOI）的档案。
- 关于设施的其他监管计划文件可能包含在 NPDES 检查之前的有用信息中。某些其他的监管计划及其报告要求包括在《有毒物质控制法》（TSCA）中的关于 PCB 活动的报告；《资源保护与回收法》（RCRA）每半年的报告；《综合环境反应、赔偿与责任法》（CERCLA）可报告的数量发布报告；EPCRA 的报告；《联邦杀虫剂、杀菌剂和杀鼠剂法》（FIFRA）农药生产注册；以及《清洁空气法》（CAA）年度排放清单报告和许可证申请。
- 其他文件，包括流程操作问题及解决方案；污染问题及解决方案；实验室功能或缺乏的功能；其他提议的或以前的补救行动。该信息可以提供设计和操作数据，过程控制建议，污染源识别，处理、控制系统改进以及补救措施。

82. 谁可以对设施进行检查?

EPA工作人员或授权的代表可以对设施进行检查。EPA没有足够的人手来执行所有的合规监测职能，但为了履行这些职能，EPA经常聘请私人承包商去进行现场检查和采样。

以CAA为例，EPA认为，这些承包商是CAA第114条所指的EPA工作人员的授权代表。然而，法院尚未一致支持EPA的立场，不同区域的上诉法院对于这个问题有不同的决定，所以EPA只能在上诉法院同意的区域可以授权承包商进行检查。

83. 什么是授权令?

在某些情况下，检查员可以根据EPA律师的指导，依靠授权令（搜查令）进行检查。授权令是对适当人员进入具体描述的地点进行特定检查的司法授权。如果有理由认为检查员抵达设施时不会被同意进入，或者当检查员预计设施所有者会在获得搜查令所需的时间内隐藏违规行为时，这种情况下检查员可能会在检查前获得授权令。

84. 检查前是否需要通知检查对象?

EPA既有预先通知的检查，也有预先不通知的检查。

（1）预先通知检查

以CWA为例，宣布检查时，设施的经营者有时会通过CWA第308条信息收集要求信（以下简称“第308条请求信”），被通知该设施被安排了检查。签署“第308条请求信”的权力可以委派给地区领导，但每个地区都应该核实该委派。

“第308条请求信”会通知持证人检查即将进行，并通常要求有关现场安全规定的信息，以避免检查时安全设备出现问题。这封信可能会要求诸如设施联系人姓名和更新的生产操作等信息。如果需要与持证人的配合，“第308条请求信”可以明确检查的日期。“第308条请求信”还可以通知持证人有声明保密的权利。

如果检查需要预先宣布，检查员应：

- 说明检查的性质和程度；
- 为安排好的检查活动提供时间表；
- 记录与设施的任何联系；

- 申请在检查期间需要的设施人员、记录和文件；
- 询问特殊的安全和安保要求；
- 向设施通报其有声明保密的权利。

（2）预先不宣布的检查

当不预先通知设施要进行检查时，检查员可以观察到设施平时的运行情况，而不是准备检查的情况。但是，检查员可能会错过与相关工作人员的访谈机会。检查员可能会发现，在检查大型或复杂设施时，预先宣布的检查会更有效果。当需要做出是否通知检查的决定时，应与检查员的管理层商议，如果必要的话可以咨询法律顾问。如果担心设施可能隐瞒或更改违规的证据，或者检查组怀疑可能发生非法排放，则应进行突击检查。

85．如何制订检查计划或检查清单？

检查计划和检查清单是组织和执行合规检查时非常有用的工具。检查人员在查阅可用的背景信息后，制订一个全面的计划，用来确定检查目标、任务和流程，实现目标所需的资源和检查进度安排。在制订检查计划时，检查员应考虑以下几点：

（1）目标：检查的目的是什么？要完成什么？

（2）任务：要执行什么任务？必须收集什么信息？将审查哪些记录？

（3）流程：使用什么样的流程？该检查是否需要特殊程序？

（4）资源：需要什么样的人员？需要什么设备？

（5）进度安排：检查活动的时间要求和顺序是什么？阶段性的目标是什么？

（6）协调：需要与什么实验室或其他监管机构进行协调？

检查清单需要根据排污企业所在州、行业和检查的内容等情况具体制定。

以下通过路易斯安那州的环境质量局对石油天然气生产设施的空气质量合规检查清单，审视检查前美国检查员需要做的一些工作。

表 4-1　空气质量合规检查清单

公司名称：　　　　　　　　　　　　　　　　检查日期：

设施名称：

现有许可证号码：

设施编号：

1	概况	是	否	不相关	注释
1.a	设施是否有空气许可证？				

1.b	如果 1.a 的答案是“否”，设施是否申请过空气许可证？				
1.c	如果设施有空气许可证，该许可证是否还在有效期内？标明有效日期。				
1.d	列出许可证的类型（重大源、非重大源、“标题五”等）				
1.e	设施在现场是否有现有许可证的原件？				
1.f	操作过程的描述和许可证是否相符？请列出不相符的地方。				
1.g	场地中所有的排污企业是否都被列在空气许可证中？请列出没有包括在许可证中的所有排污企业。				
1.h	石油天然气的生产量和设备的运行时间是否低于许可证中的限值？				
1.i	如果 1.c 至 1.g 出现“否”的答案，是否有根据该情况向路易斯安那的环境质量局提交修改或通知？请列出提交的日期。				
1.j	在过去的 12 个月中，设施是否有超出报告数量的没被批准的排放？				
1.k	如果 1.j 的答案是“是”，是否有可以证明该没被批准的排放已经上报给公共安全部门的文件副本？				
1.l	设施是否被要求提交年度排放清单目录报告？如果是的话，请列出最近的提交日期。				
1.m	设施是否被要求提交“标题五”年度认证和半年度检测报告？如果是的话，请列出最近的提交日期。				
1.n	设施中是否有正在从燃料燃烧设备中排放的烟？				
1.o	设施是否产生酸气（H_2S 的体积浓度超过 24×10^{-6}）？				
1.p	设施是否有符合要求的总务计划？				
1.q	设施是否遵守该总务计划？				
2	发动机	是	否	不相关	注释
2.a	设施中是否有超过 500 马力的发动机？				
2.b	是否有根据路易斯安那州的环境质量局（LDEQ）的政策，对超过 500 马力的发动机进行烟囱（排放）测试（初始或半年度的）？				
2.c	是否有装配了催化转换器控制设备的发动机？有的话请在注释中列出该发动机。				
2.d	是否有根据 LDEQ 的政策，对超过 500 马力的装配有催化转换器的发动机进行烟囱(排放)测试(初始或半年度的)？回顾现有的烟囱（排放）测试报告。				
2.e	如果烟囱（排放）测试的结果超出许可证的限值，是否有向 LDEQ 提交修改或通知？				
2.f	设施中是否有天然气发动机适用于 40 CFR 第 60 章第 JJJJ 分章的《固定火花点火内燃机性能标准》？				

2.g	如果2.f的答案是“是”，适用于《固定火花点火内燃机性能标准》的排污企业是否根据通过认证的方法运行发动机？				
2.h	如果2.g的答案是“否”，是否有对适用的发动机进行测试？				
2.i	设施中是否有柴油发动机适用于40 CFR第60章第IIII分章的《固定式点火内燃机性能标准》？				
2.j	如果2.i的答案是“是”，适用于《固定式点火内燃机性能标准》的排污企业是否根据通过认证的方法运行发动机？				
2.k	如果2.j的答案是“否”，是否有对适用的发动机进行测试？				
2.l	如果适用的话，发动机是否遵守40 CFR第63章第ZZZZ分章的《固定往复式内燃机有害空气污染物国家排放标准》？ 对于适用于40 CFR第63章第ZZZZ分章的《固定往复式内燃机有害空气污染物国家排放标准》的发动机，是否采取了适当的排放控制手段？				
2.m	对于适用于40 CFR第63章第ZZZZ分章的《固定往复式内燃机有害空气污染物国家排放标准》的发动机，是否有进行适当的测试？				
2.n	州或联邦要求的烟囱（排放）测试的结果是否在许可证的限值以内？				
2.o	进行测试的公司是否通过环保实验室认证计划的认证？				
3	乙二醇脱水装置	是	否	不相关	注释
3.a	设施中是否有乙二醇脱水装置？如果有的话请标明类型。（乙二醇、二甘醇、三甘醇等）				
3.b	如果3.a的答案是“是”，每个静止柱排气口没被控制的排放是否少于9 t/a？				
3.c	如果没被控制的排放超出9 t/a，是否有在装置上使用冷凝器控制设备？				
3.d	冷凝器的控制速率是否符合相关法规的要求？（对于1994年10月20日之前安装的设备要达到70%以上的VOC减排，对于1994年10月20日之后安装的装置要达到85%以上的VOC减排）				
3.e	如果乙二醇脱水装置在1994年10月20日之前安装，是否保留了冷凝器排放温度的记录？				
3.f	是否根据许可证的要求来安装指定类型的排放控制设施以及运行？（是否由冷凝器控制，从装置的排放至燃烧器、重沸器或直接燃烧等）				

3.g	燃烧器、重沸器的设计功率是否符合许可证的要求？				
3.h	如果要求被豁免，是否保留了每日的天然气加工率和乙二醇循环率记录？				
3.i	实际的天然气加工率和乙二醇循环率是否低于用模拟软件估计出来的许可的速率？				
3.j	如果装置处理的天然气的数量大于每天 300 万标准立方英尺（MMSCFD），装置排放的苯是否低于 1 t/d？				
3.k	脱水装置是否符合 40 CFR 第 63 章第 HH 分章的《石油天然气生产设施的有害空气污染物国家排放标准》的所有要求？				
4	储存罐	是	否	不相关	注释
4.a	设施中是否有任何原油、冷凝液或水的储存罐？				
4.b	每个储存罐是否都符合许可的容量？				
4.c	是否保留石油或水处理流率的记录？				
4.d	石油或水的处理流率是否低于许可证中的限值？				
4.e	如果储存罐在许可证中要求要有排放控制设备，该控制设备是否运行？列出使用的控制设备。				
4.f	是否保留控制设备停工时的记录？列出停工的原因。				
4.g	储存原油或冷凝液的储存罐是否属于相关法律法规提到的“在监管契约转移之前”？				
4.h	是否根据相关法律法规要求为储存罐安装埋藏装载管？				
4.i	储存罐的尺寸是否小于 10 000 原油桶（159 L）？				
4.j	是否所有储存罐都不适用于 40 CFR 第 60 章第 K、Ka、Kb 分章的《石油液体储存容器的性能标准》？如果适用的话，请列出适用的储存罐。				
4.k	如果储存罐需要符合《石油液体储存容器的性能标准》，用来合规的方法是什么？				
4.l	储存罐的瞬间蒸发气体是否超出州规定的 VOC 限值，从而导致储存罐需要控制手段？				
5	原油或冷凝液的操作	是	否	不相关	注释
5.a	说明装载的挥发性有机物（VOC）。（原油、冷凝液、柴油、甲醇等）				
5.b	装载产品的蒸汽压力？				
5.c	说明设施用来装载原油和冷凝液的方法（如：管道、储存罐卡车、驳船、船等）。				
5.d	设施使用的装载类型是否符合空气许可证上列出的装载类型？				
5.e	原油和冷凝液的年度装载量是否低于空气许可证中的限值。				

5.f	如果空气许可证有要求，是否准备和提交了年度的原油和冷凝液的装载报告。				
5.g	设施是否有装载路易斯安那州 VOC 装载规则中豁免的VOC？				
5.h	对于 VOC 装载规则中没有豁免的 VOC 的装载操作是否符合装载要求？				
5.i	现场是否有海上装载？				
5.j	如果设施使用船进行装载，设施是否被要求遵守州的《海洋蒸汽恢复》的控制要求？				
5.k	如果 5.i 的答案是“是”，设施是否遵守州的《海洋蒸汽恢复》的控制要求？				
5.l	在装载操作中是否使用排放控制措施？说明使用的方法（燃烧、蒸汽平衡等）。				
6	燃烧火炬	是	否	不相关	注释
6.a	设施中是否运行为了燃烧来自设施的气体的燃烧火炬？				
6.b	该燃烧火炬是用于紧急失误情况还是常规地燃烧气体？列出排向该燃烧火炬的排污企业。				
6.c	排向该燃烧火炬的气体是否用仪表测量？				
6.d	许可证中要求排到燃烧火炬的排污企业实际上是否有连接管道至燃烧火炬？列出连接管道至燃烧火炬的排污企业。				
6.e	是否有监视燃烧火炬以觉察有无火焰？说明用来检测火焰存在的方法（自动重新点燃设备、热感设备、目视观察）。				
6.f	是否有关于重新点燃燃烧火炬的纠正计划？在燃烧火炬需要被重新点燃的情况下，该纠正计划是否能够立马实施？				
6.g	燃烧火炬中是否有烟被排出？ 燃烧火炬是否需要满足 40 CFR 60.18 中的新源性能标准（NSPS）的要求？				
6.h	是否有进行年度的气体分析来确保燃烧火炬的热值大于 300 Btu/scf？（1Btu/scf=37.25 MJ/m^3）				
7	去除气体中的硫化氢和二氧化碳的装置（gas sweetening）	是	否	不相关	注释
7.a	设施中是否有天然气脱硫装置？				
7.b	设施的天然气加工厂是否在陆地上？				
7.c	陆上的天然气加工厂的脱硫装置的设计性能是否少于 2 长吨/d（1 016 kg/d）H_2S 的？				
7.d	根据 40 CFR 第 60 章的第 LLL 分章的《陆上天然气处理性能标准：SO_2 排放》，脱硫装置是否符合新排污企业的条件？				
7.e	装置的设计是否符合许可证的条件？（例如，进气的 H_2S 含量、排放控制和操作参数等）				

7.f	如果有的话，描述用来减少脱硫装置排放的排放控制（如硫回收装置、燃烧火炬、热氧化剂等）。				
8	天然气加工厂	是	否	不相关	注释
8.a	设施是否是一个天然气加工厂？				
8.b	设施中是否有焦耳汤姆逊（JT）或制冷等用于天然气液体提取的装置？				
8.c	设施是否适用于40 CFR第60章第KKK分章的《陆上天然气加工厂的VOC设备泄漏性能标准》？				
8.d	如果8.c的答案是“是”，设施是否遵循《陆上天然气加工厂的VOC设备泄漏性能标准》的监测要求？				
8.e	设施是否适用于路易斯安那州的《无组织排放控制规定》？				
8.f	如果8.e的答案是“是”，设施是否遵循《无组织排放控制规定》？				
9	涡轮机	是	否	不相关	注释
9.a	设施中是否允许有涡轮机？				
9.b	设施中运行的每台涡轮机分别用的是什么燃料？（天然气、柴油、双燃料等）				
9.c	是否有根据LDEQ的政策对涡轮机进行初始烟囱（排放）测试？				
9.d	如果是的话，涡轮机在峰值负载的热量消耗是否大于或等于10百万英热单位 / 小时。（1百万英热单位 / 小时= 2.52×10^5 千卡）				
9.e	涡轮机是否在1977年10月3日之后建造、修改或重新建造？如果是的话，就适用于40 CFR第60章第GG分章的《固定式燃气涡轮机性能标准》。				
9.f	如果9.e的答案是“是”，涡轮机是否符合该标准中的操作标准、排放测试以及燃料气体监测要求？				
9.g	涡轮机是否在2005年2月18日之后建造、修改或重新建造？如果是的话，就适用于40 CFR第60章第KKKK分章的《固定式燃烧涡轮机性能标准》。				
9.h	如果9.g的答案是“是”，涡轮机是否符合该标准中的操作标准、排放测试以及燃料气体监测要求？				
10	瞬间蒸发气体（flash gas）排污企业	是	否	不相关	注释
10.a	列出所有排放到大气的瞬间蒸发气体的排污企业（加热器处理器、分离器、储罐等）。				
10.b	根据州的《原油和冷凝液规定》，是否有瞬间蒸发气体的排污企业需要进行控制？				
10.c	许可证中要求进行控制瞬间蒸发气体的排污企业是否有实施要求的控制？				

11	无组织排放	是	否	不相关	注释
11.a	对于适用于《陆上天然气加工厂的 VOC 设备泄漏性能标准》和《合成有机化学品制造业 VOC 设备泄漏性能标准》的设施，是否对其泵、压缩机、泄压装置、阀门和采样系统进行泄漏监控。				
11.b	设施中是否有看得见或听得见的石油天然气的泄漏？有的话请标明泄漏的排污企业。				
12	压缩机密封	是	否	不相关	注释
12.a	压缩机是否在设施内？如果是的话，请说明类型。（离心式还是往返式）				
12.b	对于往复式发动机，每运行 26 000 h 是否更换一次活塞杆密封系统？				
12.c	是否有离心式压缩机装备干式密封系统？				
13	气动装置	是	否	不相关	注释
13.a	现场是否有使用天然气的气动泵或调节器？				
13.b	这些气动装置在许可证中是作为无组织排放还是作为特定的排污企业？				
14	大气通风口	是	否	不相关	注释
14.a	设施中是否有直接排放到大气的大气通风口？如果是，请标明通风口是用于紧急情况还是常规排放。				
14.b	请列出排至大气通风口的设备。				
14.c	是否有监测通风口的排放量？如果有的话，请说明监测的方法。（计量仪、基于生产量的计算等）				
15	管式加热器、加热处理器、再沸器	是	否	不相关	注释
15.a	现场的管式加热器、加热处理器或再沸器是否有排放烟或可视的煤烟？				
15.b	加热处理器的瞬间蒸发气体是排放到大气中、在燃烧火炬中被燃烧还是排回到系统中去？请具体说明。				
15.c	如果加热处理器的瞬间蒸发气体是排放到大气中或在燃烧火炬中被燃烧，空气许可证中是否有标明这些情况。				
16	纠正措施	是	否	不相关	注释
16.a	空气质量规定是否要求有纠正措施？如有必要的话，可以要求使用单独的工作表记录所需的纠正措施。				

86．进场之前，检查员能否进行场外观测？

可以进行场外观测。许多潜在的问题通常在进入设施之前就可以被确定，如非法排放、溢出物、烟雾或非法倾倒等。检查员也可以通过场外监视观察进出设施的交通模式，并确定在装卸码头或设备分段运输区域的原料、产品的处理程序。

场外监视还提供给检查员地理坐标信息，可用于参考照片、位置、违规等情况，并允许检查员确定设施的布局，并对如何确定检查的优先顺序做出判断。检查员在进行场外观测时应记录以下信息：

（1）场外监视的位置：该场外监视是否在公共用地进行？

（2）设施布局和方向：画出布局和方向的草图。

（3）目测的问题：是否有能从公共用地目视观察到的明显的问题（如集装箱、装载区域、贮水池、明显的排放物、不当的清理处置等）？

87．进入现场的流程是怎样的？

以下内容总结了 EPA 于 1978 年美国最高法院在马绍尔诉巴洛的公司的裁决中制订的程序。

- 确保将所有凭证和通知恰当地提交给了设施所有者或负责人。

- 如果进入不被允许，请询问被拒绝的理由，看是否可以消除困难（如误解）。如果解决的方案超出检查员的权限，检查员可以建议设施负责人征求其律师的建议（如果有的话），根据 CWA 的第 308 条、CAA 的第 114 条等来澄清 EPA 的检查权力。

- 有时不清楚进入是否被拒绝，如果是这种情况，请明确清晰地询问设施是否拒绝进入。如果进入仍然被拒绝，检查员应从该处撤退，并与其主管或地区法律顾问联系。主管将与律师协商讨论获得行政授权令或搜查令的必要性。

- 所有关于拒绝的观察都应在现场笔记本和检查报告中仔细记录。包括设施名称和确切地址、接触的工作人员的姓名和职称、拒绝的日期和时间、拒绝的详细原因、设施的外观以及任何其他合理怀疑的违规行为。如果要寻求授权令，所有这些信息都会非常重要。

88. 如果检查人员被拒绝检查，应采取什么样的行动？

如果进入被拒绝，无论是整个设施还是设施的某些部分，检查员应该采取以下行动：

- 向企业领导声明相应的环保局检查权力，询问他是否理解检查的原因，并记录答案以及任何拒绝进入的理由；
- 记录拒绝你进入的那位工作人员的姓名、职务和电话，以及日期和时间；
- 离开该处；
- 在离开设施后记录任何与拒绝进入相关的现场条件和事件，并通知你的直属上级主管或地区法律顾问；
- 决定是否需要申请授权令。

需要重点注意的是，检查员应酌情决定并避免出现任何威胁或煽动性情况。如果设施方面出现敌意的威胁，检查员应将其记录下来，然后立即向主管或律师报告。如果可以的话，应当取得目击者的陈述并将其包括在文件中。

89. 检查人员在检查时应注意哪些安全事项？

对污染物以及环境污染控制设施的检查总是会有一定程度的健康和安全风险。为避免不必要的风险，检查员应熟悉所有的安全责任和操作。检查员所需要的安全设备和流程将基于标准的安全流程或者是设施的场地特别信息。

检查员应该完成以下事项：

- 根据现有的指导手册和标签说明使用安全设备。
- 维护安全设备使其状况良好，工作正常。
- 选择适合检查活动的着装，以及穿着适当的防护服装。例如，在采集样品时应佩戴适当的防护手套以保护检查员，并防止可能对样品的污染。优先选用一次性手套，以确保采样点之间不会发生交叉污染。
- 使用被检查的设施中特有的安全设备。
- 除非经过适当培训、装备和许可，切勿进入有特定限制的地方。

90. 检查启动会应包括哪些内容？

一旦出示了工作证件，检查员可以与设施官员对该检查计划进行概述。检查员会在开检会议上提供检查人员的姓名、检查目的、执行检查的权力依据以及要遵循的流程。环保局鼓励检查人员与设施领导进行合作，协助检查工作，确保检查成功。

注意事项：

（1）检查目标

关于检查目标的讨论会让设施领导知道检查的目的和范围，有助于避免误解。

（2）检验顺序

关于检查顺序的讨论将有利于减少时间的浪费，允许工作人员有足够的时间提供记录并启动间歇性的操作。

（3）会议安排

与关键人员的会议安排会让设施的管理人员有足够的时间与检查员合作。

（4）记录清单

应向设施管理者提供需要被审查的设施记录清单，即许可证、DMR、监管链表格、采样数据、运行和维护记录、培训记录、实验室数据表以及根据检查类型要求的其他记录。这可以使设施管理者有足够的时间收集记录，并提供给检查员。

（5）陪同

设施工作人员在检查员检查期间的陪同非常重要（除非设施无人操作），这不仅便于工作人员回答检查员的问题并描述工厂及其主要的经营特征，而且也是出于安全和责任的考虑。

与设施管理人员讨论这种陪同的需求，可以便于他们分配人手，但在某些情况下，设施管理人员可能选择不陪同检查员。即使在这种情况下，检查人员也应该与负责采集和分析样本或有其他相关职能的人员交谈，收集有关这些流程的具体信息（包括负责人员的必要信息）。

（6）许可证验证

检查员应核实许可证中包含的相关信息，如设施名称和地址以及排放点等。

检查员还应验证（或获取）准确的排水口位置数据，如使用手持式校准的GPS设备来获得每个排水口的精确纬度和经度。

（7）样本备份

在开检会议期间应该通知企业领导，如果收集有足够数量的样本，企业有权得到任何用于实验室分析的实体样本的备份。官员在这时应该表明他们是否希望收到样本备份，以便在检查过程中确保样本有足够的备份。该企业负责提供自己的样品瓶、防腐剂等。

（8）摄影照片

照片是一个重要的工具，用于帮助检查员准备一份完整而准确的检查报告，在执法程序中提供证据，并记录在现场发现的情况。CWA 授权检查人员在检查期间收集和复制记录，包括数字化图像。

（9）检查后的结束会议

应该与相关领导安排一次检查后的会议，提供一个最后的机会去收集信息、回答问题、提出对不足之处的初步观察，以及完成行政工作。检查员不应在现场或结束会议后确定合规性或不合规性，该决定应当在返回办公室与适当管理层协商后做出。

91. 现场取样和审查记录都包括哪些内容?

审查设施的记录、对设施的排放进行采样都是基本的检查活动。这些活动为环保机构在执法行动中提供了证据支持。检查员的职责包括：

- 识别、定位和检查与排放控制相关的记录
- 检查与生产设施控制设备和监控设备相关的操作条件
- 查看实验室的质量保证和控制（QA / QC）记录，以及是否使用经批准的方法
- 对于现场分析，审查实验室流程以验证分析的方法和使用的方法是否获得批准
- 对设施进行目视检查
- 在必要时，用拍照的方式进行记录
- 采集必要的样品，密封样品，建立监管链

92. 检查结束会议应包括哪些内容?

为了从合规检查中获得最有效的结果，检查员应及时将结果通知设施管理人员和所有者，检查员应将讨论限于检查的初步发现。如果适当，检查员可以将调查结果与持证人的许可证要求、同意法令、行政命令和其他执法行动进行比较。检查员在任何时候都不应指出是否有任何观察到的问题是违规行为。

设施管理者通常急于在检查员离开前讨论检查结果。检查员应组织结束的见面或会议，介绍和讨论初步的检查结果。结束会议提供了一个机会来描述有顾虑的问题（例如，未经许可的排放；SWPPP 的部分缺失；常规检查未完成；未安装

淤泥围栏；排放到雨水排放管道等)。在结束会议期间，检查人员可以回答最终的问题，准备必要的数据，提供相关计划的信息，并要求在之前的检查过程中未能提供的数据汇编整理。

检查员应做好讨论后续流程的准备，如检查结果将会被如何使用，以及该地区、州、部落或当地可能与企业进行的进一步交流。检查员应根据EPA地区办公室负责人、州环保局局长、部落官员或当地官员设立的适用准则或标准操作程序(SOP)来进行结束会议。

检查员可以发出缺陷通知(deficiency notice)，指明许可证持有人自我监测计划中存在的或潜在的问题。在现场或现场检查后发出的缺陷通知，为提高NPDES自我监测活动数据的质量提供了一种简便易行的方法。

93. 检查之后，检查员应该提供哪些文件?

提供检查的文件是检查员的基本任务。文件用于真实记录检查时存在的实际情况，以便合规执法人员能客观地检验证据。

这里的“文件”是一个通用术语，指的是所有由检查员制作、复印或采用的印刷信息和电子媒体，以提供涉嫌违规的证据。文件形式包括现场笔记本、声明、照片、录像带、草图、地图、印刷品、机械记录或记录的副本。

检查员现场笔记本是与检查有关的所有文件的核心，它提供所有关于检查活动准确全面的文件。应使用具有顺序编号页面的装订笔记本，并且应使用永久性防水墨水书写。每次新的检查都应使用新的检查笔记本。对不同设施的多次检查不应该记录在一个笔记本中，因为如果笔记从笔记本中被分离出去，它将会失去其有效性。例如，当法庭记录需要传唤其中一部分笔记时，检查员将丢失笔记本中其他检查的所有笔记。

笔记本将构成书面报告的基础，所以它应该只包含事实和相关观察。语言应该是客观的，依据事实的，没有可能会被证明是不适当的个人感觉或术语。如果在笔记本中出现错误，应该将其划掉并签名确认。在检查期间，现场笔记本不应离开检查员。笔记本是证据的重要组成部分，在法庭上可以被采纳。现场笔记本是政府记录，需要记录保留时间明细，而且不能让设施所有方复制现场笔记本。

(1) 检查笔记

在执法程序中可能需要检查员作证，因此，每位检查员必须保存检查、调查、收集的样本和相关检查内容的详细记录。检查人员应记录每天检查到达和离开的日期和时间，并记录每天检查的事件顺序。

（2）观察

记录所有情况、做法和其他在准备检验报告或验证其他类型的证据时有用的观察。例如，在检查之前和检查期间的诸如下雨、降雪事件之类的天气条件是很有用的，并且可以帮助检查员确定流入、渗透是否是设施的问题，或者雨水控制是否足够。

（3）文件和数字化图像

所有检查员采用或准备的文件，如检查报告的完成清单，应注明具体检查活动。检查员应充分记录好每一张数字化图像，以便其内容可以通过站点、日期、GPS 坐标（如果有的话）、摄影师姓名和数字图像的描述来进行正确识别。

（4）不寻常的情况和问题

详细标注和描述不寻常的情况和问题。

（5）一般信息

列出在检查中联系的设施工作人员的名字和职称，以及他们在检查中的活动，设施代表人的名片也可能会有用。在检查中，设施工作人员的任何说法都应被记录在现场笔记本中，设施保存记录的流程的信息可能在后续的检查中也会有用。

94．检查之后，书面报告的内容包括什么？

纠正问题的合规后续行动或者在检查中指出问题的充分性很大程度上取决于检查员编写的报告。

以 CWA 为例，NPDES 检查报告的目的是把所有检查信息和证据整理成一个全面、可用的文件。为了达到这个目标，检查报告中的资料必须以清晰、有序的方式来呈现。信息应该保证客观以及有事实依据，报告不能推测检查结果的最终结果。检查员必须避免使用“违规”一词，而应使用“发现”或“不足”之类的词语。

以下内容特别重要：

- 报告中的信息应该依据事实，并且基于可靠的检查手段。观察应该是第一手知识可验证的结果。合规人员必须能够确保所有信息的准确性。
- 检查报告中的信息应与报告主题相关，报告中不应该有可能会降低其清晰度和实用性的无关数据，还要避免个人的意见和观点。

虽然检验报告的具体信息要求会有所不同，但大多数报告会包括以下相同的基本要素：

- 补充的叙述信息
- 已完成清单的副本
- 文档
- 检查结论数据表

补充的叙述信息可以是常规检查的备忘录，也可以是检测到重大违规行为时的叙述性报告。当需要叙述性报告来充分描述合规检查时，报告的内容应着重于支持或解释提供的信息。

编写叙述性报告包括以下基本步骤：

- 审查信息：准备叙述性报告的第一步是收集检查过程中收集的所有信息，详细回顾检查员的现场笔记本，审查所有证据的相关性和完整性。可以拨打电话或在特殊情况下进行后续访问获得额外的补充信息。在检查员的日志中记录有关检查的所有电话，包括时间和日期。
- 组织材料：根据需要来组织信息，以逻辑的全面的方式呈现出来，使其易于理解。
- 参考材料：清晰地引用叙述性报告的所有参考文档，以便读者能够轻松找到需要的文档。在撰写报告之前，检查员应清楚所有的文件。
- 撰写叙述性报告：一旦完成材料的审查、组织和参考整理之后，就可以开始撰写叙述性报告。该报告的目标是写实地记录证据收集过程中的流程和发现。检查员应参考在检查期间使用的常规流程和做法，但应详细说明与潜在违规相关的事实。现场笔记本是准备叙事报告的指南。

如果检查员按照以上提出的步骤，报告将会有逻辑地根据检查的组织框架开展。在准备叙述时，检查员应努力使用简单平实的语言，并仔细校对。

95. 如果设施涉及商业机密，企业该如何做出声明？

当企业设施涉及商业机密时，该企业必须声明商业机密信息（CBI）的内容[①]。该声明包括以下内容：

- EPA 地区办公室的地址

---

① 根据美国相关法律要求，企业污染源排放设施的信息均对公众进行开放，而企业一些设施涉及商业机密，在这种情况下，可进行提前声明。经环保部门同意后，方可不对公众开放。

- 申报声明的日期
- 做出声明的公司和个人的名称、职称和地址
- 按标题或说明列出 CBI 声明的所有信息
- 检查员的姓名和职称

96．检查员提供的证据文档具体指什么？

在检查完成后，执法检查员必须将文件形式的证据组织成一个检查档案。检查档案实际上可能包括两个单独的文档——非保密文档和机密商业信息（CBI）文档。

在 CAA 检查期间收集的没有被宣布为 CBI 的信息由检查员组织成非保密检查文件文档。该文档包含检查员的报告、所有的表格和非保密的证据。一经汇编，该文档将发送给执法人员进行审查，以确定是否需要进行执法。

检查期间收集的 CBI 信息由检查员组织成一个 CBI 检查文档。检查员带回的已经被声明为机密的信息将会被送至文件控制人员（DCO）。此外，检查员还需要通知 DCO 关于所有被声明保密的实体样品。实体样品由控制人员分配一个文件控制号码，再由控制人员将该号码通知实验室（实验室人员在完成监管链和实验室分析表格时将会用到该文件控制号码）。一旦控制人员记录了 CBI 的材料，执法人员对该信息的审查必须按照控制人员规定的流程进行。

97．证据文档应包括什么内容？

根据检查的级别以及是否有途径得到某些类型的信息，检查文档可能包括以下全部或部分内容：

- 项目计划。应审查该计划，以确定其准确地反映了检查的目标、范围、后勤和进度。检查员应准备解释检查计划的理由和任何与原计划的偏差。
- 检查报告。审查报告的事实准确性、专业判断力、客观性和全面性。
- 监管记录。应该保存在一个完整的关于样品标签或密封条、链条监管记录和有关材料的清单，证明监管链以及正确识别所有样品。
- 实验室分析。应对任何实验室分析的检测结果进行监管、方法、质量控制和正确识别方面的检查。
- 机密商业信息声明。应对该声明进行审查，确保其包括签名、日期以及 CBI 声明的所有文件和数据的完整清单。

- 相关的法规、许可证、命令等的副本。
- 污染源对控制、所有权或运行的口头或书面的确认，显示设施交税的税务记录等。
- 金融服务记录，穆迪和标准普尔等常见资产列表。
- 证券交易委员会表格。
- 盈亏声明。该厂可能会有亏损，但其公司可能会盈利。
- 金融服务报告和州的文件可能会显示个人或公司的地点，组建公司的信息，以及商业的记录；
- 污染源的技术数据，EPA工程师可以从中计算相关数据（如锅炉尺寸）。
- 显示污染源位置的地图。
- 州或EPA之前对设施的检查。
- 搜索州和EPA的记录，显示不存在规定上的差异。
- 在SIP的案例中签发的违规通知（NOV）：

➢ 由污染源代表签收的邮政服务回执。所有的NOV都应通过保证邮件（类似挂号信）寄出；

➢ 正式的NOV文件副本，显示邮寄或人手递交的日期。

- 在NOV发出30天之后的违规：

➢ 州或环保局的检查显示违规行为；在30天之后的可见性排放烟囱测试或对测试的排放因子的计算报告；

➢ 污染源方面的确认；对第114条信件的回复或其他通信，在会面、会议等时的口头声明；

➢ 在30天之后，污染源的数据依然显示工厂以与之前相同的方式运行（例如，相同的煤、相同的操作方法、同样的缺乏控制）。

- 宣誓书。宣誓书是由检查员所做的关于对潜在违法行为的个人第一手资料的宣誓声明。宣誓书可用于证明违规行为或确定违法行为的情况。做出宣誓书的人必须签署并能够亲自核实声明中所载的事实。宣誓书的目的是获得与怀疑违规行为相关的清晰简明的事实资料书面记录。宣誓书所做的誓言，有助于证实陈述的真实性。宣誓书可用于验证从设施获得记录的日期（如排放日期）。应强调宣誓书在法庭上的可受理性（即宣誓书是否得到妥善执行，以及其是否为任何拟议的过程提供有效的证据）。宣誓书本身应包含以下内容：

➢ 宣誓人的身份

➢ 宣誓书的原因

➢ 相关事实按时间顺序排列的简单叙述

➢ 总结段落，表示宣誓人阅读并理解其声明

此外，对最终副本进行的任何更正都必须有宣誓人的姓名首字母签名认证。

• 陈述声明。声明在大多数方面与宣誓书相似，但声明未经宣誓。虽然未经宣誓的陈述在法庭上不具有相同的证据权重，但是获取声明的原因和流程与宣誓书一样。声明的重要用途是核实在检查过程中收集的数据。例如，可以从设施代表处获得表明超量排放日期的声明。对声明的审查应通过签字或其他书面或口头的承认证明，来核实声明者的身份和声明的真实性。

• 印刷品。小册子、文献、标签和其他印刷品可能会提供有关企业情况和运营的重要信息，这些材料可能会被收集作为相关文件。所有的印刷品都应该有日期、检查者的姓名和相关样品编号。

• 照片。照片作为可接受的证据，其记录价值非常高。在适当的光线和适当的镜头设置下拍摄相关主题的清晰照片，可以客观记录检查时的情况。审查必须确保照片清晰、客观，并被正确识别。应根据地点、目的、日期、时间、检查人员的姓名和相关样品号码来整理照片。该信息应记录在照片上，或者在检查员的现场笔记本中，或两者兼备。

• 草图和地图。示意图、地图、图表和其他图形记录可用于支持违规的档案整理。它们可以用图形来说明相对于物体的高度和大小的现场位置。其连同样品、照片和其他文档可以组成准确而完整的证据包。审查应确保图纸和地图足够简单，没有无关的外部细节，还应包括基本的测量数据和罗盘方向等比例尺条件以便于理解。

• 机械记录。电子或机械设备生产的记录可在联邦法院受理。审查图表和其他书面的记录应确保相关性和准确性。收集的数据应按收集日期、检查者的姓名和相关样品编号来整理。

98. 执法人员如何进行记录审查?

记录审查是在政府机构办公室进行的对记录的审查，目的是审查信息以确定受监管实体的合规情况。这些审查可以在环保局、州或地方的环保部门办公室进行，可以根据情况需要结合现场检查。定期的记录审查的对象包括《清洁水法》下的排放监测报告（DMR）和《清洁空气法》下的许可证具体要求等。

99. 涉及大气污染的检查，需要准备哪些设备和用品?

检查前的准备包括获取和准备检查和安全设备。设备的类型可能根据检查目标、检查水平和过程、控制设备和设施本身的安全要求而有所不同。

所有设备在使用前都要检查、校准和测试。检查员负责检查所有需要进行检查的设备是否被带到检查现场。基于设施对通知检查的CAA“第114条信息要求信件”的回复，或是先前在环保局文件中记录的设施的安全要求，准备用于设施的安全设备。安全要求必须满足。除了出于安全考虑，还要确保检查员不会因此而被拒绝进入该设施。

表4-2 大气检查前的设备和用品清单

第二级检查需要的设备	第三、第四级检查需要的设备	检查时需要的表格、文件
• 硬的安全帽 • 安全眼镜 • 手套 • 工装裤 • 保护耳罩 • 卷尺 • 手电筒 • 秒表 • 布基胶带 • 有毒化学品的说明书	• 带有滤芯的呼吸器 • 计速仪 • 泵和过滤系统 • 桶 • 压力计 • 燃烧气体分析仪 • 温度计或热电偶 • pH试纸或pH计 • 电路万用表 • 采样瓶 • 选通脉冲 • 电感电流表 • 转速计 • 氧气和可燃气体仪表 • 自给式呼吸设备 • 绳子	• 地图 • 流程图 • 工厂平面图 • 相关的法律法规 • 检查清单 • 场地笔记本 • 参考材料 • 目测排放观察表 • 个人工作身份证件 • 设施的信息 • 基准数据 • 设施要求的信息

100.《清洁空气法》规定的检查级别有哪些?

EPA检查有五个级别：

（1）第0级

第0级检查会决定某个污染源是否持续运行，可能不会涉及现场检查。它从技术上来说不是一个检查，环保局也不认为第0级检查是可接受的合规性保证的方法。第0级检查通常被认为是启动性的检查。

（2）第 1 级

在大多数情况下，环保局也不会将第 1 级检查作为很正式的合规检查。第 1 级检查是现场检查，通常仅限于评估通风口、燃料燃烧源、焚化炉和无组织排污企业的可见排放。这种类型的检验只能用于在不透明度和质量排放率之间的相关性被确定时，检查不透明度标准或可吸入颗粒物标准的执行情况。这种检查需要最少的时间和人力，并对污染源施加有限的监管压力或介入。第 1 级检查应限于在非代表性的操作条件下极少可能存在故障或过量排放的污染源。

（3）第 2 级

第 2 级检查被认为是可以用于确定合规性的检查，除可见排放观测外，现有的污染控制装置和运行操作条件也可能作为污染源评估的一部分被记录下来。然而，这一级的检查不包括检查员对操作条件的测量或完成详细的工程性分析。它包括对污染源操作的现有记录和日志记录的审查，特别是在上一次检查之后的记录。

在典型的第 2 级检查的例子中，检查员会记录如进料速率、温度、原料成分、加工速率等工艺流程要素，以及诸如水流量、水压、静压降和静电除尘器功率水平等控制设备性能参数。然后，特别是结合前述的记录检查，检查员可以使用这些数值来确定自上次检查以来控制装置是否发生了任何重大变化，或者有没有在正常或允许条件之外的任何运行操作。如果操作条件发生了重大变化，检查员可以将检查升级到第 3 级，或者进行烟囱测试（排放测试）以核实合规性。

（4）第 3 级

第 3 级检查是一个全面和耗时的检查，旨在使用测量的操作参数（如压降、风扇静压力和电流、气流温度、烟气条件、氧气水平以及水的流量等）对污染源的合规性进行详细的工程分析。测量的数据会被用于计算烟气体积、表面速度、特定采集面积、入口速度、气布比、罩入口体积和速度、液气比、喷嘴中截面积最小处的速度（喉速）等。因为许多因素都是根据不同的控制设备和排污企业特定的，它们必须根据被检查的排污企业而进行调整。这一级检查有三个主要目的：

- 确定运行状况的基线（baseline）；
- 支持执法案件的开展活动；
- 验证该排污企业是否正在经历运行和维护的问题，因而不能一直保证符合排放标准。

该检查还可以包括控制装置的内部检查。对于织物过滤器，需要通过内部检查来确定过滤袋的状况或袋滤室完整性。对于洗涤塔，如果水流速度或压力数据表明可能发生了堵塞，则需要检查喷嘴的状况。如果电力数据表明灰尘积聚或板对准存在问题，则可能需要对静电沉降器（ESP）进行内部检查。需要定期对机械收集器进行内部检查，因为其中磨料粉尘的收集可能会导致由磨损引起的故障。由于这一级检查需要监测设备的状况，在某些情况下需要进行内部检查，所以检查人员必须确保在进入前满足所有的安全要求。在所有的情况下，都应该先将设备停机并使用适用的安全设备。

（5）第 4 级

第 4 级检查通过烟囱测试（排放测试）来确定排污企业的实际排放基准。此检查要求检查员在烟囱测试期间监视所有过程和控制设备的运行参数，以供将来检查使用。第 4 级检查通常应用于具有 ESP 或高能量湿式洗涤塔的污染源。该检查可能需要通过在烟囱试验之前进行的内部检查，或对被燃烧的工艺材料或燃料进行化学分析，从而记录控制设备的状况。

逐级上升的检查的目的是将资源集中在最有可能超过排放限值的污染源上。例如，第 3 级检查的初步结果可能表明某排污企业没有出现性能不足，因此不需要更高级别的检查。在这种情况下，可以根据第 3 级检查的结果向下调整检查频率或级别。①

101.《清洁空气法》规定的检查有哪些流程?

检查前准备；进入（设施）；开检会议；取样和记录；结束会议；准备检查报告。对于所有检查而言，大多数这些要素都是相同的，但是随着具体不同检查需要的变化，对这些要素的侧重程度也会有所不同。②

（1）检查前准备（预检准备）

为确保检查员可以有效地使用时间，在开始检查选定设施之前，通常会执行以下流程：

- 确立检查的目标
- 确定检查的范围
- 准备检查计划
- 对环保机构的记录进行回顾

---

① EPA，Air Compliance Inspection Manual，Sep. 1985.

② EPA，Clean Air Act Compliance/Enforcement Guidance Manual，1987 Revision.

- 联系州、地方的环保机构以了解污染源的最新信息
- 准备必要的文件
- 准备采样设备和安全设备

（2）进入现场

为了获得实际进入场地的许可，EPA 采用以下流程来达到 CAA 的目的：

- 介绍
- 出示官方的证件
- 必要时，处理拒绝进入的情况

（3）开检会议

进入场地之后，检查员通常与设施管理层进行开检会议。在开检会议上，检查员负责以下活动：

- 讨论该次检查的目的和范围
- 根据 40 CFR 的第 2 部分，向工厂经理声明其可以要求机密处理商业秘密信息的权利
- 提供 CAA 要求的有关信息
- 计划与工厂人员的会议，以及安排在各个厂区进行检查的时间
- 讨论工厂的安全要求和应急流程
- 向公司管理人员声明其权利，可以与 EPA 同时进行排放采样以及目视的排放观测

（4）取样和记录

审查设施的记录、采样以及准备文件是基本的检查活动。这些活动为环保机构在执法行动中提供了证据支持。检查员的职责包括：

- 识别、定位和检查与排放控制相关的记录
- 准备所有检查活动的文件
- 检查与生产设施控制设备和监控设备相关的操作条件
- 必要时拍照
- 采集必要的样品，密封样品，建立监管链
- 采集可见的排放样品
- 安全高效地进行

（5）结束会议

与设施管理进行的结束会议使检查员能够准备收据以及回答关于法律法规的

问题。在结束会议上，检查员通过以下方式结束检查：

- 开出必要的收据
- 接受关于保密商业信息的声明
- 告知设施管理者，任何样品的分析结果都将会提供给设施管理者
- 讨论具体的检查结果：在对所有相关调查结果、数据和信息进行评估之前，不应给出结论。在任何时候都不应该讨论执法的考虑事项

（6）报告准备

检查结果将被整理成为一份全面、相关和准确的报告，包括：

- 检验报告表格
- 叙述性报告
- 其他支持文件

102.《清洁空气法》是否规定检查前需要通知州政府？

当EPA执行合规检查以执行任何排放标准或限制，无论是在州实施计划（SIP）中州采用的标准和限制，还是州根据第113条（d）节发布的延迟合规命令中的标准和限制，EPA都必须向州或当地的空气污染治理机构发布合理的检查前通知。州环保局的协议备忘录应概述通知的流程。

103.《清洁空气法》是如何要求排污企业协助提供检查材料的？

当EPA地区办公室决定要对违反规定的排污企业采取行政或民事司法行动时，必须先从该排污企业获得将会支持执法行动的信息。《清洁空气法》中的第114条授权EPA可以要求排污企业记录并且维护记录、安装并使用监测设备、进行排放测试、配合检查员，总的来说就是提供EPA判断排污企业是否合规所需要的信息。在收集信息之后很有可能会进行合规检查。

104.《清洁空气法》要求排污企业协助提供材料的目的是什么？

CAA第114条信息收集的规定是EPA的主要信息来源之一，可以达到以下目的：

- 对下一步的检查工作进行提前通知
- 在没有足够的经济资源来进行全面的现场检查的情况下获取信息
- 提高检查的效率

- 在某些情况下可以排除进一步检查的需要

105.《清洁空气法》一般要求排污企业提供哪些材料?

CAA 第 114 条通常要求下列的材料:

- 原料、产品、副产品、产量、标记出处理区域和排放点的设施布局图
- 处理和排放控制的流程图
- 污染控制设备的描述和设计，以及正常的运行参数
- 最近的自我监测报告
- 正在使用的自我监测设备的描述，其正常的运行水平，以及设备生成的数据类型
- 根据相关规定要求保存的记录副本

106.《清洁空气法》规定的“评估”是指什么?

CAA 的评估分为完全合规评估（FCE）或部分合规评估（PCE)。FCE 是对设施的合规状况的综合评估。它针对所有受监管排放装置的所有受监管的污染物，并会审核每个装置的合规状况，以及设施对每个排放装置维持合规性的持续能力。FCE 包括:

- 审查所有要求的报告和相关记录
- 评估空气污染控制装置和运行状况
- 观察可见的排放
- 对设备记录和运行日志的审查
- 对加工参数的评估，如进料速率、原料成分和加工速率
- 烟囱测试（排放测试）(在没有其他方法可以确定排放限值的合规情况时使用)

FCE 可以通过一系列 PCE 来实现。PCE 是一个侧重于设施某一部分受监管的污染物、监管要求或排放装置的合规性评估。PCE 应比对个别报告的粗略审查更全面。它可以仅用于评估设施的特定方面，也可以组合多个评估以满足 FCE 的年度要求。

107.《国家污染物排放削减系统》规定的合规检查有哪些类型?

美国国家污染物排放削减系统（NPDES）合规检查一共有 18 种合规检查的

类型，如下所述：

（1）合规评估检查（CEI）

CEI 是一种非抽样检验，旨在审查持证人是否遵守许可证自我监测的要求、废水的限值和毒性、合规的进度安排等。检查员应该审核以往记录，进行观察并对企业的处理过程、实验室、废水以及受纳水体进行评估。

（2）合规取样检查（CSI）

CSI 是与 CEI 具有相同目标的抽样检验。在 CSI 中，检查员除了要执行与 CEI 相同的任务之外，还需要采集和分析代表性的样本。然后检查员可以通过化学或细菌分析，核实持证人自我监测计划和报告的准确性，确定排放限制和总排出毒性（WET）的合规程度，确定污水的总量和质量，并在适当情况下为执法程序提供证据。

（3）绩效审计检查（PAI）

检查员通过 PAI 评估持证人的自我监测计划。与 CEI 一样，PAI 通过检查记录来核实持有人的报告数据和合规程度。然而，PAI 会对持证人的自我监测计划进行更详细、更严格的审查，并会评估持证人在样本收集、流量测量、监管链、实验室分析、数据汇编、报告和自我监测计划中的流程。在 CEI 中，检查人员对处理设备、实验室、污水和入流进行粗略的观察。而在 PAI 中，检验人员会对持证人进行自我监测的过程进行观察，包括采样、测量流量、实验室的分析、数据处理和报告等。

（4）场外审核

场外审核是对信息、数据、记录和设施报告进行综合的非现场的合规评估，以确定设备级别或计划级别（包括预处理计划和市政雨水分离下水道系统计划）的合规性。常规的场外合规性监控活动，如审查自我监测的报告或与企业的电话记录等，还不足以被视为场外审核。场外审核可能包括对以下内容的审查：环保部门收集的测试、抽样数据、依照许可证或执法命令提交的合规材料、遥感航空或卫星图像、排放监测报告（DMR），年度报告，与设施管理者的谈话，以及民众的提示和投诉等。在进行场外审核时，地区和州可以在进行评估时通过视频会议的方式向工厂人员收集更多的信息。例如，审核人员可以在工厂人员的协助下用视频设备参观全部或者部分的工厂设备。场外审核必须由相应的联邦、州或部落的权力机构授权的检查员或其他可信的监管人员（例如，由 EPA 或州、地方、部落环保部门指定的具有足够知识、训练和评估合规性的经验的个人）来执行。

该检查人员应根据其对该设施的了解来选择场外审核人员，结合 DMR 的信息、其他报告和以前的现场检查等，保证有足够的关于设施活动的信息，以确定其合规性。

（5）合规生物监测检查

该审查包括与 CSI 相同的目标和任务。合规生物监测检查通过审查持证设施的毒性生物化验技术和记录保管，来评估该设施是否遵守 NPDES 许可证的生物监测条款，并确定设施的污水是否有毒。合规生物监测检验还包括对检查员收集的废水样品进行急性和慢性的毒性试验，用以评估设施的污水排放对生物体的生物影响。每个州都应该能够进行生物监测检查，或有指定的承包商进行检查，又或者有一个等效的计划来独立地验证排放设施是否符合总排出毒性（WET）许可证的要求。

（6）有毒物质取样检查

有毒物质取样检查与传统 CSI 有相同的目标，但是，它强调的是 NPDES 许可证规定的有毒物质。有毒物质取样检查的重点在于优先污染物（priority pollutants），而不是通常已经包括在 CSI（如果是在 NPDES 许可证监管下）中的重金属、酚类和氰化物等污染物。优先污染物是受 EPA 监管的 126 种有毒的化学污染物，EPA 还出版了该 126 种污染物的分析测试方法。

这些污染物通常包含在 CSI 中（如 NPDES 许可证中）。有毒物质取样检查需要比 CSI 更多的资源，因为需要更复杂的技术对有毒污染物进行抽样和分析。有毒抽样检查还可以用于评估原材料、工艺流程和处理设备，以确定需要控制的有毒物质。

（7）诊断性检查（DI）

诊断性检查主要是用于尚未达到许可证合规要求的由政府运营的生活污水处理厂（POTW），特别是针对那些判断不出自身问题的 POTW。诊断性检查的目的是确定不合规的原因，提出紧急的补救措施建议以帮助 POTW 实现合规，并支持当前或将来的执法行动。

（8）观测检查（RI）

RI 是一种现场检查，可以选择是否进行采样，用于初步了解许可证持有人的合规计划。检查员对持证人的处理设施、排放污水和接收的来水进行简单的目视检查。RI 依靠检查员的经验和判断来快速总结任何潜在的合规性问题。RI 的目标是扩大检查覆盖面，而不增加检查所需的资源。RI 检查是所有 NPDES 检查中最简短的、运用资源最少的检查。

（9）预处理合规检查（PCI）

PCI评估POTW获得批准的预处理计划的实施情况。它包括对审查POTW对其工业用户（IU）的监测、检查和执法活动记录。IU可以补充PCI检查。IU检查是对任何排放到该POTW的IU的检查。在执行PCI时，如果POTW确定IU不合规，该地区或州应当确保POTW遵循其执法应对计划。PCI应该包含有适当数量的IU检查或现场考察，以评估控制权监督程序。PCI可以包括IU采样，如可以收集和分析样品以核实工业用户的自我监测计划。检查员可能会倾向于在对POTW进行PCI的同时进行NPDES检查。

（10）集中合规检查（FCI）

FCI是现场检查的一种，它通过评估企业、许可证或环保计划的一个或多个特定部分（如具体操作或流程、预处理控制机构对工业用户的监督等）的合规性，以确定合规的程度。通过基于事实的分析来确定是综合检查还是FCI更适合该特定企业。FCI的尺度应根据设施的合规历史记录、关于设施运行最近变化的信息，以及其他表明某计划或设施的某个部分更可能具有相关合规性问题的数据来设定。FCI比RI更详细，但不如CEI、CSI、DI或PCI那么全面。虽然FCI的范围要比CEI窄，但是对于设备、许可证或计划的某特定部分的审查，其要求的详细程度应与CEI要求的详细程度相当。

（11）后续检查（FUI）

FUI是在常规检查或有合规问题的投诉时进行的资源密集型检查。在FUI中，适用的材料会被收集用来更有效地处理特定的执法问题。法律支援检查（LSI）就是后续检查的一种，适用于在常规检查或回应投诉时有执法问题被确定的情况。LSI注重收集在执法行动中可能会有用的信息。在检查期间收集的信息可能会被用来决定后续的执行行动。

（12）污水污泥、生物污泥检查

污水污泥、生物污泥检查的目的是评估那些参与污泥或生物污泥监控的设施是否执行适用的监管规定，包括污泥监测、记录保存和报告，处理操作，取样和实验室质量保证和使用或处置的做法。污水污泥、生物污泥检查是一种现场检查，可与主要和非主要POTW的合规检查结合进行。PCI、CEI和PAI都是最有可能评估污泥要求是否合规的手段。

（13）联合的下水道溢流（CSO）检查

在 CSO 检查期间，检查员会进行现场检查，对从已知或疑似的溢流事件中收到的信息做出回应。CSO 检查会评估 NPDES 许可证、执法命令、同意法令或其他的执法文件中 CWA 和 CSO 政策的要求是否被遵守。检查员应该核实持证人是否做到以下内容：在干燥天气期间预防 CSO；实施九项最低控制措施；遵守发展进度计划；提交并且实施长期的 CSO 的控制计划；消除或重新安置敏感地区的溢流；遵守污水限值；执行建设施工完成后的合规监测计划；遵守任何同意法令或执法命令的条款。

（14）生活污水管溢流（SSO）检查

在 SSO 检查期间，检查员根据从已知或疑似的溢流事件中收到的信息来进行现场检查。SSO 检查会评估是否符合 NPDES 许可证中对于系统设计及操作和维护的条款和条件、许可证报告要求、执法命令、同意法令或其他的执法文件。检查员通过收集信息以核实持证人是否遵守 NPDES 的标准许可条件和所需的通知程序。检查员还需确定是否有任何额外的未经许可的排放，或从许可证规定的排放点以外的位置排放到美国的水域。

（15）雨水检查

在工业设施和施工场地的雨水检查旨在评估对 NPDES 雨水排放许可证的遵守情况。雨水检查也可以评估工业设施或施工场地在需要的情况下是否已经取得 NPDES 许可证。大多数针对建筑工地和工业设施的 NPDES 许可证都要求制定一个仅限适用于特定场地的雨水污染防治计划（SWPPP），以记录设施计划要如何遵守许可证的条款和条件，包括排放出流限值。在现场检查期间，检查员会审查许可证以及 SWPPP 中描述的措施，以评估该设施是否遵循其许可证合规的计划。检查员还会审查记录，如自我检查报告，以验证该设施是否符合其许可证的要求并且遵循 SWPPP，还会通过现场走访来核实其 SWPPP 的准确性，并证实使用了最佳管理实践（BMP）并且功能正常。

- 施工雨水检查

施工场地雨水检查确保受规管的设施具有 NPDES 雨水排放许可证，并实施了所有的相关控制措施，并在施工场地采取一定的行动以防止雨水中的污染物和沉积物会影响水质。所需的控制和行动会列在许可证中，通常包括所需的 BMP、有记录的自我检查、BMP 维护和禁止的特定排放物。检查员还必须确定雨水质量控制措施的充分性。

• 工业雨水检查

工业设施雨水检查确保该设施具有合适的 NPDES 雨水许可证，并且在受规管的工业设施中采用了适当的最佳管理做法，以尽量减少雨水污染物的排放。一般来说，检查工作将集中在与制造、加工或原材料储存相关的区域。例如，工业厂房、物料搬运场所、垃圾场、运送和接收区域以及用于生产的建筑物等。这些检查还包括评估许可证的其他要求，如有记录的自我检查、目视监测和取样等。

（16）市政独立雨水下水系统（MS4）审核

MS4 审核用于评估 MS4 雨水管理计划的实施情况，并识别出地方政府在执行该计划时可能遇到的问题。MS4 审核包括对 MS4 的所有人或经营者的雨水管理计划的现场访问和综合审查，包括合法权限、流程、流程的实施，以及在适用的情况下对以下计划要素是否有足够的资源：（a）结构和来源的控制措施；（b）检查和清除非法排放物以及对进入雨水下水道的不当处理；（c）监测和控制雨水排放中的污染物；（d）实施和维护结构性和非结构性的最佳管理实践（BMP）；（e）实施责任到个人的进度表和任务安排；（f）对涉及的工业设施和施工场地的检查和执法方案；（g）干燥天气的检查方案。审核人员应该确定是否制订了控制措施，控制措施是否正常实施，以及设施是否具有建设结构控制措施的进度安排。

（17）市政独立雨水下水系统检查

市政独立雨水下水系统（MS4）检查是一种现场检查，涉及审查 MS4 雨水管理计划的部分（但不是全部的）要素，以评估 MS4 是否在该选定的计划要素中实施了适当的计划。计划要素将由区域或州对 MS4 许可证和其他相关信息进行审查后选定。

（18）动物集中饲养场（CAFO）检查

该检查的目的是评估适用法规和许可证要求的合规程度。为了达到该目的，CAFO 检查包括该设施文档和记录的审查，如许可证、营养管理计划、动物清单和所有相关记录。该现场检查还包括评估设施的结构完整性、维护的情况和仓库的可用程度。对于其场地涉及在土地上使用肥料、堆放垃圾或处理废水的 CAFO，CAFO 检查将包括审查对场地和场地边缘的保护措施、土地利用方案，以及与确定 CAFO 是否有非农业雨水从场地使用区域排放的所有相关其他因素。在需要的情况下，CAFO 检查可能包括对粪便、垃圾、废水或土壤的取样。①

---

① EPA，NPDES Compliance Inspection Manual，Interim Revised Version，January 2017.

108.《国家污染物排放削减系统》规定的合规检查有哪些流程？

流程包括检查前准备；场外监视；进入（设施）；开检会议；设施检查；结束会议；检查报告。

（1）检查前准备：设定检查目的和范围。

- 审查背景信息和EPA 或州记录，包括许可证和许可证持有人的合规文件
- 制订检查计划
- 准备文件和设备，包括适用的安全设备
- 如果要收集样品，请与实验室协调安排
- 与其他相关的监管机构协调安排
- 向负责样品运输的部门询问包装和运输的要求
- 确保向州或部落通知即将发生的检查

（2）进入：合法地进入设施。

- 向负责的工作人员自我介绍并出示官方证件
- 如果被拒绝进入，请致电检查员的主管或区域法律顾问办公室

（3）开检会议：向设施领导初步介绍检查计划。

- 讨论检查的目标和范围
- 与设施人员建立合作关系

（4）设施检查：许可证条件是否合规；收集证据，包括照片和记录的副本。

- 对设施进行目视检查
- 查看设施记录
- 检查监测的位置、设备和运行
- 酌情收集样品
- 查看实验室的质量保证和控制（QA/QC）记录，以及是否使用经过批准的方法
- 对于现场分析，审查实验室流程以验证分析的方法和使用的方法是否获得批准
- 文件检查活动

（5）结束会议：总结检查。

- 收集补充或缺失了的信息
- 与设施人员澄清必要的问题

- 准备必要的收据
- 回顾检查中的发现，并通知工作人员后续的流程
- 酌情考虑发出缺陷通知

（6）检查报告：在报告中整理检查中的发现，包括现场笔记、记录的副本、照片和其他相关信息。

- 根据需要来准备叙述性报告、清单和文档资料
- 在综合合规信息系统（ICIS）中录入适当的数据
- 在报告上签名并注明日期

109. 依据《国家污染物排放削减系统》，检查前是否需要通知州相关机构？

一般而言，在适当的情况下，检查员应及时通知相应的州监管机构、部落或由政府运行的生活污水处理厂（POTW）关于其管辖范围内的检查，还应在自治的地方提供有关被授权计划的通知。除非披露检查信息将危及突击检查，否则应该将本次的联邦检查通知所在州。

110. 依据《国家污染物排放削减系统》，检查前需要准备哪些设备和用品？

检查员必须准备检查所需的所有设备和用品。对该设施所需的安全设备和流程是基于对 CWA“第 308 条信息要求信件”的回复或设施内部的标准安全流程。检查员必须满足安全要求，不仅是为了安全起见，而且要确保检查员不被拒绝进入设施或设施的某些部分。如果检查员需要使用检查清单，则应在检查前的准备过程中准备好。

如果要进行抽样，部分预检过程可能涉及准备采样设备和制订质量保证项目计划（QAPP）。QAPP 是计划人员的一个工具，可以记录所需数据类型和质量，以及描述收集和评估这些数据的方法。

取样会需要额外的设备，这些设备可能会根据检查设施和检查类型而有所不同。

所有设备在使用前必须先进行检查、校准和测试。检查员还必须确保完成检查所需的所有材料都被带到检查现场。

111. 依据《国家污染物排放削减系统》，检查前需要提前审查企业哪些信息？

《清洁水法》（CWA）和相关的 NPDES 规定制定了适用于设施的流程、控制和其他要求。此外，同一设施可能还会同时使用州的规定以及地方的法令。因此，收集和分析目标设施现有的信息，对于有效地计划合规检查乃至检查的总体成功都至关重要。通过现有的档案、公司网站和其他信息资源提供的材料，检查人员能够熟悉设施运作，及时进行检查。尽量不要要求设施管理者提供先前已经提供过的资料以减少对设施管理者造成的不便。①

（1）常规的设施信息

- 显示设施位置、排水系统入口、废水排放管、采样点、溢流和绕流点以及地理特征的地图
- 工厂布局和工艺流程图
- 设施负责人的姓名、职称和电话号码
- 所有特殊的进入要求
- 所有安全要求
- 包括设计和数据运行在内的单一流程的操作描述（如设计流量或容量、常规的操作流量、维护要求等）
- 废水排放的描述
- 过去、现在和将来的产量水平
- 水文学数据
- 该地区的地质或水文地质学
- 自从前一次检查或许可证申请以来设施情况的变化
- 可用的航拍照片

（2）要求、规定和限制

现有许可证和许可证申请的副本。许可证提供有关限值、要求和限制的信息，适用于排放、合规计划，以及监测、分析和报告的要求。许可证申请提供有关设施规模和布局以及污染源位置的技术信息，处理和控制的做法，意外事件的处理计划和应急流程，污染物的特征（包括类型和数量），排放指南的适用性和排放点

① EPA，NPDES Compliance Inspection Manual，Interim Revised Version，January 2017.

或位置。空气、固体以及危险废物处理处置的许可证申请可能会向检查人员提供其他在别处得不到的信息。

- 意向通知（NOI）、规定、要求和对持证人排放的限制，包括防溅控制和对策计划（SPCC）和雨水污染防治计划（SWPPP）
- 监测和报告要求以及可用的监测站
- 特殊豁免情况
- SPCC 和 SWPPP 要求的文件，包括材料安全数据表（MSDS）的清单、维护记录、培训手册和培训文件
- 受纳水体的水质标准，入流的状况（如入流受到污染以及其参数）以及任何入流的总体最大日负荷（TMDL）评估
- 关于污泥、空气、固体和危险废物处理和处置的信息

（3）设施合规和执法的历史

- 以前的检查报告，包括地方、州和联邦的检查
- 设施与地方、州和联邦环保部门之间的通信
- 投诉和报告、后续研究、调查结果和补救措施
- 关于过去违反合规、超标以及法规纠正行动状况的文件
- 执法行动，如合规进度安排和命令同意书
- 当前和正等待处理的对设施诉讼的状态
- 自我监测的数据和报告
- 以前的 EPA、州或咨询顾问的研究和报告
- 以前发给设施的缺陷通知（NOD）
- 设施使用的实验室功能和分析方法
- NPDES 的数据，包括排放监测报告（DMR）和质量保证（QA）的文件
- 应急计划和社区知情权法（EPCRA）的数据提交
- 特别研究的报告

（4）污染控制和处理系统

- 对污染控制或处理系统的描述和设计数据（如设计流量或容量、一般操作流量和维护要求等）
- 排放的来源和特征
- 废物排放的类型和数量
- 污染控制装置、处理方法和监测系统

112. 依据《国家污染物排放削减系统》，常用检查装备有哪些？

表 4-3 国家污染物排放削减系统常用检查装备清单

文档和记录保存工具	
• 证件	• 运输标签
• 背景资料文件	• 申请分析的表格
• 清单	• 防水笔
• 装订、防水、耐化学腐蚀的记录本	• 计算器
个人保护装备	
• 安全帽	• 工作服
• 听力保护装备	• 反光安全背心
• 安全鞋	• 安全眼镜/护目镜
• 手套	• 雨衣
安全装备	
• 急救箱 • 仪表（氧含量、爆炸性物质和有毒气体） • 安全带和回收系统 • 通风设备	• 呼吸器 • 滤芯 • 自给式呼吸器（如果需要的话）
工具	
• 多功能千斤顶（瑞士军品）	• 螺丝刀
• 电工工具和胶带	• 可调节的扳手和虎钳
• 卷尺	• 桶（塑料或不锈钢，根据需要）
• 手持式测距仪和水平仪	• 尼龙绳
• 额外的电池	• 全球定位系统（GPS）
• 数码相机和额外的存储卡、摄像机	• 笔记本电脑
• 手电筒	• 手机

113. 依据《国家污染物排放削减系统》，采样的额外装备有哪些？

表 4-4 国家污染物排放削减系统检查需要的采样额外装备清单

采样的文件	
• 采样计划	• 采样的 QAPP
采样所需的材料	
• 自动采样器 • 管子 • 适用于所有可能用到的分析方法的样品容器（保证有备用的） • 样品瓶标签 • 勺子 • 去污用品 • 电池/延长线 • 样品瓶标签/样品密封件 • 塑料安全胶带	• 监管链表 • 溶解氧仪 • pH 计 • TRC 表 • pH 缓冲液 • 去离子水 • 图纸 • 温度计 • 冷藏箱、冰 • 防腐剂
样品运输材料	
• 泡沫包装材料 • 丝带	• 航运单
水流测量装置	
• 测量装置（如水槽、堰、便携式超声波或气泡系统） • 流量表	• 标尺 • 秒表 • 水平仪

114.《国家污染物排放削减系统》规定的物理性检查内容包括什么？

为了进行合适的国家污染物排放削减系统（NPDES）的审查，检查员必须完整地了解企业使用的废水处理过程，以及每个单项的过程是如何融入整体的处理方案。

检查员应对处理过程的装置、采样和流量监控设备、出流和入流进行检查，特别是针对持证人产生、运输、处理、储存污染物的地点进行检查。当检查员对检查的企业比较了解时，应针对更容易对许可合规性产生影响的方面进行检查。

在检查过程中，检查人员应注意以下操作因素，并仔细记录所有的观察结果。

- 入流的特点，包括：

  - ➢ 外观、颜色、气味等
  - ➢ 综合的污水负荷
  - ➢ 渗透、流入
  - ➢ 工业部分
  - ➢ 日、季节性负荷变化
- 过程控制和设定
- 处理装置的操作，包括处理过程中化学品的供应
- 设备的设计以及目前的运行状况
- 维护和操作人员
- 安全控制以及设备
- 废水的特点，包括：
  - ➢ 排放的外观
  - ➢ 接收流外观，包括任何颜色、沉淀或富营养化
  - ➢ 排放毒性的证据
- 其他工厂特有的情况

115.《国家污染物排放削减系统》中的自我监测和排放检测报告指什么?

国家污染物排放削减系统（NPDES）的法规要求，企业持证人必须监测排放出流的限值，并根据许可证的要求对排放的出流进行定期的采样分析，同时对多个出流限值进行主动报告，频率不应少于一年一次。管理部门要求使用标准的排放监测报告（DMR）对结果进行提交。

如果发生了可能会危害到公众健康和环境的不合规情况，持证人必须在发现该情况的 24 h 内进行口头报告，并在 5 天之内必须提交书面报告。在这种 24 h 内的报告中，持证人必须报告所有污染物的单日最大排放限值。

NPDES 的许可证还会要求对是否合规、最终的许可证合规日期以及临时的合规进度安排进行报告。

五

环境执法手段

116．什么是被动式空气监测方法？

被动式空气监测方式是使用被动式（passive）空气取样器进行采集监测的方法。被动式（passive）空气取样器是一种便携式空气污染物取样装置，它不需要动力或电源，便于野外采样，同时价格也便宜。作为确定基线浓度和调查工具的理想选择，它的使用时间范围通常从一天至两周不等。在必要的浓度条件下，短则 8 h、长则达一个月的接触时间均可以实现监测。①

目前，市场上被动式空气取样器虽然种类繁多，但基本原理大致相同，都是通过污染物在采样介质中的扩散来达到采样目的。常见的采样介质有活性炭、大孔吸附（XAS 树脂，XAS Resins）、聚氨酯泡沫（PUF）、硅管、带聚合物涂层的玻璃等。

117．什么是主动式空气监测方法？

主动式空气监测方法是使用主动式（active）空气取样器进行采集监测的方法。主动式空气采样器用于在指定的时间段内使用动力，利用抽气泵迫使空气进入其收集介质，以达到采样目的。抽气泵的运用可以使大量的空气在较短的时间内进入收集介质，这使得主动式空气采样器在污染物浓度低的环境中具有明显优势，而且气象因素对采样的影响不大。但是主动式空气采样器需要电力支持，这对使用的场所有一定的限制，而且持续的采样时间相对较短，一般几分钟至一小时就可以完成采样。

---

① https：//www3.epa.gov/ttn/amtic/passive.html.

118．什么是开路监测？

针对气体的开路监测（open-path）一般利用傅里叶红外光谱仪（FT-IR）来实现，非常适用于野外大范围的气体监测。红外开路气体监测器发出一束红外线，沿着光束的路径检测气体，监测的路径范围通常可以是几米到几百米长。因为特定气体会吸收红外波长中特定的波段，基于此原理，可以检测到某种气体（或某一类气体）的存在。

通常，在直线光束路径的两端分别放置单独的发射器和接收器装置，或者发射源和接收器被组合放置在同一端，光束在测量路径的另一端通过后向反射器（retroreflector）反射。有些便携式使用的装置可以使用周围物体的天然反照率代替后向反射器。仪器会将接收到的光谱与原始光谱对比，得出吸收光谱，再将吸收光谱和参考光谱进行对比，根据信号损失的比率来推断目标参数的浓度。计算通常由微处理器执行，微处理器还会执行各种检查以验证测量并防止误报。①

119．什么是烟囱测试？

烟囱测试（气体排放测试）是从设施、装置或污染控制设备的单个采样位置对气流进行采样的过程，在设施、装置或污染控制设备能够产生最高排放量或参数值，或其他由监管部门批准的运行条件下，用于确定污染物的排放率、浓度或参数。测试由特定采样时间内的三次采样组成。另外，一些相关的规则、许可证或执法命令可能需要额外的条件。在进行测试时，需要使用 EPA 批准的针对特定污染物、设施、装置、污染控制设备、运行过程或操作的采样和分析流程。

烟囱测试也被称为排放测试、排污企业采样测试、合规性测试或性能测试，用来测量正在排放的特定的受监管的污染物、其他污染物或污染物的替代物，检验捕获系统（capture system）的捕获效率，或确定根据《清洁空气法》（CAA）的要求在设施中使用的用于减少排放的控制措施的清除效率。烟囱测试是用于确定设施是否符合排放限制或 CAA 要求的捕获或控制效率的重要工具。

（1）常规排放测试

- 移动的持续排放监测（CEM）实验室
- 性能规格测试

---

① https：//www3.epa.gov/ttn/amtic/longpath.html.

- CO、CO_2、O_2、SO_2和NO_x
- 总的气体有机物
- 新源性能标准（NSPS）排放测试
- 总碳氢化合物和挥发性有机化合物（VOC）

（2）专业排放测试

- 3-D试点流程研究
- 捕获效率（CE）测定
- 热氧化剂温度优化
- 《资源保护和恢复法》（RCRA）/《有毒物质控制法》（TSCA）试烧
- VOC排放分析
- 二噁英/呋喃、多环芳烃（PAH）和多氯联苯（PCB）排放测试
- 锅炉MACT测试
- 汞形态确定
- FT-IR光谱的现场监测
- 3-D气流研究
- 无组织排放量化
- VOC / 总气态非甲烷有机物（TGNMO）排放测试
- 锅炉和工业焚化炉排放测试
- 多种金属的排放测试[①]

120．如何监测空气中的PM_{10}?

在2017年6月16日EPA颁布的联邦参考方法（FRM）和联邦等效方法（FEM）清单中，针对PM_{10}一共有24种采样方法和16种分析方法。

以安达信（Andersen）公司RAAS10-100 PM10型单通道PM_{10}采样仪方法为例。该方法是手动的FRM方法，方法标号为RFPS-0699-130，在1999年6月23日的《联邦公报》（*Federal Register*）中颁布。该采样仪采用RAAS-10 PM10入口或百叶窗入口，采样运行时间为连续24 h，流量为16.67 L/min，并按照RAAS105-100型号操作手册以及40 CFR第50部分附录J中规定的要求和样品收

① EPA，Clean Air Act National Stack Testing Guidance，April 27，2009.

集过滤器。①

121．如何监测空气中的$PM_{2.5}$？

在2017年6月16日EPA颁布的联邦参考方法（FRM）和联邦等效方法（FEM）清单中，针对$PM_{2.5}$一共有36种采样方法和18种分析方法。此外，还有9种采样方法和5种分析方法同时适用于监测空气中的PM_{10}和$PM_{2.5}$。

以格林（Gimme）EDM180型$PM_{2.5}$监测仪方法为例，该方法是自动的FEM方法，方法标号为EQPM-0311-195，在2011年3月22日的《联邦公报》（*Federal Register*）中首次颁布，于2012年、2014年和2016年做出了修改。该监测仪使用光散射连续监测环境大气，运行时长为24 h，运行流量为1.2 L/min，配置有Nafion®型号空气样品烘干机，还可以选择使用软件模型进行图像显示。②

122．如何监测空气中的二氧化硫？

在2017年6月16日EPA颁布的联邦参考方法（FRM）和联邦等效方法（FEM）清单中，针对二氧化硫（SO_2）一共有3种手动分析方法和46种仪器分析方法。

3种手动分析方法均采用盐酸副玫瑰苯胺（pararosaniline）法来测定大气中的SO_2。仪器分析法以掘场（horiba）APSA-370型环境二氧化硫监测仪方法为例进行介绍。该方法是自动FEM方法，方法标号为EQSA-0506-159，在2006年5月1日的《联邦公报》（*Federal Register*）中颁布。该监测仪使用紫外荧光，监测范围为$0\sim0.50\times10^{-6}$，环境温度为20～30℃，气体采样流量大概为0.7 L/min。③

123．如何监测空气中的臭氧？

在2017年6月16日EPA颁布的联邦参考方法（FRM）和联邦等效方法（FEM）清单中，针对臭氧（O_3）一共有48种分析仪方法。

以特利丹（Teledyne）先进污染仪器430型臭氧分析仪方法为例进行介绍。该方法是自动FEM方法，方法标号为EQOA-1015-229，在2015年11月19日的《联邦公报》（*Federal Register*）中颁布。该分析仪的运行范围为$0\sim500\times10^{-9}$，工

---

① EPA，List of Designated Reference and Equivalent Methods，Page 4-10，55-56，Jun 16，2017.

② EPA，List of Designated Reference and Equivalent Methods，Page 22-28，57-59，Jun 16，2017.

③ EPA，List of Designated Reference and Equivalent Methods，Page 11-21，60-61，Jun 16，2017.

作温度为 5～40℃，带有样品颗粒过滤器，带有 100～240 V AC 至 DC 的电源适配器或能够提供 9 W 功率的 12 V 直流电源，还有以下可选部件：内部长寿命泵、外部长寿命泵、外部便携式电池组以及外部通信和数据监控接口。[①]

124．如何监测空气中的一氧化碳?

在 2017 年 6 月 16 日 EPA 颁布的联邦参考方法（FRM）和联邦等效方法（FEM）清单中，针对一氧化碳（CO）一共有 33 种分析仪方法。

以 Kentek Mezus 310 型一氧化碳分析仪方法为例进行介绍。该方法是自动 FRM 方法，方法标号为 RFCA-0317-244，在 2017 年 6 月 19 日的《联邦公报》（*Federal Register*）中颁布。该非分光红外（NDIR）分析仪可以监测室内空气中的 CO，工作范围为 $0～50×10^{-6}$，安装有 0.5 μm、47 mm 直径的 Teflon®过滤器，工作的环境温度为 20～30℃，标称采样流量为 800 cm^3/min[②]。

125．如何监测空气中的二氧化氮?

在 2017 年 6 月 16 日 EPA 颁布的联邦参考方法（FRM）和联邦等效方法（FEM）清单中，针对二氧化氮（NO_2）一共有 3 种手动分析方法和 46 种仪器分析方法。

手动分析采用亚砷酸钠或 TGS-ANDA 方法。仪器分析方法以环境 S.A.AS32M 型二氧化氮分析仪方法为例进行介绍。该方法是自动 FEM 方法，方法标号为 EQNA-1013-210，在 2013 年 11 月 12 日的《联邦公报》（*Federal Register*）中颁布。该仪器可以在 $0～500×10^{-9}$ 和 $0～1\,000×10^{-9}$ 的工作范围中进行，工作环境温度为 20～30℃，带有样品颗粒过滤器。[③]

126．如何监测空气中的铅?

2017 年 6 月 16 日，EPA 颁布的联邦参考方法（FRM）和联邦等效方法（FEM）清单中，针对铅（Pb）一共有 29 种手动分析方法，适用于美国不同的州和地区。包括通过收集环境空气中悬浮颗粒里的铅、能量色散 X 射线荧光光谱法、波长色散 X 射线荧光光谱法、火焰原子吸收光谱法、电感耦合氩等离子体-光发射光

---

① EPA，List of Designated Reference and Equivalent Methods，Page 29-35，62-63，Jun 16，2017.

② EPA，List of Designated Reference and Equivalent Methods，Page 36-40，64，Jun 16，2017.

③ EPA，List of Designated Reference and Equivalent Methods，Page 41-48，65-66，Jun 16，2017.

谱法等。[①]

127. 检查无组织排放的仪器都有哪些？

无组织排放（fugitive emission）是指非密闭式工艺过程中的无组织、间歇式的排放，在生产材料准备、工艺反应、产品精馏、萃取、结晶、干燥、卸料等工艺过程中，污染物通过生产加注、反应、分离、净化等单元操作过程，通过蒸发、闪蒸、吹扫、置换、喷溅、涂布等方式逸散到大气中，属于正常情况下的无组织排放。

通常包括面源、线源和点源等。如露天堆放的煤炭、黏土、石灰石、油漆件表面的散失物等，均属面源的无组织排放；汽车在有散状物料的道路上行驶时的卷带扬尘污染物排放属于线源污染；散状物料在汽车装料机械落差起尘量以及汽车卸料时的扬尘污染排放等都属于点状无组织排放。

以宾夕法尼亚州为例，根据宾夕法尼亚州通用许可证的要求，可以使用前视红外相机或其他类似原理的设备。前视红外相机是一种感应红外辐射的热成像相机，利用红外辐射探测热源（热辐射），创建和输出图像，用以检测泄漏。

128.《清洁水法》中对分析方法有哪些规定？

《清洁水法》第 304（h）节颁布的分析方法同时也被写进了 40 CFR 第 136 部分，这些分析方法也被称为“304（h）”或“第 136 部分”方法。这些方法用于测量污水、环境水、沉积物和生物固体（污水污泥）等介质中的化学和生物的污染物质。除通用方法外，EPA 还批准了具有专门目的的分析方法，这些方法用于特定工业类别的样品或污染物。例如，在 40 CFR 第 136 部分的表 I-F 和表 I-G 中列出了用于特定制药和杀虫剂化学品出流的方法指南。

经《清洁水法》批准的化学方法分为无机非金属方法、金属方法和有机物方法；微生物方法包括污水、污水污泥中的微生物污染物方法，以及环境水中的微生物污染物方法。[②]

---

① EPA，List of Designated Reference and Equivalent Methods，Page 49-53，67，Jun 16，2017.

② https：//www.epa.gov/cwa-methods.

129.《清洁水法》规定的水中无机非金属的分析方法有哪些?

表 5-1 水中无机非金属的分析方法

方法标号	分析方法
120.1	使用电导率仪测量电导率（μmhos，25℃）
130.1	使用分光光度计测量水总硬度（单位：mg/L 碳酸钙）
150.2	使用 pH 计连续监测（电测）pH
160.4	使用马弗炉测量挥发和残留（重量分析，在 550℃燃烧）
180.1	使用比浊法（nephelometry）测量浑浊度
300.0	使用离子色谱（ion chromatography）法测量无机阴离子
300.1	使用离子色谱（ion chromatography）法测量饮用水中的无机阴离子
310.2	碱度（比色，自动，甲基橙）
335.4	通过半自动比色法测量总氰化物
350.1	通过半自动比色法测量氨氮
351.1	通过自动分析仪测量总凯氏氮（Kjeldahl Nitrogen）（比色，自动，苯甲酸酯）
351.2	通过半自动比色法测量总凯氏定氮
352.1	使用分光光度计测量氮、硝酸盐［比色法，番木鳖碱（Brucine）］
353.2	通过自动比色法测量硝酸盐、亚硝酸盐
365.1	通过半自动比色法测量磷
365.3	磷（所有形式）（比色，抗坏血酸）
365.4	总磷［比色法，自动分析消解炉 II（block digester automated analyzer II）］
375.2	通过自动比色法测量硫酸盐
410.3	通过滴定测量化学需氧量（COD）（高浓度盐水）
410.4	通过半自动比色法测量化学需氧量（COD）
1627	通过动力学试验的方法预测矿井废水的质量
OIA-1677-09	通过配体（ligand）交换和流体注射分析（FIA）测量可用氰化物（available cyanide）[①]

① https：//www.epa.gov/cwa-methods/approved-cwa-chemical-test-methods.

130.《清洁水法》规定的水中金属的分析方法有哪些?

表 5-2　水中金属的分析方法

方法标号	分析方法
200.2	通过光谱化学法决定总可恢复元素（total recoverable elements）的采样准备流程
200.5	通过轴向观察电感耦合等离子体原子发射光谱法（ICP-AES）测定饮用水中的微量元素
200.7	通过电感耦合等离子体原子发射光谱法（ICP-AES）测定水和污水中的金属和微量元素
200.8	通过电感耦合等离子体质谱法（ICP-MS）测定水和污水中的微量元素
200.9	通过恒温石墨炉原子吸收光谱法测定微量元素
206.5	砷，通过二氧化二硫代氨基甲酸银（silver diethyldithiocarbamate）或氢化步骤进行总砷分析前的样品消化
218.6	通过离子色谱法测定饮用水、地下水和工业废水中的溶解六价铬
231.2	金（原子吸收，炉技术）
235.2	铱（原子吸收，炉技术）
245.1	通过冷蒸汽原子吸收光谱法测定水中的汞
245.2	汞（冷蒸汽技术，自动）
245.7	通过冷蒸汽原子荧光光谱法（fluorescence spectrometry）测定水中的汞
252.2	锇（原子吸收，炉技术）
253.2	钯（原子吸收，炉技术）
255.2	铂（原子吸收，炉技术）
265.2	铑（原子吸收，炉技术）
267.2	钌（原子吸收，炉技术）
279.2	铊（原子吸收，炉技术）
283.2	钛（原子吸收，炉技术）
289.2	锌（原子吸收，炉技术）
1631E	通过氧化、净化、捕获以及冷蒸汽原子荧光光谱法测定水中的汞

131.《清洁水法》规定的水中有机物的分析方法有哪些?

表 5-3　水中有机物的分析方法

方法标号	分析方法
420.1	酚类，总可回收，分光光度法，手动 4-氨基安替吡啉（4-AAP）蒸馏
420.4	通过半自动比色法测定总可回收酚
525.1	通过固液萃取和毛细管柱气相色谱、质谱法测定饮用水中的有机化合物
601	可清除的卤代烃
602	可清除的芳香烃
603	丙烯醛（Acrolein）和丙烯腈（Acrylonitrile）
604	酚类
605	联苯胺（Benzidines）
606	邻苯二甲酸酯（Phthalate Ester）
607	亚硝胺类（Nitrosamines）
608.1	市政和工业废水中的有机氯杀虫剂
608.2	市政和工业废水中的某些有机氯杀虫剂
608.3	通过气相色谱法（GC）、卤素特异性检测器（HSD）测定有机氯杀虫剂和多氯联苯（PCB）
609	硝基芳烃（Nitroaromatics）和异佛尔酮（Isophorone）
610	多核芳烃（Polynuclear Aromatic Hydrocarbons）
611	卤代醚类（Haloethers）
612	氯化烃（Chlorinated Hydrocarbons）
613	2,3,7,8-四氯二苯并对二噁英（2,3,7,8-Tetrachloro Dibenzo-*p*-Dioxin）
614	市政和工业废水中的有机磷杀虫剂
615	市政和工业废水中的氯化除草剂
617	市政和工业废水中的有机卤化物农药和多氯联苯
619	市政和工业废水中的三嗪（Triazine）杀虫剂
622.1	市政和工业废水中的硫代磷酸盐（Thiophosphate）杀虫剂
625.1	通过气相色谱法、质谱法测定碱、中性物质和酸
632	市政和工业废水中的氨基甲酸酯（Carbamate）和尿素（Urea）杀虫剂
1613B	通过同位素稀释、高分辨率毛细管气相色谱法（HRGC）或高分辨率质谱法（HRMS）测定四氯化二噁英（Tetra- through Octa-Chlorinated Dioxins）和呋喃（Furan）
1624B	通过同位素稀释色谱法、质谱法测定挥发性有机物（VOC）
1625B	通过同位素稀释色谱法、质谱法测定半挥发性有机化合物
1664A	通过萃取和重力分析测定正庚烷萃取物（HEM；油和油脂）和硅胶处理的正己烷可萃取材料（SGT-HEM；非极性材料）

132.《清洁水法》规定的污水和污泥中微生物污染物的分析方法有哪些？

表 5-4 分析污水和污水污泥中污染物的方法

方法标号	分析方法
1600	使用肠球菌吲哚 β-D-葡萄糖苷琼脂（mEI）膜，通过膜过滤检测水中的肠球菌（Enterococcus）
1603	使用改良的耐热大肠杆菌琼脂膜（mTEC），通过膜过滤检测水中的大肠杆菌（*E.coli*）
1680	通过使用月桂基色氨酸肉汤（LTB）和 EC 培养基进行多管发酵，检测污水污泥（生物固体）中的粪便大肠菌（Fecal Coliforms）
1681	通过使用 A-1 培养基的多管发酵检测污水污泥（生物固体）中的粪便大肠菌
1682	通过改良的 RV 培养基（Modified Semisolid Rappaport-Vassiliadis，MSRV）检测污水污泥（生物固体）中的沙门氏菌（Salmonella）

133.《清洁水法》规定的水环境中微生物污染物的分析方法有哪些？

表 5-5 分析水中微生物污染物的方法

方法标号	分析方法
1103.1	使用耐热大肠杆菌琼脂(mTEC)膜，通过膜过滤检测水中的大肠杆菌(*E.coli*)
1106.1	使用肠球菌 - 埃斯库林（Esculin）铁琼脂（mE-EIA）膜，通过膜过滤检测水中的肠球菌
1600	使用肠球菌吲哚*β-D-*葡萄糖苷琼脂（mEI）膜，通过膜过滤检测水中的肠球菌（Enterococcus）
1603	使用改良的耐热大肠杆菌琼脂（mTEC）膜，通过膜过滤检测水中的大肠杆菌（*E.coli*）
1604	使用同时检测技术（MI 培养基），通过膜过滤检测水中的总大肠菌（Total Coliforms）和大肠杆菌（*E.coli*）
1622	通过过滤、免疫磁性分离（IMS）、免疫荧光测定显微镜（FA），检测水中的隐孢子虫（Cryptosporidium）
1623	通过过滤、免疫磁性分离（IMS）、免疫荧光测定显微镜（FA），检测水中的隐孢子虫（Cryptosporidium）和贾第鞭毛虫（Giardia）

134．什么是总排出毒性方法？

总排出毒性（Whole Effluent Toxicity，WET）是指设施污水（出流）中含有的所有污染物对水生生物的总毒性作用。这是实施《清洁水法》中关于“禁止排放达到毒性剂量的有毒污染物”的一个方法。WET 测试测量的是污水对特定测试生物体生存、生长和繁殖能力的影响。

40 CFR 第 136.3 章节的表 IA 规定了 WET 方法。WET 测试方法包括将活的水生生物（植物、脊椎动物和无脊椎动物）暴露在各种浓度的污水样品中，污水样品通常来自设施的出流。国家污染物排放削减系统（NPDES）使用 WET 测试，以确定设施的许可证是否需要载明 WET 要求。

EPA 颁布了所有的 WET 方法指南，包括实验室安全、质量保证、设施和设备、水的稀释、出流取样方法以及保存时间和温度、数据分析、报告准备和生物体的培养和处理等。EPA 的 WET 测试指南介绍了对出流和来水的测试流程，包括测试物种选择和可移动毒性测试实验室的设计等指导。①

135．测试淡水和海洋生物的急性毒性方法是什么？

急性毒性试验通常是将 20 种测试生物中的任何一种暴露在 5 种浓度的出流样品以及对照水中，测试时间范围为 24～96 h。表 5-6 为急性毒性的 MET 方法。②

表 5-6 对淡水和海洋生物的急性毒性方法

方法标号	MET 方法
淡水	
2000.0	胖头鲹（Fathead Minnow，*Pimephales promela*）和利氏真小鲤（Bannerfin shiner，*Cyprinella leedsi*）
2002.0	模糊网纹蚤（Daphnia，*Ceriodaphnia dubia*）
2019.0	虹鳟（Rainbow trout，*Oncorhynchus mykiss*）和美洲红点鲑（Brook trout，*Salvelinus fontinalis*）
2021.0	圆水蚤（*Daphnia puplex*）和大型水蚤（*Daphnia magna*）

① https：//www.epa.gov/cwa-methods/whole-effluent-toxicity-methods.

② EPA，Method Guidance and Recommendations for Whole Effluent Toxicity（WET） Testing（40 CFR Part 136），July，2000.

方法标号	MET 方法
海洋或河口	
2004.0	羊头鱼（Sheepshead minnow，*Cyprinodon variegatus*）
2006.0	银汉鱼（Silverside，*Menidia beryllina*，*Menidia menidia*，*Menidia peninsulae*）
2007.0	糠虾（Mysid，*Americamysis bahia*）

136．测试淡水生物的慢性毒性方法是什么？

关于测试淡水生物的慢性毒性的方法，表 5-7 列出了用于估计出流和入流对三种物种的慢性毒性的方法，用时为 4～7 天。

表 5-7　对淡水生物慢性毒性的分析方法

方法标号	MET 方法
1000.0	胖头鳡（Fathead minnow，*Pimephales promelas*），幼鱼的生存和生长
1001.0	胖头鳡（Fathead minnow，*Pimephales promelas*），幼鱼的生存和致畸
1002.0	模糊网纹蚤（Daphnia，*Ceriodaphnia dubia*），生存和繁殖
1003.0	羊角月牙藻（Green alga，*Selenastrum capricornutum*），生长

137．测试海洋和河口生物的慢性毒性方法是什么？

关于测试海洋和河口生物的慢性毒性的方法，通过表 5-8 列出了五种短期（1 h 至 9 天）的用于估计出流和入流对四种物种的慢性毒性的方法。需要指出的是，这些方法不适用于太平洋海域。

表 5-8　对海洋和河口生物慢性毒性的分析方法

方法标号	MET 方法
1004.0	羊头鱼（Sheepshead minnow，*Cyprinodon variegatus*），幼鱼的生存和生长
1005.0	羊头鱼（Sheepshead minnow，*Cyprinodon variegatus*），胚胎幼鱼的生存和致畸
1006.0	内陆银汉鱼（Inland silverside，*Menidia beryllina*），幼鱼的生存和生长
1007.0	糠虾（Mysid，*Americamysis bahia*），生存、生长和繁殖能力
1008.0	海胆（Sea urchin，*Arbacia punctulata*），繁殖能力

138.《清洁水法》规定的放射化学测试方法有哪些？

关于《清洁水法》规定的放射化学测试方法见表 5-9。

表 5-9 放射化学测试方法

方法标号	分析方法
900.0	饮用水中的总α和总β放射性
903.0	饮用水中的α放射镭同位素
903.1	饮用水中的镭-226[①]

139.《清洁水法》规定的饮用水药物污染物分析方法有哪些？

表 5-10 饮用水药物污染物分析方法

方法标号	分析方法
502.2	通过清除和捕获毛细管柱气相色谱以及连续的光化电离和电解电导检测器，测定水中的挥发性有机化合物（VOC）
524.2	通过毛细管柱气相色谱、质谱法测量水中的可清洗的有机化合物
551	通过液-液萃取和气相色谱与电子捕获检测，测定饮用水中的氯化消毒副产物、氯化溶剂以及卤化杀虫剂、除草剂[②]

140.《清洁水法》规定的饮用水杀虫剂活性成分分析方法有哪些？

表 5-11 饮用水杀虫剂活性成分分析方法

方法标号	分析方法
505	通过微萃取和气相色谱测定水中的有机卤化物杀虫剂和商用多氯联苯（PCB）产品
507	通过气相色谱法和氮磷检测器测定水中含氮和磷的杀虫剂
508	通过气相色谱法与电子捕获检测器测定水中的氯化杀虫剂
508.1	通过固-液萃取、电子捕获检测器和气相色谱法，测定氯化杀虫剂、除草剂和有机卤化物

① https：//www.epa.gov/cwa-methods/approved-cwa-radiochemical-test-methods.

② 40 CFR 136.3，Table I-F — List of Approved Methods for Pharmaceutical Pollutants in Part 439.

方法标号	分析方法
515.1	通过气相色谱法与电子捕获检测器测定水中的氯化酸
515.2	使用固-液萃取、气相色谱法与电子捕获检测器测定水中的氯化酸
525.1	通过固-液萃取和毛细管柱气相色谱、质谱法测定饮用水中的有机化合物
531.1	通过直接水性注射的高效液相色谱法以及柱后衍生（Post-Column Derivatization），测定水中的*N*-甲基氨基甲酰基肟（*N*-Methylcarbamoyloximes）和*N*-甲基氨基甲酸酯（*N*-Methylcarbamates）
547	通过直接水性注射的高效液相色谱法、柱后衍生以及荧光检测，测定饮用水中的草甘膦（Glyphosate）
548	通过水溶性衍生、固-液萃取、气相色谱与电子捕获检测，测定饮用水中的草藻灭（Endothall）
548.1	通过离子交换萃取、酸性甲醇甲基化以及气相色谱、质谱法，测定饮用水中的草藻灭（Endothall）
553	通过液-液萃取或液-固萃取和反相高效液相色谱、粒子束、质谱法，测定水中的苯胺和含氮杀虫剂
555	通过高效液相色谱法与光电二极管阵列紫外检测器，测定水中的氯化酸①

141.《国家污染物排放削减系统》中有哪些先进的监测手段？

先进监测手段是指采样和分析的设备、系统、技巧、实践和技术，以便可以更好地检测和测量污染。

先进的监控技术一般有以下一个或多个特点：

- 实时或接近实时地监测污染物：实验室分析通常没有冗长的滞后时间
- 与目前广泛使用的技术相比，价格更便宜，更易于使用或移动性更强
- 可以提供质量更高和/或数量更多的数据，这些数据更为完整，更容易解释
- 以新的方式使用现有的技术，以提供更好的污染物、污染源或环境条件的信息

下面列出一些先进监测技术项目的实例：

- 连续的温度和水流监测
- 自动的出流监测，包括排放位置、时长、总量，以及降雨等天气信息
- 对水温、溶解氧（DO）、电导率进行连续实时监测

① 40 CFR 136.3，Table I-G — List of Approved Methods for Pesticide Pollutants in Part 455.

- 实行连续监测，并将数据通过网络传输到公众平台
- 利用 GIS 制作污水收集、贮存、传输系统的地图，以规划和完善污水系统，确认非法排放的位置等
- 带有保护箱、雨槽的用于雨季的自动采样器
- 在雨水管道中检测“人类指标”（如用于止痛药的布洛芬等），以确定人类的污水是否排入雨水管道
- 使用飞机进行空中观测，记录油层、水华、漂浮垃圾、贴近水表面的沉淀物输送等
- 将传感器装在渡轮上，在渡轮运行期间，测量浮游植物浓度、浊度、淡水影响、盐度和水温，以便更好地了解水华、浮游生物食物链的相互作用、河流的水流等
- 使用经过特殊训练的犬只对非法倾倒、排放进行追踪
- 利用热成像相机检查运输管道和潜在非法排放连接之间的温差，从而识别出雨污分流系统的非法排放
- 开发可以得到实时水质监测信息的手机软件
- 装有利用太阳能的传感器的浮标，每 15 min 测量一次温度、电导率、pH、溶解氧、浊度、叶绿素和藻蓝蛋白等参数，将数据结果上传到公共网站[①]

---

① EPA，NPDES Compendium of Next Generation Compliance Examples，Sep. 2016.

环境执法后果

142．环境执法行动的类型及后果是什么？

环境执法行动，或者称之为环境执法反应机制，取决于环境法及相关法律规定的权力大小与类别。环境执法行动一般可以进行如下划分（见图 6-1）：

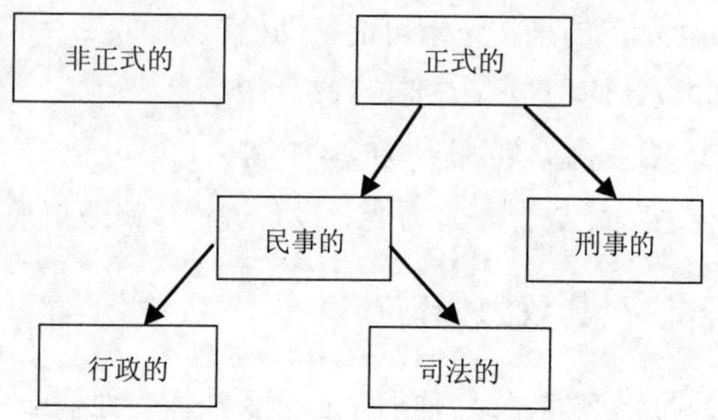

图 6-1　环境执法行动划分

其执法后果有如下一项或者多项：

- 使违法者守法
- 使违法者受到惩罚
- 使违法者丧失经济利益
- 使违法者采取测试、监测或提供信息的具体行动
- 恢复违法行为造成的危害
- 改进内部管理

143．什么是电话通知？其效力如何？

电话通知可能是一种通知或提醒设施管理者，有一个必须被纠正的违规行为发生了的最简单的方式。致电的工作人员可能还会要求违规者用信件的方式来描述他们将会采取什么行动。

144. 现场检查具体包括什么?

检查可以使设施管理者注意到问题并予以改正。同时，检查员还可以针对该问题收集相关数据。这将为进一步采取执法行动做好准备。企业现场检查包括：

- 评估企业当前处理流程和操作的物理条件
- 评估持证人的操作和维护活动对工厂绩效的影响
- 检查持证人合规记录的完整性和准确性
- 确定污染处理设备是否达到规定的效率

为了实现这一目标，检查员应对企业进行物理检查，对不同级别的管理人员和员工进行采访，以及对企业记录进行审核。

物理检查以及对员工的采访记录可能帮助检查员决定：

- 设备主要的设计问题是否需要工程解决方案
- 问题是否可以通过适当的操作和维护解决
- 周期性的设备故障是否表明需要对设备进行检修或更换

145. 什么是警告信？其效力如何?

警告信可以让设施管理者知道他们正在违反法律，他们必须纠正这种情况，否则将会面临不利的法律行动和后果。警告信还会描述持续违规可能带来的处罚，要求违规者回复已经采取的纠正行动的细节，可能还会建议违规者与合规工作人员会面讨论如何实现合规。如果违规者没能在合理的时间内抓住这次机会，可能会有其他的执法响应行动。

146. 什么是违规通知？其效力如何?

违规通知（NOV）是由EPA向设施、设施所在州发出的用于告知设施出现违规行为的信件通知。违规通知比警告信更加正式，通知的内容是告知设施管理者某个违规行为被发现，通常还会有采取纠正行动的截止日期。违规通知通常会警告违规者，若不在截止日期前采取纠正行动，可能会带来进一步的法律行动和后果。

以《清洁空气法》（CAA）为例，根据CAA的要求，在开始开展与SIP违规行为有关的行政或民事执法行动时，EPA 必须根据法案的第 113（a）条发出违规通知（NOV）。一旦 EPA 发出了 NOV，违规者有 30 天的时间来纠正违规行为。如果在 NOV 发出后的 30 天内违规的排污企业达到规定要求，则不得被起诉。环保局可以使用 CAA 第 114 条收集信息的规定，用以确定在 NOV 发出后 30 天后是否继续存在违规行为。如有必要可以进行后续检查，用来记录持续的违规行为。另外，如果与排污企业方面讨论 NOV 的第 113 条会议在 NOV 发出 30 天以后才举行，可以在会议上要求排污企业承认违规。如果在 30 天之后还继续有 SEP 的违规行为，环保局可以根据第 113（a）条或第 113（d）条发出行政命令，或根据第 113（b）条提起民事司法诉讼。

在违反 NSPS 或 NESHAP 标准的情况下不需要 NOV，一旦发现违法行为，EPA 可以发出除行政命令或者发起民事司法诉讼。此外，对于某些新建源违规行为，可以根据 CAA 第 167 条直接颁布行政命令或发起司法诉讼。①

147.《国家污染物排放削减系统》中的缺陷通知是什么？

根据 40 C.F.R. 的第 124.3（c）条，EPA 必须向未能提交完整的国家污染物排放削减系统（NPDES）申请的所有者或经营者发出缺陷通知，包括：

- 所有者或经营者在指定日期之前尚未提交 NPDES 申请；
- 所有者或经营者提交了及时但不完整的 NPDES 申请。

缺陷通知应当包括以下内容：

- NPDES 申请中的缺陷细节；
- 要求在特定日期之前提交完整的 NPDES 申请，一般在发布缺陷通知之日起 30 日内。

另外，缺陷通知应该附有一封警告信，通知排污企业，如果未能在指定日期之前提交完整的申请将导致进一步的执法行动。根据第 40 C.F.R.的第 124.3（d）条，可以拒绝许可证的申请，并且可以根据 CWA 第 309 条采取适当的执法行动。②

需要指出的是，如果排污企业没有及时提交续期申请，现有的许可证不可以被行政延期，排污企业可能要面临无证排放的执法行动。

---

① EPA，Clean Air Act Compliance/Enforcement Guidance Manual，1987 Revision.

② EPA，Clean Water Act Compliance/Enforcement Guidance Manual，1985.

148. 民事执法的结果有哪几种?

被告在民事诉讼中可以经审判被追究民事责任，或通过同意法令等达成双方都同意的和解方案。如果是通过和解这种形式，被告需要履行和解方案中的所有条件，但不必承认其违反了法律。民事执法的结果一般有以下四种类型：

（1）达成协议（settlements）。这通常是对执法案件的解决办法之一。

- 行政行为中的协议往往采取同意协议/最终命令（CA / FO）或同意行政命令（AOC）的形式。

- 司法行动中的协议采取在该行动中各方签署的同意法令，并在适当的法院提交。

（2）民事处罚。由于违规或不合规而由个人或受管制实体支付的货币性评估。处罚是为了追回违规的经济利益，并补偿违规行为的严重后果。

（3）强制令（injunction relief）。这要求受管制实体执行或禁止执行某些指定行动。它使实体遵守环境法。

（4）补充环境项目（SEP）和缓解措施。这可以作为执法协议的一部分。SEP是违规者自愿同意执行的环境改善项目。这些项目不包括在协议中规定的纠正侵权行为所需的行动内。缓解措施是减少或抵消过去或正在发生的侵权造成的损害的额外的强制令。

149. 什么是行政命令?

行政命令是由政府机构基于法律法规向个人或组织发出的，目的是让其改正错误的行为或阻止其继续进行有危害的活动。

行政命令往往是实现合规最快捷的方法，尤其针对相对而言比较容易纠正的违规问题。一般来说，EPA倾向于采用行政命令方式解决合规问题，来避免诉讼对资源的消耗。违规者也更倾向于行政命令的方式，避免与作为联邦地方法院的被告有关的污名和潜在处罚。但需要注意的是，行政命令不能用于解决各种违规行为。

CAA中的第113（a）条、第113（d）条、第167条及第303条，以及CWA中的第309条等，为地方环保局提供了一系列处理特定违规行为的行政执法机制。

150.《清洁水法》关于行政命令有什么规定?

《清洁水法》(CWA),第 309(a)(1)条和第 309(a)(3)条授权环保部门对以下 CWA 条款的违规行为,签发行政合规命令:

- 第 301 条 出流排放的限制和禁止未经许可证授权的排放
- 第 302 条 水质相关的排放限制
- 第 306 条 新源性能标准(NSPS)
- 第 307 条 有毒和预处理废水标准
- 第 308 条 信息要求和检查
- 第 318 条 水产养殖
- 第 405 条 污水处理

环保部门可以针对违反许可证中所载的任何条件、限制或实施条款发出行政命令。

行政命令必须以合理的方式说明违规行为的性质,例如,地方环保局必须开展事实调查以确定存在违反以上条款的行为(通常是第 301 条)。为了确定合规日期,地区还必须为制定行政命令做出调查,确定合理的合规时间,并根据第 309(a)(5)条的要求调整行政命令。该命令还必须根据违规事实的调查,给出明确的命令,并强制要求尽可能早地在某一特定日期前实现和维持合规性。

虽然行政命令必须指明需要遵守的有关法定条文,如第 301 条,但它不会强制许可证持有人必须使用特定的处理技术来达到合规。指定此类行为与 CWA 旨在允许持证人按照持证人所选择的方式在限定时间之前达到合规的意图并不一致。类似地,NPDES 许可证也不会要求特定的处理方法来达到合规,但是它会包括法定的合规期限和适当的排放限制,这与最佳管理实践等强制要求并不相违背。

如果有必要确定违规者的状态并纠正其违规行为,行政命令也可能包含第 308 条信息要求。当然,地方环保局在非正式的情况下仍然可以使用第 308 条的权力来要求获取信息。

151. 什么是“立即遵守命令”?

《清洁空气法》第 113(a)条“立即遵守命令”是一个行政执法机制,通常可以有效地使排污企业迅速遵守合规要求,特别是当问题出现在操作和维护上时最为有效。第 113(a)条命令对 SIP 违规者有严格的限制,这种命令必须在生效之日起 30 天内立即遵守。这个限制不适用于 NSPS 和 NESHAP 标准的违规者，对于这些违规源，可以在“立即遵守命令”中给予更长的期限，但只有当情况已经不受排污企业控制时才可以有额外的时间。

152. 什么是“延迟合规命令”？

根据 CAA 第 113（d）条，美国环保局（EPA）和各州还可以采取另一种行政纠正措施，称为延迟合规命令（DCO）。在 DCO 中，EPA 或州可以制订进度安排，要求排污企业在不超出其 SIP 的合规期限 3 年的时间范围内必须达到合规（由州颁发的重大源的 DCO 必须要得到 EPA 的批准才能生效）。根据 CAA 第 113 条，接到 DCO 并遵守其中条款的排污企业在 DCO 期间不会再受到其他执法行动的管制。不过根据 CAA 第 120 条，尽管有 DCO，重大排污企业还是有可能需要支付不合规罚款。

第 113（d）（4）条和第 113（d）（5）条规定了两种特殊类型的 DCO。根据第 113（d）（4）条，可发出 DCO 来促进创新技术的发展。第 113（d）（5）条允许燃烧石油或天然气的排污企业变为燃烧煤，并延迟相关 SIP 要求的合规（1985 年 12 月 31 日之前）。

在 EPA 颁发 DCO 之前，该设施必须符合该法案第 113 条第 d 款的资格要求。州也可以颁发 DCO，但如前所述，任何发给重大源的 DCO 都需要 EPA 的批准才能生效。

153. 什么是“紧急命令”？

《清洁空气法》第 303 条授权环保部门负责人可以在美国地方法院提出民事诉讼，立即限制任何导致或造成危急的和严重危害人类健康的污染的人员，还有权发出必要的“紧急命令”，以保护受这些污染源影响或可能受此影响的人员的健康。除了危急和严重危害的条件外，第 303 条命令只有在以下所有条件都存在时才可以使用：

- 仅仅通过民事诉讼不能迅速确保公共卫生保护；
- 州或地方当局没有采取行动来减轻排放；
- 已经征询了州和地方当局的意见，以确认命令所依据的信息的正确性，并确定当局正在采取或即将采取的行动。

第 303 条命令只有 24 h 的有效期。但是，如果环保部门负责人还在美国地方法院发起司法行动，宣称存在危急和严重的危害，该命令的有效期延长至 48 h。此外，法院可以授权更长的时间。

无论是故意还是非故意违反第 303 条命令，其处理方式相同。违规，不遵守和拒绝遵守的行为都将受到每日 5 000 美元的罚款。[①]

154．什么是民事处罚？

民事处罚（民事罚款）是政府机构对违法违规行为征收赔偿的罚款。民事罚款不同于刑事罚款，因为它主要是为了对造成的伤害进行赔偿，而不是惩罚不法行为。因此，民事处罚本身不会包括监禁或其他的法律惩罚。例如，如果有人将有毒废物倾倒在州立公园，该州将如同私人土地所有者一样，有相同的权利寻求清理的费用，并在必要时将诉讼提交法庭。成功解决的环境法案中的民事司法案件几乎都涉及被告支付民事处罚。

155．影响罚款金额的因素有哪些？

影响罚款金额的因素包括实际的或潜在的对环境或人类健康危害的严重程度。基于严重程度的罚款可以分程度反映违规行为的严重性。这会给受规管社区传递一个信号：违规行为越严重，罚款将会越高。严重程度的计算基于以下因素：

- 排放污染物的数量
- 排放污染物的毒性
- 不合规的历史
- 对环境和公众健康的风险和影响
- 业务的规模
- 对执法计划的诚信度

经济利益。罚款至少会重新拿回违规者因不遵守法规而得到的经济利益，可以消除不合规带来的经济优势。这一类型的罚款可以保证遵守规定的企业不会因为合规而带来经济劣势，对于保持公平非常重要，同时也消除了不合规的经济刺激。在美国联邦和某些州，执法政策要求通过罚款拿回因违规得到的经济利益。

支付能力。在计算罚款数额时，执法人员必须考虑到违规者的支付能力。如果罚款的数额与企业的资源相比之下很大，很有可能会导致企业倒闭。被征收高

① EPA，Clean Air Act Compliance/Enforcement Guidance Manual，1987 Revision.

额罚款的企业也有可能会因此迁址其他环境法规或执法没有那么严格的地区。在这种情况下，执法人员可能需要考虑高额罚款带来的威慑利益与随企业搬走而带来的失业问题对当地社区的影响。如果工作机会受到威胁，公众压力可能会成为影响罚款数额的重要因素。要求高额罚款还有另外一个风险，那就是违规者可能会选择在法庭上辩驳罚款要求，而不是支付它。如果违规者可能不能一次付清所有罚款，可以安排分期支付。罚款对公共机构来说效果更差，因为这些机构并不追逐利润，且其资金来源大多是公共财政。

其他因素，包括：

- 设施管理者与执法官员的合作程度
- 设施是否已经在自我报告中报告过该违规行为
- 设施对是否意识到违规行为的严重性及其对此的反省程度

每个环境法律计算罚款的方法、流程会有所不同。

以《清洁空气法》（CAA）为例，CAA第113（b）节赋予了EPA执行长官对某些违规者进行每项违规每天最高2.5万美元民事处罚的权力。CAA的处罚政策主要包括两部分：一是如何通过处罚违规行为带来的经济利益并反映违规的严重性，从而达到震慑的目的；二是它考虑需要调整的一些因素从而使得处罚公平公正。执法团队需计算完整的经济利益所得和违规行为的严重性，从而决定调整某些因素是否合适。[①]

下面介绍如何根据不同情况来计算处罚金：

（1）根据实际或可能带来的危害

①违规的程度

表6-1　违规程度及其对应的罚款金额

高于标准的百分比/%	金额/美元
1～30	5 000
31～60	10 000
61～90	15 000
91～120	20 000
121～150	25 000
151～180	30 000

① EPA，Clean Air Act Stationary Source Civil Penalty Policy，Oct. 25，1991.

高于标准的百分比/%	金额/美元
181～210	35 000
211～240	40 000
241～270	45 000
271～300	50 000
高于 300	50 000 + 5 000 每增加 30%

②有毒的污染物

对 NESHAP 中的任何一种污染物违规，处罚 15 000 美元。

③环境的敏感度

a. 不达标地区

a）臭氧

极端：18 000 美元

严厉：16 000 美元

严重：14 000 美元

中等：12 000 美元

较轻：10 000 美元

b）一氧化碳和细颗粒物

严重：14 000 美元

中等：12 000 美元

c）其他污染物：10 000 美元

b. 防止重大恶化（PSD）一级达标区：10 000 美元

c. PSD 二级或三级达标区：5 000 美元

④违规时长

表 6-2 违规时长及其对应的罚款金额

时长/月	金额/美元
0～1	5 000
2～3	8 000
4～6	12 000
7～12	15 000
13～18	20 000
19～24	25 000

时长/月	金额/美元
25～30	30 000
31～36	35 000
37～42	40 000
43～48	45 000
49～54	50 000
55～60	55 000

（2）监管计划的重要性

①违反工作实践标准

- 未达到工作实践的标准：10 000～15 000 美元

②报告和通知违规

- 未报告或通知：10 000～15 000 美元
- 逾期报告或通知：5 000 美元
- 不完整的报告或通知：5 000 美元

③记录保存违规

- 未保存记录：15 000 美元
- 不完整的记录：5 000～15 000 美元

④测试违规

- 未按照要求测试或用不合适的方法测试：15 000 美元
- 逾期测试或用不正确的方法测试：5 000 美元

⑤许可证违规

- 未获得许可证经营：15 000 美元
- 未支付许可证的费用：详见 CAA 的第 502（b）（3）（c）（ii）条

⑥排放控制设备违规

- 未按照 CAA 的要求来操作和维修设备：15 000 美元
- 不正规的操作行为：5 000～15 000 美元

⑦监管违规

- 未按照 CAA 要求安装监管设备：15 000 美元
- 逾期安装：15 000 美元

⑧行政命令违规：15 000 美元

⑨CAA 第 114 条要求信息违规

- 未回复：15 000 美元
- 不完整回复：5 000～15 000 美元

⑩合规许可违规

- 未提交许可：15 000 美元
- 逾期许可：5 000 美元
- 不完整许可：5 000～15 000 美元

（3）违规企业的规模

表 6-3 违规企业规模及其对应的罚款金额 单位：美元

净资产值	金额
100 000 以下	2 000
100 001～1 000 000	5 000
1 000 001～5 000 000	10 000
5 000 001～20 000 000	20 000
20 000 001～40 000 000	35 000
40 000 001～70 000 000	50 000
70 000 001～100 000 000	70 000
高于 100 000 000	70 000 + 25 000（每增加 30 000 000）

对于拥有不止一个工厂的企业，违规者的规模是由整体来决定的，而不仅仅是违规的那个工厂。至于母公司和附属公司的情况，只需考虑被告实体的规模。

当企业规模的处罚金超过了初步震慑处罚金（即收益组成部分和严重程度部分）的 50%时，诉讼团队会将这部分处罚金调整为初步震慑处罚金的 50%。

专栏 6-1 罚款计算案例

（1）背景：公司 A 用自己的燃煤锅炉进行生产操作，锅炉是二氧化硫的主要排放源。州实施计划对锅炉排放的限制为：每个锅炉二氧化硫的排放限制为 0.68 磅每百万英热单位（1 英热单位=1 054.35 J）。1989 年 3 月，EPA 对锅炉进行检查，每个锅炉的 SO_2 排放为 3.15 磅每百万英热单位。1989 年 4 月，下达 SO_2 违规通知（NOV）。EPA 于 1989 年 6 月对该企业进行再次审查，SO_2 的排放量并没有改变。尽管相关州污染控制部门工作人员通知公司 A 有违反州环境法规的行为，公司 A 仍未在锅炉安装任何的排污控制设备。1988 年 9 月，州环保部门已经对该企业下达过 SO_2 排放违规整改的行政命令，公司 A 也没有执行。公司 A 的净资产值为 760 000 美元。根据

EPA 第 114 条规定，公司 A 的第一个违规日为 1988 年 7 月 1 日。

(2) 处罚金的计算

①经济利益部分

EPA 使用 BEN 模型来进行此部分处罚金的计算。经济利益所得为 243 500 美元。

②违规严重程度部分

a. 实际或潜在的危害

a) 排污量违规程度：在 360%～390%，65 000 美元；

b) 污染物是否有毒：不适用；

c) 环境的敏感度：排放超标，10 000 美元

d) 违规时长：从第一天 1988 年 7 月 1 日到 1991 年 12 月 1 日，41 个月，40 000 美元。

b. 对监管计划的重要性

没有相关的违规。

c. 违规企业的规模

净资产 760 000 美元，所以是 5 000 美元。违规严重程度部分为 120 000 美元。

初步震慑金额为：

243 500 美元（经济利益所得）+ 120 000 美元（违规严重程度）= 363 500 美元（初步震慑金额）

③调整因素

a. 故意、过失的程度

因为公司 A 接到了违规通知，并且收到了行政命令，但没有采取相应的行动，因此，违规程度部分应上升。

b. 合作的程度

无调整，因公司 A 没有达到要求。

c. 违规历史

违规严重程度部分处罚金应上升，因为公司 A 有多次相同违规行为。

处罚金最终额度为：363 500 美元的初步震慑金额+违规历史和故意、过失程度部分的调整金额。

156.《清洁空气法》中吊销排污许可证的相关规定包括哪些？

执法人员可以拒绝许可证的申请或者吊销现有的许可证。这个处罚需要企业至少停止部分的运行，否则就会出现无证排放的情况，那将明确直接地违反了法律。

在美国不同的州，对于不同类型的环境许可证的吊销会有不同的规定，以爱荷华州对《清洁空气法》中的“标题五”大气排放许可证的吊销规定为例。根据

爱荷华州行政法规第 567 号环境保护委员会的法律中的 22.115（455B）章节，在以下情况需要考虑暂停、修改、吊销或重新发放“标题五”许可证[①]：

- 委员会理事有充分的理由相信该许可证是通过欺瞒的方式获得的
- 许可证申请人不能证明申请该许可证时要求的某些事实材料，而该申请人知道其在申请许可证时提交了这些材料
- 已经违反或者正在违反许可证中的条款条件
- 许可证持证人没有支付许可证的费用
- 许可证持证人没有支付因违反该许可证而导致的行政、民事或刑事罚款

157. 处罚措施主要包括哪些?

美国环境执法采用多种综合性措施，以下列举一些相对行之有效且有较大威慑的处罚措施：

（1）生产设施关停

环境执法官员通过关停生产经营设施，对管理对象产生了非常大的威慑。关停意味着企业生产经营停滞，一方面对于生产设备不利，另一方面企业损失巨大。这种措施属于较为严厉的民事惩罚措施。

（2）监禁

对违法的企业的雇主或者雇员判刑，可以产生非常有效的威慑。在美国，刑罚措施已获得了广泛的社会支持，如对故意违反环境法律规定或者谎报数据的当事人，可以进行刑事法律责任的追究。对于违法者而言，刑事案件涉及复杂的程序，且费用十分高昂，企业付出代价较大。根据美国实践表明，成功的刑事诉讼案件可以对管理对象产生强烈的震慑作用。根据《美国判决指南》的规定，如果企业管理人员能够提出全面可行的守法计划，可以相应减轻其刑事法律责任，这种做法可以增强企业守法的主动性。

（3）拒绝给予政府资助

作为一种惩罚措施，违法企业被列入拒绝给予政府资助的名单。政府不向列入该名单的企业进行政府采购，不提供贷款，不给予担保。该名单还会向其他政府采购部门公布，让他们也拒绝从这些企业采购。当企业满足守法要求时，就把他们从名单中去除。结果表明，这种惩罚措施对于那些难以执法的企业非常有效。

---

① Iowa Administrative Code，Environmental Protection Commission [567]，22.115（455B），11/9/16.

（4）反面宣传

反面宣传，即要求管理对象对其违法行为在当地或者国家的媒体上刊登整版广告，承认自己有罪；或者命令其公司负责人或者高管在公共场所介绍其违法行为。实践表明，这种做法对那些企业在品牌和公众形象方面产生了非常不利的影响。为此，很多企业顾及企业声誉和未来长期发展，而主动采取守法行动。这项措施对于违法企业具有十分强大的威慑作用。美国环境执法官员越来越多地使用这一手段。

158．关停生产设施的处罚及其实施情况是怎样的?

执法人员有权要求设施停工关闭。关闭设施的处罚将会是一个有效的威慑，特别是在自由市场经济下，停工会直接影响利润。生产设施关停的处罚可以通过行政命令或法庭命令来实现。

以下是2016年加利福尼亚州洛杉矶地区的一个关停污染设施的案例：

2016年10月底，在加利福尼亚州洛杉矶地区发现一处六价铬超标350倍的热源排放点，六价铬是已知的人类肺癌致癌物质，该排放严重危害到当地居民的健康。空气质量执法人员将该案件列为优先处理案件，联合多个相关部门对该案件展开调查。通过排查该地区的相关工业设施，最终确定两家责任设施。南湾空气质量管理区于2016年11月29日发出行政命令，命令该两家责任设施停止排放或直接关闭设施，指责他们将当地居民暴露在高癌症的风险当中。2016年12月1日，洛杉矶地区公众健康部门对该两家责任设施发出行政命令，责令他们应立即采取一切必要行动，消除危害公众健康的行为，包括暂停部分或全部的生产。

159．列入违规设施黑名单的处罚及其实施情况是怎样的?

根据《清洁空气法》第306条，美国环保局（EPA）能够通过将违规的排放源列入违规设施名单中，来禁止其接收任何来自联邦的合同、拨款或贷款。该计划由EPA总部OECM的合规分析和计划执行办公室的法律执行政策部门协调。黑名单可以成为一个有效的执法工具，而EPA的政策要求地区办事处的执法人员考虑采取这一选择以获得合规。《清洁水法》第508条也有类似的违规名单计划。

40 C.F.R.的15.20（a）（1）条有关承办商名单的内容规定，一般由地区办事处负责人将建议的违规设施名单提交至总部负责名单的官员处。以CWA为例，建议违规设施名单时可以基于以下内容：

- 根据CWA第309（c）条被定罪的设施；

- 由于不符合清洁水标准而被联邦、州或地方法院判决任何强制令、命令、审判、法令或其他形式的民事裁定的设施，或者是被州或地方法院定罪的设施；
- 不遵守 CWA 第 309（a）条规定的命令的设施，或根据 CWA 第 309（b）条被发起法院诉讼的设施，或已经受到等同的州或地方诉讼以执行清洁水标准的设施。

在基于上述第二个和第三个条件推荐名单之前，EPA 必须确定在设施中有证据能够表明持续或经常性地违反清洁水标准［基于 40 C.F.R.第 15.20（a）（2）条］。EPA 提出对违规设施名单法规的修订，其中包括对把刑事定罪的设施自动列入名单。

推荐方（一般为地区办事处）向 EPA 负责名单的官员发出名单的建议。名单的建议也可能来自水执法的联合执法法律顾问、政府工作人员或任何公民。首先，必须向被推荐的设施发出名单建议的通知，并为设施方提供上诉的机会，这是 EPA 的非正式裁决，然后才可以把被推荐的违规设施列在名单上。

在其他执法行动未能阻止违规者继续长期的违规行为时，EPA 应考虑将违反设施列入名单。当设施不遵守行政或司法命令时，环保部门可以将列入名单作为执行回应的手段。注意，地方法院维护环保部门列出非刑事违规设施的权力。

即使先前的行动没有解决目前的违规行为，EPA 也可能会根据目前“反复发生或持续”的违规行为以及以前的司法或行政判决提出列入名单的程序。如果设施获得的政府合同、资助和贷款的价值超过合规成本，EPA 很可能会考虑将该违规设施列入名单。当然，如果持续或反复出现的违规行为涉及清楚明确的清洁水标准，列入名单的行动可能会更有效。企业管理者只有在证明已经达成并将维持合规之后，才能将企业从名单中删除。

160．作为反面宣传的处罚及其实施情况是怎样的？

作为案件结束的一部分，违规者可能需要公布关于违规行为的信息。例如，某公司可能需要在当地或全国性的报纸购买一整个版面来公布他们的违规行为。公司高层可能会被命令公开谈论他们的错误做法。在美国这样一个公众非常关心环境质量的自由市场经济国家，消极的公众影响会带来大量的经济损失，同时也会使企业失去信誉。研究表明，信誉的损失将会是一个非常有效的威慑因素。美国执法人员将违规带来的公众影响及其反面宣传作用作为执法的重要工具之一。

161．如何启动司法程序？

司法程序的启动取决于违规程度以及违规者对执法行动的配合程度。一般来说，不遵守法律或法规要求、不遵守行政命令，或是没有在违规通知（NOV）规定的时间内实现合规，都有可能会触发司法行动，也就是在法庭上的正式诉讼行动。

以《清洁空气法》为例，对于 SIP 计划的排污企业，如果在发出违规通知后的 30 天仍被继续发现有违规行为，EPA 可以根据 CAA 第 113（b）条提起民事司法诉讼。如果违规情节特别严重，会对公众健康、环境造成重大的危害，则有可能在合规检查之后直接启动民事司法行动甚至是刑事诉讼。

162．如何提起民事诉讼？

如果 EPA 的地区办公室认为联邦地方法院的命令是最理想的执法回应手段，环保部门的律师和工程师们必须准备一份诉讼报告，首先要获得相关 EPA 官员的签名，最终转给司法部和代表国家的律师。需要说明的是，在提出诉讼的过程中，一开始先由 EPA 提出，然后案件会转介到司法部，最后司法部的律师代表“美国”这个国家向法院提出诉讼，相当于“美国”是原告，违规者是被告，司法部是原告律师。

EPA 地区办公室应在收到设施和州、地方当局的所有必要信息后的 30 天内准备好诉讼报告，以备递交给 EPA 总部或直接转给司法部。起诉及其之后的步骤将主要由司法部负责。

专栏 6-2 诉讼报告的基本要求

诉讼报告应包含的信息：

- 案件梗概
- 转介的法律依据
- 被告人的描述
- 违规行为及其带来的环境后果的描述
- 讨论适用的合规测试方法以及其是否有被正确应用
- 被告人关于环境问题的历史和转介前谈判的描述
- 要求寻求的强制令的描述
- 讨论拟议的民事处罚
- 关于重点问题的讨论，包括国家重点或优先事项问题
- 讨论转介对于环保机构合规重点和战略的重要性
- 提出诉讼策略

诉讼报告的附件至少包括以下内容：

- 起诉书的草案
- 违规情况的文件，如合规性测试报告或对信息要求信件（如 CAA 的“第 114 条信”）的回复
- 违规通知（NOV）的副本
- 罚款政策工作表和 BEN 模型结果的副本
- 环保局、州和被告人之间的重要通信副本
- 案件计划

其他相关附件：

- 调查发现的草稿
- 同意法令的草案
- 提案的草案
- 设施的示意图
- 有关被告的公司状态或财务状况的邓白氏报告（Dun and Bradstreet report）或其他相关文件
- 待定的 SIP 修订版本的副本
- 经营许可证的副本

163．什么是“同意法令”？

同意法令（consent decree）是协议或解决的方案，以解决原告被告之间的争端，而不需要在民事诉讼中承担责任或刑事案件中承认有罪。通常来说，在民事诉讼开始进行之后，原告和被告通过谈判、协商达成解决问题的协议，双方请法院签订包含协议内容的同意法令，法院对法令内容的实施进行监督。绝大多数的《清洁空气法》案件在法院做出决定之前已经解决，和解协议通常体现在同意法令中。EPA 通用执法政策手册 GM-27 规定了通用适用的同意法令原则。除该指导外，也建议起草该法令的律师回顾其他已经成功实现合规的法令。

164．什么是民事司法救济？

随着 EPA 转来的上诉被接受，司法部正式代表国家开展民事诉讼。民事司法救济是指法院基于民事法律，执行某项规定，发出法庭命令，征收罚款，以纠正违法行为。

例如，EPA 在其《清洁空气法》合规执法指导手册中指出[①]，基于《清洁空气法》第 113（b）条规定，联邦地方法院可以对固定源的以下 11 类违规行为，给予临时或永久的强制令，并发出支付民事处罚的命令：

- 违反、不遵守或拒绝遵守 CAA 第 113（a）条“立即遵守”命令（CAA 的行政命令）；
- 联邦执法期间的 SIP 违规行为；
- 在收到通知排污企业违反 SIP 的违规通知后的第 31 天或更多天，仍存在 SIP 违规行为；
- 违反第 111（e）条中的新源性能标准（NSPS）；
- 违反第 112（c）条中的危险大气污染物的国家排放标准（NESHAP）；
- 违反第 113（d）条的延迟合规命令；
- 违反第 119 条的有色金属熔炉规定；
- 违反 B 部分的规定（与臭氧有关）；
- 没有或拒绝遵守第 114 条的规定；
- 试图在环保局人员根据第 113（a）（5）条做出裁决的任何不达标地区内建造或修改重大源；
- 不支付第 120 条规定的违规罚款。

此外，第 167 条规定了对特定防止重大恶化（PSD）违规行为的民事强制令。请注意，第 167 条不规定民事处罚。在需要禁令和处罚以纠正 PSD 的违规行为的情况下，应同时使用第 167 条和第 113（b）条。第 303 条也规定，在对公共卫生造成危急或严重危害的情况下，采用强制令和罚款。

165．什么是强制令救济?

联邦地方法院提供三种类型的强制令救济（injunctive relief）——临时强制令、初步强制令和永久强制令。针对强制令救济的请求是由法院酌情决定的（也就是说，补救的办法不是由法院提出的）。

（1）临时强制令

临时强制令（TRO）是法院禁止或限制被告某些特定行为的命令。TRO 的期限是十天，如果有很好的理由，可以再延长十天。如果强制令所针对的一方同意

---

① EPA. Clear Air ACT compliancel Enforcement Guidanice Mamual，1987 Revision，page 7-11 to 7-12.

更长的期限，则还可以延长得更长［基于联邦民事诉讼规则，细则 65（b）］。

为了获得 TRO，环保局必须证明，通过宣誓书或经批准的起诉书显示的特定事实可以清楚地看出，在反对方（被告排污企业）提出反对之前，将会产生立即的、不可修复的伤害、损失或损害。需要强调“在反对方（被告排污企业）提出反对之前”，因为 TRO 可以在排污企业没有出庭或被听证（“单方面”）的情况下发出，这是 TRO 区别于其他法院命令的主要特征。环保局必须以书面形式证明已经对该听证会发出了通知。

当 TRO 在未经通知就获得批准时，法院必须尽早设定初步强制令的聆讯日期。排污企业可能会寻求撤销 TRO，通过给予 EPA 提前两天通知，并在听证会上说服法院，证明潜在的所谓违规行为并没有发生，或者不会导致立即的、不可弥补的伤害、损失或损害。

（2）初步强制令

初步强制令与 TRO 一样。首先，如果没有通知排污企业，则不得发出初步强制令。其次，初步强制令在法庭决定是否发出永久强制令的期间（“诉讼期间”）有效。换句话说，初步强制令是为了在法院考虑应该做什么的时候“冻结”住局面。

（3）永久强制令

永久强制令是法院的最终命令，限制或要求被告采取某些行动。永久强制令是在法庭听取了所有论点并审理了决定案情所需的一切事实后发出的。

166．如何界定民事执法和刑事执法？

对违规行为是否知情可以作为区分民事执法和刑事执法的标准。对于民事执法，只要存在环境违法就会出现环境民事责任，不需要考虑责任方是否知道他们违反的法律或法规，而环境刑事责任是通过某种程度上的意图（知情故意）触发的。

作为这一区分的结果，EPA 调查的大多数环境刑事犯罪涉及“知情违法行为”，除有毒物质和农药法规外，这些犯罪都归入所有联邦环境法规中的重罪。在“知情违法”中，该人或公司知道会造成违规的事实，以及有意识和知情的行动导致了违规行为。相比之下，民事违法可能是由事故或错误引起的。“知情违法”的例子包括有意决定将污染物排入或排放到河流中，在没有许可证的情况下进行排放，或不安装所需的空气污染控制装置。[①]

167．刑事执法的结果有哪些？

（1）刑事罚款是由法官判处的联邦、州或当地的罚款。这部分罚款目的是惩罚不法行为。

（2）除刑事罚款外，被告可能会被责令补偿受害人。这部分的补偿金额与民事罚款类似，用于补偿由于违法行为而导致的损失。例如，被告可被责令向当地消防部门支付回应和处理危险废物溢出物的费用。

（3）监禁。具体就是在监狱中被限制人身自由的时间，只有刑事执法行动中才会出现监禁。

168．什么情况下启动刑事执法？

在美国，刑事执法行动通常会留给那些应该得到处罚的情况，比如说故意的违规行为，而不仅仅只是纠正违规情况。刑事行动也会用于保持法规计划的完整性，如针对没有许可证和执照但却运行的企业进行刑事执法。

刑事执法针对的案件通常包括：

- 伪造或篡改文件
- 在没有许可证的情况下运行
- 不正当干预监测或控制的设备
- 多次违规
- 故意违规（如出于贪念做出违规的决定）

169．如何处罚谎报环境信息、伪造数据等行为？

在美国，谎报环境信息、伪造监测数据等都是刑事犯罪行为，要受到严厉惩处。

下文通过美国能源资源技术有限公司篡改伪造数据进行案例说明，见专栏6-3。

---

① https：//www.epa.gov/enforcement/enforcement-basic-information.

专栏 6-3 美国能源资源技术公司篡改伪造数据的刑事处罚

能源资源技术有限公司（ENERGY RESOURCE TECHNOLOGY GOM，LLC），简称 ERT，是一家美国的海洋石油公司。该公司在承认刑事指控后，于 2016 年 4 月 6 日，被判处 3 年缓刑、400 万美元的刑事罚款以及 20 万美元的社区服务款项。

ERT 承认了 4 条重罪（felony），其中基于《清洁水法》的一条重罪，是因为 ERT 篡改了其 NPDES 许可证上收集用于检测油脂含量的出水样品的方法。从 2012 年 10 月—2014 年 3 月的 ERT 采油平台排放监测报告（DMR）显示，平台排放的水中的油和油脂含量没有超过其许可证上的要求。然而，在 2014 年春季，ERT 怀疑一些操作员是通过选择样品的方式来操控某些平台上的出水样品，以防止 ERT 会被发现其违反了许可证的要求。于是 ERT 开始进行内部调查，2014 年 4—6 月，ERT 按照许可证上的要求进行正确的采样时，排放监测样品显示多个平台的油和油脂排放超出许可证上的每月排放限额。经过诉讼流程，法院判定 ERT 篡改了许可证要求的方法，应负刑事责任。

170．什么是“补充环境项目”？

根据 EPA 的定义，补充环境项目（SEP）是由违法者承担的有益项目，可以更有利地在执法行动的解决方案中用来交换罚款，但法律没有规定必须要采用 SEP。违法者为了采用这样的项目作为交换以减少最后的罚款金额，其交换项目必须符合 EPA 的 SEP 政策，或者由 EPA 助理局长提前批准。在具体的案件中是否采用 SEP 完全取决于 EPA 的决定，或在司法案件中取决于司法部。[①]

171．守法激励政策有哪些？

环境守法是美国所有环境执法行动的核心目标。围绕环境守法，美国设计了诸多激励性的政策。所谓环境守法激励，主要是通过政策降低守法成本来增进被管制者的守法意愿。例如，在金融领域，通过免去环境债券利息、在贷款中设立用于保护环境的资金比例、运用抵消性政策等进行守法激励。此外，EPA 还建立了排污费、污染税、许可证制度、对守法企业的补贴、奖励等经济激励方法实现促进守法。

① EPA，Supplemental Environmental Projects Policy，2015 Update.

172. 守法援助项目是指什么?

守法援助项目作为守法激励的一种形式，旨在鼓励、引导人们自愿遵守法律、保护环境。EPA 通过守法援助服务为有效执法铺平了道路，减轻了执法压力。守法援助主要是通过向受管制部门、一般公众提供生产、管理、生活过程中需要遵守的环境法律、环境管理信息以及提供一些更加高效、更低成本地达到环保要求的帮助等服务以促进公众遵守环境法律和相关政策。守法援助项目可以通过多种途径来完成。一是监管相对人自助。联邦或州环保局负责建立各行各业所需要的守法信息数据库，监管相对人通过计算机网络可以方便地获取完成环境守法所必需的法律、环保技术或管理方法等信息。二是主动服务。环保局通过发放环境守法指南、举办培训班、主动上门援助等方式提供守法援助。三是监管相对人求助。监管相对人随时可通过电话或其他方式要求环保局及其办事机构派人进行现场技术培训或指导。四是利用网络守法的援助资源。EPA 建立了广泛的守法援助网络，覆盖了不同的州和工业部门。EPA 的执法和守法保障办公室每年都会制订一个守法计划指导守法援助行动。一般来说，守法援助是一项免费服务，但也有一些事项会收取一定的费用。[①]

173. 如何开展对联邦设施的执法?

对联邦设施执法的目的是确保联邦设施能够符合环境法规。事实上，由一个政府机构对另外一个政府机构的执法通常而言是很困难的。例如，对很多政府设施来说，罚金是通过一个集中的预算来支付的，这一部分金钱损失对单个设施的运营没有什么影响。在政府的系统中，很难使设施的管理人员对不合规的后果负责。政府设施可能会受到互相矛盾的指令，某个政府机构可能会要求其进行合规，然而另外一个政府机构可能会要求高产量。在政治上，某个政府机构很难对另外一个政府机构进行执法。基于这些原因，政府设施的管理者没有什么动力去保证他们的设施符合环境法规的要求。[②]

美国对针对政府设施的执法总结了一些经验。除了一些例外的情况，美国联邦政府取消了其自身对被起诉的豁免权，给予州政府和公民起诉联邦政府的权利。

---

① 张福德. 美国“柔性”环境执法及其对我国的启示[J]. 环境保护，2016，44（14）.

② https：//www.epa.gov/enforcement/enforcement-and-compliance-federal-facilities.

如果联邦政府没有遵守联邦、州或当地的环境法规，它可能会被起诉。美国环保局（EPA）可以对其他政府机构进行执法，不过一般来说不会对兄弟单位寻求罚款或是采取民事司法行动。EPA 可以与其他机构制定双边的行政合规命令和协定，如果没有争议的话，也会签发一些单边的行政命令。EPA 还可以根据政府官员的行动追究他们的刑事责任。为了解决争议，环保局在各级政府部门中使用一个内部的申诉系统。这个执法过程对于促使政府机构为环境问题制订预算很有效果。同时，来自公众的压力也会强力推动联邦政府达到合规。

20 世纪 80 年代中期，EPA 和州政府也开始积极地对市政府进行执法。为了解决这一执法问题，他们创新性地发展了一些新的方法，如创新的财政安排以保证市政府能够达到要求。执法征收的罚款可能会促使一些社区通过投票增加税收以筹集更多的钱来应对污染控制问题。

联邦设施的管理者要对环境犯罪负有刑事责任，比如说对有害废料不恰当的处理。EPA 对政府设施进行执法的案件一般都会很大程度地引起公众的注意力。

174．如何开展对国有企业的环境执法?

对于政府所属企业的罚款需要从联邦或地方政府预算中进行支出，而政府预算中支出的罚款难以对企业生产经营活动产生影响。政府很难使国有企业经理和工作人员承担违反环境法律规定的责任。另外，从政治角度分析，政府的一个组织对另一个国有组织进行执法是困难的。国有企业的精力对于保证本企业遵守环境法律的规定，难以产生动力。

美国政府对于其所属企业的环境执法，除少数例外，联邦政府放弃了它对于指控的特别豁免权。EPA 加大了对联邦企业工作人员的执法力度，而联邦企业的工作人员也可能因为环境犯罪而承担刑事责任，如不当处置危险废物等。①

---

① 美国国家环境保护局. 环境执法原理[M]. 王曦，王夙理，等译. 北京：民主与建设出版社，1999.

环境执法监督

175．环境执法监督总体情况是怎样的?

美国环境执法之所以能够取得良好的效果，很重要的原因就是，构建了各个行为主体之间的相互监督关系，即使行政机关甚至美国政府都可能面临司法审查诉讼。这种通过法律手段进行的公众监督在美国环境执法当中发挥着不可替代的作用。

综合来看，美国环境执法监督分为行政监督、司法监督、公众监督(包括 NGO 监督)：

①行政监督。行政监督主要是行政机构上对下和机构内部监督以及行政督察。其中重点是由联邦执法人员对各州进行行政督查、公布违法报告。针对不依法采取执法措施的地方政府的消极行政，联邦政府有权力取消对其资金援助。同时，违反相关法律规定的执法部门负责人、执法人员也将被处以行政处罚。②司法监督。司法监督包含司法机关依职权的监督、行政相对人提起诉讼以及第三人提起诉讼等方式。法院系统主要是通过审判活动进行监督。法院不仅可以对执法行为的程序和实体的合法性进行监督，还可以对作为执行依据的相关法律规定进行司法审查。③公众监督。美国《信息自由法》《阳光下的政府法》以及相关的环境法律等都为美国公众参与环境执法监督提供了强大的制度保障，具体可以表现为：参与执法部门相关政策的制定和听证、对行政部门提起司法审查以及对违法企业提起诉讼等方式。[1]

美国的环境执法监督总体上是一个互动的、多维的监督网络体系。参与到环境监督的主体包括：政府机关（包括环保局和相关政府行政部门)、公民个人、环

① 在本章，我们重点围绕公众和非政府组织对环境执法的监督。

保组织［如美国环保协会（Environmental Defense Fund）］、其他非政府组织等。[①]每年 EPA 和相关的联邦以及州的行政机关都要面对大量需要采取执行措施的情况。在一些情况下，EPA 会积极执法；在另外一些情况下，则不予直接执行，而是进行调解或者置之不理（行政行为要么积极作为，要么不作为，但是应予答复，置之不理是消极行政）。[②]环境法律为民事执行中的行政机关提供了相当大的自由裁量空间。执法者既是管理者，同时也是被监督者，其在执法过程中可能存在违反环境法的行为、与被管理者达成协议接受贿赂等行为，这就需要行政系统内部和社会各界共同进行监督。

在美国环境法律下，联邦对州进行监督，州可以执行比联邦更严格的标准，但不能放松标准。公民个人和社会组织既对政府行政和执法进行监督，也对企业进行监督。同时，企业可以质疑政府行为，这样就形成了一个多元、互动的环境执法监督网络体系。

176．公民参与环境执法监督的依据有哪些？

美国联邦环境立法赋予了公民作为“私人检察官”补充行政执法的权利。

目前，美国所有联邦环境单行法都规定了公众参与决策的权利。例如，《清洁水法》第 4 章“许可证照”（permits and licenses）中第 401 条明确规定，任何人在申请许可证或进行许可证照许可的内容之前，必须向 EPA 或者颁发证照的机构提供其从污染排放地所在州取得的批准文书，而州在向申请人颁发批准文书之前必须完成公示公告的程序，必要时还必须对具体的批准文书进行听证。同时，EPA 或者颁发证照的机构在接受申请后，其他州认为拟申请的排污行为可能产生跨界影响的，就可以提出反对颁发许可证照的意见，并就该意见申请公众听证。此外，《清洁水法》（CWA）、《清洁空气法》（CAA）、《资源保护与回收法》（RCRA）以及《超级基金法》（CERCLA）在授权 EPA 制定排污标准或者治理方案时都无一例外地要求其征求公众意见，并且要求相关信息在《联邦公报》上予以公布。任何对于公众参与程序的违反，都将可能通过公民诉讼的方式被追究法律责任。

需要指出的是，除上述环境法的要求外，信息公开和公众参与也是美国《信息自由法》《阳光下的政府法》等法律对行政行为、行政程序的要求。美国联邦和

---

① 张丽娟，王延伟. 美国环境执法经验及其对我国的借鉴[J]. 法制与社会，2014（12）.

② 胡静. 美国环境执法中的协商机制和自由裁量[J]. 环境保护，2007（12）.

州的环境法中都有公民诉讼制度，公民享有对环境违法行为提起侵权诉讼的权利。如果行政机构对环境保护不力，或对环境违法行为没有采取制止措施或有力制裁，公民个人或社会组织都有权向法院提起行政诉讼。因此，在美国几乎所有的环境诉讼都是涉及政府各机构的行政诉讼，而不是涉及私人的民事诉讼。这有利于监督和推动 EPA 及其他政府机构加强环境管理、积极执法。[①]

177．公民参与环境执法监督的途径有哪些？

美国普通公民可以通过以下途径监督环境法律的全面实施：

（1）通常可以对环保机关的执法行为或行政许可提请司法审查。在请求 EPA 公开某项行政信息的内容时，如果被 EPA 拒绝，则可以提请司法审查。

（2）可以在 EPA 拟发新规的公众意见征求期内，通过听证会等形式发表意见。相关的环境法律和行政程序法律（规范政府行政行为）都有此规定。

（3）可以根据传统侵权法就污染排放造成的损害请求民事赔偿。

（4）可以就企业环境违法行为或者环境执法机关的违法行为提起公民诉讼。这是美国公民参与环境执法监督最为重要的手段。

178．环境法中的“公民诉讼”具体含义是什么？

美国环境法中的“公民诉讼”有着特殊的语境。首先，这里的“公民”并非一般意义上的公民，它包括作为自然人的公民和作为法人的社会组织、企业法人、联邦和州政府及其机构。另外，“公民诉讼”中的“诉讼”也并非一般意义上的“诉讼”。实际上，诉讼只是“公民诉讼”的最后手段，在司法实践中并非必须践行这一个环节。美国环境法中，公民诉讼条款一般规定，公民诉讼原告在依法送达公民诉讼通知书后 60 日（有的法律规定 90 日）以内，不得对通知书所称的涉嫌违法者（EPA 局长、州环保部门、企业）提起法庭诉讼。从本质上说，这一规定对被通知者形成了一种警告，迫使他们采取措施履行环保职责或者停止违法行为。

在实践中，相当多的“公民诉讼”并未进行到最后的法庭辩论阶段。多数情况下，这些诉讼中的诉讼请求往往在通知到期之前得到了解决。

需要指出的是，美国的“公民诉讼”与公益诉讼有重叠，但二者又有所区别。“公民诉讼”的原告即使与诉讼事件有着相当的利益关联，但诉讼的目的不是为了

---

① 秦虎，张建宇. 美国环境执法特点及其启示[J]. 环境科学研究，2005，18（1）.

个案救济，而是督促政府或者受管制者采取某些促进公益的法定行为，判决的效力也未必局限于诉讼当事人。因而，公民诉讼具有公益性，是公益诉讼的一种①。

179．环境公民诉讼的性质、对象和作用是什么？

在环境保护领域，环境要素是人类共享的“公共财产”，产权不清是环境保护的大敌。一般情况下，环境方面的影响由全社会来承担，而并不直接针对任何单一公民的利益。

美国的环境公民诉讼制度是建立在“环境公共财产”“公共信托”“实体环境权”等理论基础之上的，性质上属于一种公益诉讼。因此，考虑环境公民诉讼中原被告双方的地位差距，美国立法在很多方面做了有利于原告的规定。例如，在诉讼费的承担问题上，为了鼓励公民利用公民诉讼这一法律武器，授权法院认为合适的情况下，可将诉讼费用（包括合理的律师费和专家作证费）判给诉讼的任一方。

美国环境公民诉讼的对象分为两大类，一类是涉嫌违反环境法律的企业或其他污染者；另一类是疏于履行环境法律规定中非自由裁量行为或职责的责任人。

美国环境公民诉讼已经成为监督和促进美国环境执法非常重要的手段，成为环保部门与社会公众共同打击环境违法行为的有效机制。

180．公民提起环境诉讼的主体有哪些限制条件？

就诉讼主体而言，美国环境法中的公民诉讼就是一个“任何人针对任何人”（any person against any person）所提起的诉讼。一个典型的公民诉讼条款是授权任何人可以针对任何违法行为人提起诉讼，强制要求其遵守法律规定，同时要求政府履行法定的强制性义务。除《清洁水法》（CWA）第505条使用了“任何公民”（any citizen）之外，其余法律全部使用“任何人”（any person）作为原告的主体范围。除《噪声防治法》（*Noise Control Act*），所有的环境单行法都将“any person”解释为包括任何个人、公司、合伙、协会、州、市、各州的环境管理分支机构以及美国联邦政府的任何机构、部门或单位及其任何官员、代理人或者雇员等。只有《噪声防治法》是将“美国联邦政府”排除在公民诉讼的原告之外。

---

① 王曦，张岩．论美国环境公益诉讼制度[J]．交大法学，2015（4）．

181. 环境案件中对公民诉讼的限制体现在哪些方面?

公民诉讼的提起如果过于宽泛，则可能会影响主管机关执法上的资源调配，也可能大幅度增加法院的负担。因此，法律对公民诉讼制度作了一定的限制：

一是除有关毒性污染物或紧急事件有例外规定的，程序上需在公民诉讼提起前 60 日通知被指证的违法者、EPA 或州。

二是公民诉讼的诉因一般仅限于两大类别：一类是违反排放标准、排放限制以及行政命令的行为；另一类是 EPA 或者州政府的行政不作为（包括没有实现法定目标的行政作为）。

除此以外，仅有《清洁空气法》（CAA）、《资源保护与回收法》（RCRA）分别授权对违反许可证照许可的行为或者紧急重大危险行为才可以提起公民诉讼。

182. 公民提起环境诉讼的目的是什么?

公民提起环境诉讼，其目的往往不是为了个案的救济，而是督促政府或受管制者积极采取某些促进公益的行为，判决的效力也不仅仅局限于诉讼的当事人。公民提起环境诉讼并不以赢得诉讼为必需的目标，败诉未尝不是一件好事。在美国，对一些重要问题的争议判决，通过媒体宣传，也是一种对公众进行环保教育的手段，也可能促进新的立法或资金投入解决问题。所有这些影响可能超出一个胜诉判决本身的价值。环境案件的公民诉讼作为美国环境法的一大特色，在美国实践了 30 多年，从实际效果来看，它能有效地调动公众对环境保护的热情，对于防治环境污染、生态破坏起了很大的作用，同时对环保机关提高行政效率也有积极的影响。

183. 公民诉讼与政府执法之间存在什么关系?

提起公民诉讼在程序上有一个前提条件，即提前通知 EPA、州和被指证的违法者。如果 EPA 或州政府已经启动执法或勤勉履行义务，则公民诉讼无法提起。这体现了政府是首要执法者，而公民作为监督者或协助执法者的原则，公民诉讼的主要目的是协助而非取代政府行为。当然，公民可以依法参加关于行政执法的诉讼，法庭必须允许公民参加诉讼并提交单独的法律文件。同样，EPA 也能够依法参加任何公民诉讼。

184．环保非政府组织在环境执法中发挥着怎样的监督作用？

美国环保非政府组织在监督政府环境执法和敦促企业遵守环境法中发挥着十分独特而重要的作用，参与途径主要包括：①利用自身资源调查并公开违反环境保护法的行为；②参加环境执法相关部门关于执法方案的听证会；③通过公益诉讼的方式，参与对违法环境行为的斗争，利用司法资源保障环保法律规定得以实现等。

最早的环保组织行使环境诉讼权是在 1965 年，纽约州哈德逊河沿岸的一些房产主联合起来，以“保护美丽哈德逊河联合会”的名义，对联邦动力委员会提起诉讼，反对该委员会批准电力公司在哈德逊河上修建跨河电缆。法院裁定环保团体享有为保护风景、历史遗迹和户外娱乐价值而在法院起诉的权利。这个案例开启了现代美国环保 NGO 诉讼的先河。

专栏 7-1 美国“地球之友”2000 年诉莱德洛公司案

美国联邦最高法院于 2000 年审结的“地球之友”诉莱德洛公司案，是影响美国环境公益诉讼原告资格的重要判例。在该案中，环保组织“地球之友”根据《清洁水法》的规定，起诉莱德洛公司违反排污许可，排放了过量的汞和其他污染物，要求法院进行禁令救济并对莱德洛公司进行民事罚款。

莱德洛公司于 1986 年从南卡罗来纳州购买了一套有毒废弃物焚烧设备，并获得了该州“国家污染减排项目”许可证，莱德洛公司可在许可证限制范围内向北泰戈尔河排放污染物。然而，1987—1995 年，莱德洛公司违反许可证的规定，超标排放污染物近 500 次。

“地球之友”提起诉讼后，被告莱德洛公司辩称环保组织“地球之友”缺乏原告资格，该辩称被初审法院否决。初审法院经审理后认定莱德洛公司违反许可证规定达 489 次，决定对该公司处以 405 800 美元的民事罚款，但拒绝颁发禁令。原告“地球之友”认为该罚款数额太少而提起上诉。上诉法院认为，诉讼开始后莱德洛公司已经遵循法律和许可证的规定，再对罚款数额提起上诉已无意义，因而驳回了“地球之友”的上诉。上诉法院还解释，民事罚款是支付给美国国库以救济原告所受的损害，原告上诉不符合可救济性要求。

原告不服，再次上诉至联邦最高法院。联邦最高法院推翻了上诉法院对“地球之友”原告资格的认定。联邦最高法院重申了原告资格需具备的三个条件：1. 原告具有具体明确或紧迫的事实损害；2. 损害可归因于被诉的行为；3. 救济损害的可能性。

联邦最高法院法官认为，原告成员在书面证词中提出他们在河中垂钓和游泳受到阻碍，符合原告资格的前两个条件，通过对莱德洛公司的民事罚款可以阻止、威慑该公司、其他组织及个人将来的污染行为，“地球之友”只能从诉讼中间接获益，不构成其原告资格的致命威胁。也就是说，原告所受的损害具有救济可能性。

“地球之友”诉莱德洛公司案，承认了“对环境污染后果的合理担心”可构成事实损害，大大拓宽了美国环境公民诉讼原告资格的范围。

在过去的30年中，环保非政府组织（包括公民个人）依据联邦及州的公民诉讼条款提起的诉讼逾千件。

环境执法技术支撑体系

185．国家环境研究中心的主要职能是什么？

为了创造一个高效的实验室系统，美国环保局（EPA）对所属的实验室进行了整合，将原有的42个减少为22个。与EPA的组织架构一样，实验室体系的组织架构反映了主导着20世纪70年代政治思想的分权和集权的矛盾原则。

以下是EPA现有的4个国家环境研究中心：

- 位于北卡罗来纳州三角研究园的健康影响研究中心
- 位于俄亥俄州辛辛那提的工程与控制技术研究中心，以及联合实验室（安德鲁·布莱登巴赫环境研究中心），包括：
  - 风险降低工程实验室
  - 环境监测系统实验室
- 位于俄勒冈州科瓦利斯的生态学研究中心
- 位于内华达拉斯维加斯的监测研究中心

实验室系统的规划者希望通过功能性、跨介质（如空气、水、固体等）地系统整合和扩大这4个EPA的国家环境研究中心，可有力地推动科学技术的发展，以应对EPA的全国广泛的任务。

186．国家执法调查中心的主要职能是什么？

国家执法调查中心（National Enforcement Investigations Center，NEIC）是EPA 的下属机构——国家执法与守法保障办公室（OECA）内设的环境司法机构（environmental forensics center）。国家执法调查中心在环境执法中具有独特的作用。国家执法调查中心坐落于丹佛地区，主要负责环境事故、环境污染、环境破坏等方面的调查与鉴定。

国家执法调查中心作为国家技术资源和调查单位，在调查和发现证据方面的专业知识可以促进案例进展并提供诉讼支持。国家执法调查中心向执法和合规监测的助理局长报告。需注意的是，地区办公室环保局局长和空气辐射助理局长可以要求国家执法调查中心参与具有优先意义、国家意义或多区域性的案件，而不是涉及更多常规事务的案件。为应对环境执法调查中的无章可循的方法问题，国家执法调查中心发展出了基于调查的符合程序、新的分析与现场调查、专家咨询与建议等方法。NEIC 在支持复杂的刑事和民事执法调查，以及进行应用研究和开发，从而为执法计划提供足够的科学工具和应用等方面发挥着独特的作用。目前在国家执法调查中心工作的大约有 70 名鉴证专家与技术人员。国家执法调查中心为联邦环境的刑事和民事执法提供了充分的科学手段与措施。①

NEIC 的操作遵守 ISO/IEC 17025：2005 标准以及补充的取证要求。NEIC 也拥有其他特殊方法的认证，如通过了国家标准与技术研究所认证的块状石棉纤维分析等。NEIC 通过认证的工作范围如下：

（1）现场采样

a. 水和废水的采样

b. 石棉采样

c. 表面和土壤采样

d. 容器和贮水池采样

e. 空气采样

（2）现场测量或监测

a. 铅检测和修复（LDAR）监测

b. 污染场地的安全监控和筛选

c. 常规的物理现场测量

（3）实验室分析

a. 色谱法（带有各种检测器技术的气相色谱和液相色谱）

b. 分子光谱和衍射

c. 元素分析

d. 显微镜（光和偏光显微镜，扫描电子显微镜）

---

① 参见 National Enforcement Investigations Center（NEIC），https：//www.epa.gov/enforcement/national-enforcement-investigations-center-neic. 2017 年 10 月 27 日访问。

e.《资源保护与回收法》(RCRA)的有害固体废物特性测试、物理性能测试和样品制备[①]

187．区域环境实验室主要职能是什么?

为了回应尼克松总统的“新联邦主义”的权力下放趋势，并意识到各区域之间生态与优先事项的明显差异，EPA 决定给每个地区办公室总部配备一个实验室。

目前全美国一共有 18 个区域的环境实验室，在 EPA 划分的全国 10 个区域中，每个区域都至少有一个实验室。[②]以区域六的环境服务部门实验室为例[③]，该实验室位于得克萨斯州休斯敦，使用最先进的技术和有机、无机和生物分析方法，提供有质量保证的分析支持。实验室还对环境监测实验室和公共供水实验室进行技术审计。该实验室的职能如下:

- 管理区域六的实验室合同计划，执行样品进度安排、样品运送、数据验证、数据核实和数据可用性;
- 向该地区以及联邦、州、部落和地方实体提供专业技术;
- 协调技术援助，包括执行分析的方法和流程;
- 为民事和刑事执法案件提供专业的证据支持。

休斯敦环境实验室符合 ISO / IEC 17025 的要求，并被认证可以对空气、饮用水、非饮用水、固体和化学材料中的污染物进行分析。

188．国家空气有毒物质趋势站的功能是什么?

目前，《清洁空气法》(CAA)规定了 187 种与各种不良的健康影响(包括癌症和神经系统的影响)相关的有害空气污染物(HAP)或空气有毒物质。这些空气有毒物质来自于多种排污企业，包括重大固定源和流动源，导致人群暴露在这些污染物之下。

为了满足长期的具有质量一致性的有害空气污染物(HAP)监测数据的需要，

---

① https：//www.epa.gov/enforcement/national-enforcement-investigations-center-neic.

② https：//www.epa.gov/history/why-are-our-regional-offices-and-labs-located-where-they-are-historical-perspective- siting.

③ https：//www.epa.gov/aboutepa/about-region-6s-environmental-services-branch-laboratory.

EPA 构建了国家空气有毒物质趋势站（NATTS）网络。[①]NATTS 网络的主要目的是跟踪环境空气中毒性水平的趋势，以便衡量减少排放和风险目标的进展情况，评估和核实空气质量模型（如接触评估、排放控制策略发展等），以及提供排污企业接收器模型（source-receptor model）的直接输入数据等。

目前，空气有毒物质监测站点网络分布在全美国的 27 个地点（20 个在城市，7 个在农村）。在 2003 年完成了 13 个站点，2004 年完成了 10 个，2007 年和 2008 年每年完成了两个。[②]每个 NATTS 通常监测 100 种以上的污染物，尽管必须监测的污染物只有 19 种，包括：

- 丙烯醛
- 苯
- 1,3-丁二烯
- 四氯化碳
- 氯仿
- 全氯乙烯（四氯乙烯）
- 三氯乙烯
- 氯乙烯
- 乙醛
- 甲醛
- 苯并[*a*]芘
- 萘
- 砷化合物（PM_{10}）
- 铍化合物（PM_{10}）
- 镉化合物（PM_{10}）
- 铅化合物（PM_{10}）
- 锰化合物（PM_{10}）
- 镍化合物（PM_{10}）
- 六价铬（TSP）

① https：//www3.epa.gov/ttn/amtic/natts.html.

② National Air Toxics Trends Station Work Plan Template Revised：March 2015.

189. 什么是“执法和合规历史在线查询系统”？

执法和合规历史在线（ECHO）查询系统是由 EPA 环境执法和合规保证办公室开发并维护的在线工具。ECHO 系统对全国范围约 80 万家受管制的企业提供环境法律法规的合规和执法的信息。同时也提供州一级执法和合规活动的信息。

ECHO 系统向社区提供受管制设施重要的环境执法和合规信息。ECHO 系统将来自不同的数据库系统中对设施进行执法的相关数据进行整合，以容易理解和可搜索的形式，以全面、有条理的方式在线提供这些系统的数据。ECHO 系统还允许用户根据自身需要以多种方式对数据进行排序和分析。公众可以监察社区的环境合规性，企业可以监测其拥有的设施的合规性，投资者在决策时可以更容易地考虑环境绩效等。[①]

ECHO 系统包括环境许可证、检查、违规情况、执法行动，以及 EPA 管制的设施的处罚信息。设施的信息通常涵盖过去 5 年以及 4 个主要的环境法规。数据包括大型设施和很多较小的设施。设施包括《清洁空气法》（CAA）的固定源；持有《清洁水法》（CWA）国家污染物排放削减系统（NPDES）的直接排放许可证的设施；《资源保护与回收法》（RCRA）规定的危险废物生产者和处理者；《饮用水安全法》（SDWA）规定的公共饮用水系统。ECHO 还包括其他环境法规下的 EPA 案例的信息，在能获得信息的情况下，还会提供周边的人口统计信息。ECHO 还提供其他 EPA 的环境数据集，以便为分析提供其他背景信息，如有毒物质排放目录的数据。此外，还提供了州的合规和执法活动的汇总数据。

ECHO 系统从许多 EPA 和一些非 EPA 的数据库中提取数据，并组织信息以促进跨数据库分析。ECHO 系统包括综合空气合规信息系统（ICIS-Air）、综合合规信息系统—国家污染物排放清除系统（ICIS-NPDES）、资源保护与回收法信息系统（RCRA Info）、安全饮用水信息系统（SDWIS）、综合合规信息系统（ICIS）、设施注册服务（FRS）、有毒物质排放目录（TRI）和美国人口普查中的空气、水和危险废物等数据。EPA、州和地方环境机构和设施收集的数据大多都提交给了这些系统。

一般来说，ECHO 系统的数据每周更新一次。有一些情况例外，例如，安全饮用水法数据每季度更新一次。实时数据不会在 ECHO 上显示。

---

① https：//echo.epa.gov/resources/general-info/echo-faq.

190．“执法和合规历史在线查询系统”的数据如何服务执法？

EPA 和各州使用 ECHO 数据对环境表现和执法效率的趋势进行分析。EPA 和各州使用这些数据，以及相关的提示、投诉和其他信息，以帮助确定在哪里进行合规援助或执法工作。网络和电脑的普及，增加了基于数据来做决定的可能性。EPA 和各州还会定期地制定报告，评估可能会出现需要被解决合规问题的地点。在很多情况下，最初的优先事项的决定都是基于数据库中体现的合规性情况。

ECHO 系统可以在线生成以下几种报告：

（1）设施概要报告。设施概要报告是进行设施搜索后看到的第一个页面。它包含满足搜索条件的设施名称列表，以及相应的检查次数（最近 5 年）、不合规季度（最近 3 年）和正式的执法行动（最近 5 年）。有一个“是/否”的指示用于表示一个设施当前是否有重大违规。可以通过单击“自定义列”按钮添加数据列，并将结果下载到 Excel 中。

（2）详细的设施报告。该报告提供更加详细的信息，包括：设施位置、特点、监管类别以及检查日期、违规情况、违规的污染物、政府采取的执法行动、政府采取的非正式执法行动、评估的处罚和设施周边地区的人口统计信息。

（3）环保局执法案件报告。该报告提供了 EPA 执行的执法案件的更多细节。

（4）空气污染物报告。该报告提供设施十年间 EPA 计划的空气排放数据。设施排放的情况以污染物和 EPA 计划来分类呈现。通过将四个不同的 EPA 计划的排放数据合并为一份报告，空气污染物报告为用户了解设施的完整排放情况提供了全面的资源。

191．“执法和合规历史在线查询系统”的数据与美国环保局公布的数据有何区别？

执法和合规历史在线数据库（ECHO）系统有两个特点是美国环保局（EPA）其他网站所不具备的。第一，该系统能为用户整合信息并做出分析。第二，该系统具备提供审查、违规和执法行动的相关数据。

EPA 的其他网站专注于对单类数据的搜索，如有毒物质释放清单。这些单类数据在某个特殊领域提供了十分具体的信息，但是不能在系统范围内对某企业的所有信息进行整合。EPA 的环境因子系统允许跨项目搜索，但是并不具备整合数据的能力。ECHO 系统和环境因子有许多不同之处。主要来说，环境因子更注重对企业的地点、许可证以及污染排放信息地理空间上的搜索。ECHO 则注重于合规和执法数据以及附加的分析功能，帮助用户在搜索中合并污染物、人口统计以及合规因子。

192. 什么是“国家污染物排放削减系统电子报告”？

所谓“国家污染物排放削减系统电子报告”，是指用电子化的方式报告接受监管企业污染排放削减情况。由 EPA 在 2015 年 9 月 24 日签署了《NPDES 电子报告规定》，将会使《清洁水法》的报告更加现代化。该规定用电子的 NPDES 报告取代了大多数的纸质报告要求。特别地，该规定要求受监管企业电子化地报告信息，而无须再填写纸质的报告，包括以下报告：

- 排放监测报告（DMR）
- 遵守许可证的要求执行排放的意向通知（NOI）
- 其他特定的计划报告

该规定还要求州和其他监管机构与 EPA 电子化地共享数据，包括许可证、合规监测（如检查）、确定违规以及执法行动的数据。

国家污染物排放削减系统电子报告解决了如下问题：

- 使 EPA 和州环保部门可以高效地利用有限的资源，策略性地解决最严重的水污染问题
- 支持了对国家水域提供更好保护的目标
- 通过提供更及时、完整、准确以及全国一致的 NPDES 计划数据集来提高透明度
- 为许可证持有者、州、部落、自治区和美国政府节省时间和资源
- 扩大了环保部门向公众提供更多数据的能力
- 利用信息技术的进步
- 支持了整个 EPA 从纸张到电子报告的努力
- 提高数据准确性
- 提高合规性

报告的数据将会以电子化的方式通过执法和合规历史在线（ECHO）查询系统向公众提供。[①]

---

① https：//www.epa.gov/compliance/npdes-ereporting.

193. 什么是“连续排放监测系统”和“预测排放监测系统”？

连续排放监测（CEM）系统用于确定气体或颗粒物浓度或排放率所需的所有设备，使用污染物分析仪测量，以及运用转换方程、图表或计算机程序，得出适用于相关排放限制或标准的装置的结果。标准的 CEM 系统由样品探针、过滤器、样品线、气体调节系统、校准气体系统以及一系列反映监测参数的气体分析仪组成。典型的监测排放包括：二氧化硫、氮氧化物、一氧化碳、二氧化碳、氯化氢、空气颗粒物、汞、挥发性有机化合物和氧气。CEM 系统还可以测量气流、烟气不透明度和湿度。

历史上，CEM 系统作为一种监测烟气中氧气、一氧化碳和二氧化碳气体的工具，为工业环境中的燃烧控制提供信息。它们目前被用作评判空气排放标准的一种手段，如用于 EPA 的酸雨计划、其他联邦的排放计划，或各州允许的排放标准等。企业使用 CEM 系统持续收集、记录和报告所需的排放数据。

根据某些 EPA 规定，在检验是否持续合规或是否超出标准时，需要使用 CEM 系统。每个 EPA 规则的子部分都规定了用于落实 CEM 系统准确性和精密性的参考方法。在刚刚安装 CEM 系统之后或在法规规定的其他情况下，需要用性能说明书对 CEM 系统的可接受性（acceptability）进行评估。

在美国，EPA 要求通过数据采集和处理系统收集和报告数据。二氧化硫的排放需要同时使用二氧化硫污染浓度监测仪和容积流量监测仪进行测量。对于 NO_x，需要用污染物浓度监测仪和稀释气体监测仪确定排放速率。不透明度也必须被监控。在监测这些排放的过程中，系统必须连续运行，并且必须能够采样、分析和记录数据，至少每 15 min 一次，然后使用每小时的平均数据。

预测排放监测（PEM）系统用于确定气体浓度或排放速率所需的所有设备，使用处理或控制设备的操作参数测量，以及运用转换方程式、图形或计算机程序，得出适用于相关排放限制或标准的装置的结果。EPA 正在研究 PEM 系统对各种排污企业的 NO_x 合规性测定的适用性，目前已经编写了一份用于评估 PEM 系统的准确性和精密性的实验计划草案，预计在不久的将来投入使用。[①]

---

① https：//www.epa.gov/emc/emc-continuous-emission-monitoring-systems.

194．数据检查与合同合规性的要求是什么？

在实验室完成必要的分析后，必须由数据的使用者对分析的数据进行审查。数据用户使用国家功能指南（NFG）来审查分析数据，以确定是否需要采取额外的行动。

规定要求实验室提交电子版的数据以及纸质版的备份，以确保数据分析是按照合同中的要求进行。审查的结果再通过网络对用户进行公开。

20 世纪 90 年代之前，每个 EPA 地区办公室都有自己的指导守则来确定分析数据的可用性，因此在数据审核上并不一致。分析服务部门（ASB）为此成立了专门的工作组，并与所有环保局地区办事处的代表一起，开发了第一个也是最广泛使用的统一国家功能指导方针（NFG），制定了基准指导，并解决了分析数据的问题。

NFG 协助数据审查员评估分析数据是否满足质量控制标准，以及判断数据的可用性。NFG 还在空白对照、校准标准和仪器性能检查等领域提供了权威性的指导，并帮助审查员对受现场条件影响的数据，以及因此没有满足特定阈值的要求进行主观判断。

195．什么是"目标检查模型"？

目标检查模型（ITM）是由 EPA 开发的，用于更准确地确定检查的目标设施，使检查计划的过程更加高效和数据导向。该模型利用 ECHO 的数据，目的是将有良好合规记录的设施与记录显示有历史合规问题的设施区分开。

ITM 评估设施的依据有：检查频率、违规状态、合规进度安排、执法历史、排放的数据、设施的性质，然后根据特定的权重算法，得出一个分数排名。[①]

196．用于计算罚款的"BEN 模型"是什么？

BEN 模型是由 EPA 开发的，用于计算违规者通过拖延或避免遵守环境法律法规而获得的经济利益。通过 BEN 模型计算经济利益所得，从而决定民事处罚金额的第一步，至少保证将违规所得的经济利益扣除，确保所有企业获得公平的市场竞争环境以及其他受管制企业能认真遵守环境法律。

---

① EPA，NPDES Compliance Inspection Manual，Interim Revised Version，January 2017，Page 19.

经济利益所得部分是指通过延迟或避免一些环境开销而获得的利益。所延迟的花销包括污染控制设备的资本投资、移除不符合许可要求的填充材料和对湿地的修复，或要求符合环境法规的一次性支出等。所避免的花销包括操作和维护的费用或其他相关的费用。

BEN 模型很容易操作，是专门为没有经济学、财务分析或计算机背景的人设计的。该程序包括计算经济效益所需的许多变量的标准。BEN 在只有少量输入值的情况下也可以操作，它还可以使用标准值之外的数值。

BEN 模型必需的输入值有：①案件名称、利润；②资本投资；③一次性非折旧支出；④年度支出；⑤违规日期；⑥合规日期；⑦处罚金交纳日期。非必需的输入值有：①污染控制设备的使用年限；②1986 年和之前的收入税；③1993 年和之后的收入税；④通货膨胀率；⑤折现率。

197．联邦测量关键空气污染物的参考和等效方法是指什么？

EPA 控制着全国范围的空气监测网络，以测量六大主要的空气标准污染物：一氧化碳、铅、二氧化硫、臭氧、二氧化氮和颗粒物（PM_{10} 和 $PM_{2.5}$），作为其保护人类健康和环境的使命的一部分。

为了支持监测工作，EPA 科学家评估确定哪些方法是可以在室外空气中准确可靠地测量这些污染物，这些方法被称为联邦参考方法（FRM）。FRM 被州和其他监测组织用来评估实现联邦《清洁空气法》中的国家环境空气质量标准（NAAQS）实施行动是否有效。FRM 是空气污染监测系统的“黄金标准”，确保不同地方收集的空气质量数据是准确的，并且是以相同的方式收集的。

为了促进创新和推进新技术，EPA 还审查、测试和批准了其他方法，称为联邦等效方法（FEM）。FEM 与 FRM 采取不同的采样和分析技术，但在确定 NAAQS 是否达标时，需要能够提供相同的决策质量。

EPA 科学家根据新的健康和环境研究数据，每五年对 NAAQS 进行一次审查和完善。通过审查，他们确保测量方法是基于现代技术，并且具有足够的仪器灵敏度来准确测量污染物。为了完成上述工作，EPA 的科学家会在实验室和实地对潜在新的 FRM 进行准确性测试。EPA 的科学家还会编写校准的准则手册并提供技术援助，以协助州、地区和部落在其空气污染监测系统中使用 FRM。

获得批准的新方法会在美国的《联邦公报》中正式公布，FRM / FEM 的列表每年会对针对 FRM 和 FEM 获批的修改而进行几次更新。

198．“参考方法”和“等效方法”清单有哪些内容？

EPA 的国家暴露研究实验室（National Exposure Research Laboratory）的研发办公室每年都会根据 FRM 和 FEM 的修改和删减情况，对指定的 FRM 和 FEM 清单进行几次更新。目前最新更新的清单是在 2017 年 6 月 16 日发布的。一般情况下，更新后的清单都会在 EPA 的网页上发布。①

清单以空气标准污染物一氧化碳、铅、二氧化硫、臭氧、二氧化氮和颗粒物（PM_{10} 和 $PM_{2.5}$）为类别，逐条列出了所在类别所有的 FRM 和 FEM，一般来说都是针对各种污染物的采样、监测、分析仪器。列出的每一条 FRM 或 FEM 会包括仪器名称、仪器型号、生产商名称、推荐的序列号、仪器的操作参数（例如，采样持续时长、流量、测量工作范围、仪器工作温度和电流电压等）。清单的附录还包括所有清单中涉及的生产商的联系方式。

199．国家执法调查中心有哪些先进的监测方法？

由于国家执法调查中心（NEIC）会收到很多独特且不常规的证据样品，通常用于监测环境的标准分析方法可能不足以用于支撑执法的目的。在这种情况下，必须开发新的方法，或者必须对现有方法进行修订，以产生合适的分析数据。方法开发是一个持续的过程，需要 NEIC 所有科学家和工程师积累的知识和经验。

目前，NEIC 正在开发几种环境监测方法，以超越传统的监测特定工业过程中排出的特定污染物的检查方法。这些技术可以寻找污染附近社区以及辨别影响人类健康或环境的污染物类别。这些污染物可能是从污水处理厂或动物饲养场所排放的空气传播的工业化学物质或水传播的药物。以下是 NEIC 监控方法的几个例子：

- 通过可以检测低水平气体（如甲烷和苯）的流动感测装置进行气流的现场分析，这些气体通常与产能有关；
- 实验室分析收集任何跨越工业设施围栏线的有机污染物的被动式空气取样管（passive air sampling tubes）；
- 分析鱼类，以确定只是简单通过废水处理系统的药物如何影响鱼类的生命周期。

---

① https：//www3.epa.gov/ttn/amtic/criteria.html.

200．“超级基金的合同实验室计划”是指什么？

超级基金的合同实验室计划（Superfund CLP）在 EPA 的 10 个地区办公室、联邦、州以及部落机构都适用，包括：超级基金（Superfund，即美国联邦政府为清理有毒废物所设立的基金）、有污染的土地［即棕地（brownfield）］、《资源保护与回收法》（RCRA）以及一些石油项目。EPA 通过与地方实验室签订合同的形式，与其进行合作。因为该支撑体系，合同实验室计划（CLP）可以提供灵活的、低成本的分析服务。

超级基金合同实验室计划的主要服务是为客户提供已知的和高质量的分析数据。CLP 通过化学分析服务提供数据，并实施支持服务，以确保为 CLP 用户提供已知和高质量的数据。

所有的分析服务都是由 EPA 授权的合作实验室完成的，这些实验室满足严格的要求和标准。CLP 处理的每个样本都有适当的文档记录，以确保对所有请求的参数进行及时和准确的分析。这个过程创建了可以在潜在的执法操作中使用的样本数据。

自 1980 年 CLP 成立以来，超过 180 个 CLP 实验室对超过 20 900 个地点的样本进行了超过 370 万次的分析，费用约为 431 500 000 美元。CLP 通过它提供的分析服务的类型、实验室可以分析的样本数量，以及它提供的支持服务，将其对客户服务的承诺，以及它满足客户需求变化的能力展现无遗。CLP 服务允许用户选择组合分析参数、数据周转时间和检测限制。

CLP 数据用于各种目的，如定义超级基金站点的污染性质和程度，确定适当的清理行动，确定应急响应和补救行动，以及执法或诉讼活动。数据也可以用于危险废物站点调查，包括站点的所有阶段检查、危险排名系统（HRS）得分、补救调查和可行性研究、设计补救等。

CLP 的具体运作是通过一个项目参与者的网络进行操作，参与者管理样本调度、跟踪、分析、数据检查、发票处理和支付的所有方面。CLP 处理的每个样本都完整记录，以确保参数及时、准确和完整的分析。

（1）分析样本

当样本抵达指定实验室后，样本监管人员验证样本的收据以及完好情况，并记录至 CLP 监管链表中。除 EPA 另有指示外，实验室根据适当的 CLP 工作声明进行样本分析。

（2）数据的验证以及合同是否合规

在实验室完成必要的分析后，用户必须对分析所用的数据进行审查。用户通过国家数据审核标准对数据进行审核，从而决定是否需要采取额外的行动。用户还可以根据不同采样地点、具体的采样人员等条件进行补充的数据审核。

用户需要提交电子版以及纸质版的数据，并且两种数据都需通过验证以确保数据分析按照合同中的具体条款进行操作。审核结果会通过网络向大众公开。

（3）开具发票以及支付款项

发票的开具以及支付信息为潜在的执法行动提供了有用的财务信息。CLP 实验室会开具其提供的数据分析服务的发票。①

① https：//www.epa.gov/clp/what-superfund-clp-and-how-does-it-work.

附录　案例分析

本部分案例是对本书主要内容回溯性的参考，是针对美国环境诉讼这一重要执法手段的深入解读。

本部分内容针对美国《清洁空气法》《资源保护与回收法》《清洁水法》等各挑选了 2 个具有代表性的案例，较为全面地揭示美国民事环境诉讼的过程，充分显示了环境诉讼对于环境执法效果的重大作用，同时也反映了环境执法本身技术要求高、利益相关方博弈的多重性、案件审理的错综复杂性等特点。

案例一：保护哈德逊优美环境协会诉联邦电力委员会案①

➢ 案件背景

该案发生在 1965 年，是保护哈德逊优美环境协会（Scenic Hudson Preservation Conference，以下简称协会）诉联邦电力委员会的实际案例。该案件的起因是上述两者在是否应该在位于纽约市北面著名的哈德逊（Hudson）河上的名为斯特姆·金（Storm King）山上建一座水力发电站问题上产生了争议。

哈德逊河被誉为美国早期商贸的“丝绸之路”，曾在美国经济发展历史上发挥了十分重要的作用。然而，20 世纪 60 年代初，纽约一家颇具影响力的电力公司 Consolidated Edison（以下简称 Con Ed）提出要在 Storm King 山上建造一座泵式储蓄水电站，以缓解纽约城电力使用高峰期的供电压力。蓄水电站的浩大工程不仅要“改造”山顶，还要在居民区开辟一条 38.1 m 宽的道路。毋庸置疑，这将对哈德逊高地的风俗地貌、文化氛围造成巨大的损害，引来了许多当地环境保护主义者的一致反对。

这些持反对意见的地方居民是富有且世故的环境保护主义者。1963 年 11 月，一位名叫史蒂芬·杜根（Stephen Duggan）的保护主义者、华尔街律师组建了保护哈德逊优美环境协会，该组织在成立不久就展开了对 Con Ed 的战斗。该组织与一些当地优秀的律师事务所、公关公司以及基金资助的专家们开展了合作。该组

① Scenic Hudson Preservation Conference V. Federal Power Commission（1965）.

织拥有 3 名专职人员和大量的志愿者。为提高公众环保意识，协会每月派发 24 万封邮件，并接收来自 48 个州和 14 个国家 22 万人的捐助。该组织的做法还受到政府官员（如 Robert Kennedy）、名人（如歌手 Pete Seeger 和演员 James Cagney）以及诸如塞拉俱乐部（Sierra Club）和奥特朋协会（Audubon Society）等自然环保组织的大力支持。在协会的大力宣传之后，此前出于获得工作机会和经济利益等考虑而支持该工程的居民也开始厌恶该项工程，甚至 Con Ed 公司的股东也将自己的股息捐给协会，以帮助该组织与工程进行抗争。与此同时，当地的两个镇也加入到反对拟建电力线和传输塔的战斗中。

事实上，哈德逊高地的价值并不仅仅是自然的美丽和历史意义。哈德逊河是孕育多种多样娱乐业和渔业的亚特兰大海岸两大基地之一。其中，最重要的渔业产品是带状鲈鱼（striped bass），占据了美国带状鲈鱼市场供给份额的 60%～80%。然而，电站非法排放的有毒物质却毒死了河域内的大量鲈鱼，令众多渔民哗然而起，并将证据呈给了电力委员会。可是，电力委员会在颁发许可证时，通常只考虑发电站是否有现实需要和公司是否有能力承建这两个因素，根本无须顾虑居民和渔民的生活和环境影响，而 Con Ed 公司更将环保团队的反对运动嘲讽为“一些当地梦想家以自我为中心的抱怨”。结果，联邦电力委员会在举行公开听证会后，还是批准了该工程。原因是，联邦电力委员会认为这些证据是“不相关的”，认为在其决策时不可能考虑环境因素。1965 年 3 月，联邦电力委员会颁发了工程许可证。

➢ 立案过程、调查取证、各方角色与力量的博弈

在律师帮助下，该协会向第二巡回上诉法院提起了对联邦电力委员会的诉讼。在当时，美国法院普遍认为，经济利益是起诉的必要条件。Con Ed 公司的律师兰德尔·勒博夫紧紧抓住了这个审判的关键点，语调傲慢地论述电站的强大功能，并称原告只是一些“井底之蛙”并没有诉讼资格。Con Ed 公司最主要的论点是，协会并没有诉讼资格。在当时，由于法院普遍认为经济利益是起诉的必要条件，因而这个论点并非毫无道理。自然资源保护委员会的律师罗伯特·肯尼迪（Robert Kennedy Jr.）举出了下述例子来支持其论点诉讼资格的规则：如果某人提出一个将大峡谷（Grand Canyon）填满旧轮胎的建议，一些环保主义者就会跳出来说因为我们爱大峡谷所以要起诉他们。这时法院就会问，那大峡谷是你们所有的吗？环保主义者就会说当然不是。这样法院就会说，那你们没有诉讼资格，因为你没有显示出对该结果的具体利益。也因为如此，诉讼资格规则从一开始就将环保主

义者拦在了法庭之外。但是，该案具有里程碑式的判决认为，协会享有法律资格，可以对联邦电力委员会提起诉讼，并最终要求联邦电力委员会重新对其此前未考虑的环境因素予以考虑。这是司法史上环境保护团体第一次被允许提起保护公共利益的诉讼，尽管在该案中，原告方提出其具有一些经济利益。但法院认为，在该案中，协会是受损方，因为相关法规规定，联邦电力委员会需要在做出许可决定时考虑娱乐业利益。换句话说，在该案之后，“如果你对诸如河流或公园等公共所有的资源拥有某种利益，即你在其上泛舟、钓鱼、远足，而某些人将要损害公共资源审美的价值或者娱乐价值，那么你就有起诉的资格。”该案的判决开启了环保团体以保护环境的名义起诉政府的大门，并明确了在大量环境法规中“公民诉讼”（citizen suit）条款的应有之义，即公民监督执行是环境法规执行的重要组成部分。

在协会取得重大胜利之后，情况出现了扭转。为了回应法庭的决定，Con Ed 公司对电力生产替代方案进行了研究，并创立渔业政策委员会，最终的研究结果是，所有的替代方案都不可行，并认为公司施工对渔业的影响并不重大。但 Con Ed 公司承诺对工程做出改进：将输电线从抱怨的邻居上方移开、在入口处设置鱼类监视屏，并建立多样的公园和娱乐设施。最终，上诉法院认可了联邦电力委员会已经施行的必要程序，且维持联邦电力委员会对该工程做出的许可。

就在所有人以为协会又将大败而归之际。检查机构发现电力委员会最初关于工程对渔业的影响的结论简直是弥天大谬：印第安点每年将会杀死上亿吨的小鱼和幼苗，根据科学鉴定推断，整个电站引发的污染效应将会是印第安点的两倍之多。联邦电力委员会认为，在引入水时只会造成 3%的鱼死亡，而检查机构发现，印第安点工程每年将会杀死上亿吨的小鱼和幼苗，且运行 10 年后可能会导致带状鲈鱼数量减少 1/3。因此，1974 年 5 月，上诉法院做出因为出现新的渔业影响数据而需要重新听证的决定。

➢ 案件结果

Con Ed 公司在与协会的这场战斗中不仅耗费了整整 15 年的时间，更雪上加霜的是，Storm King 工程迟迟无法动工。1980 年 12 月，协会还是取得了最终的胜利，双方最终达成了一项协议，并签署了称为《哈德逊河和平条约》的文件。“因为 Con Ed 最终没有盈利，这也导致了这场诉讼最后没有涉及金钱的赔偿问题，法院要求 Con Ed 公司必须将所有工程项目改造成公益娱乐设施，对公众开放。”这场没有涉及金钱赔偿，且被美国法律专家和环境保护主义者称作美国现代环境公益诉讼的奠基之作。Storm King 案还促成了自然资源保护委员会（NRDC）的成立，NRDC 公开的档案中对这场诉讼作了此般记述：此前鲜有联邦司法机构否决诸如联邦电力委员会等机构的决定的先例，而且传统上，法官并不情愿处理专业之外的技术事项。而且，它为环保组织开启了一扇门：确立了通过诉讼保护美学和其他非经济利益的司法审判标准，也开创了律师和非政府组织利用诉讼来推动自然资源保护的新时代。Storm King 案后，美国河流保护 NGO 团队如雨后春笋般冒出，他们把这些 NGO 叫作“Water Keeper”，美国近 60 条主要河流都有自己的环保 NGO 组织。哈德逊河流也成立了自己名为“Hudson King”的团队。直到现在，肯尼迪家族还是这个 NGO 组织的赞助者之一。而这一案件也成为美国自然资源保护诉讼中一个值得借鉴的经典案例。

案例二：美国公众环境责任协会诉美国环保局行政案

➢ 案件背景

美国公众环境责任协会（PEER）寻求机会强迫美国环保局（EPA）对行政请愿做出回应，修改其《资源保护与回收法》中对腐蚀性特征的定义。PEER 宣称《资源保护与回收法》中，危险废物的碱性腐蚀性的标准高出世界卫生组织同一标准数十倍。

➢ 立案过程

2011 年 9 月 8 日，EPA 科学家 Catherine 博士，联合 PEER，向美国哥伦比亚特区法院提出了行政请愿，要求 EPA 重新对其《资源保护与回收法》中对腐蚀性特征的定义做出修改。根据原告所提供的证据，EPA 早在 1980 年第一次制定本法时，就对其所制定的 pH 排放标准将对人体造成不可逆的损害的事实知情，却没有做出更改，有故意隐瞒大众的嫌疑。原告方还提出，一名资深的 EPA 雇员曾承认了 EPA 在制定液态水 pH 标准时有所偏颇。

2014 年 9 月 9 日，原告方正式对 EPA 提出了诉讼，声明 EPA 无理由推迟了对 2011 年请愿的回应。原告方要求法院强制要求 EPA 做出回应。

2015 年 2 月 24 日，原告方和 EPA 与法院共同签署了一份联合行动书，要求 EPA 在 2016 年 3 月 31 日前必须对本请愿做出相应的答复。其回复必须包括法规制定预告通知（ANPERM），法规制定通知（NPRM），或否认起诉的暂时决定。随后，EPA 也发出声明表示将在合理的时间范围内完成行政程序。

➢ 力量博弈

《资源保护与回收法》所定义的有害废物要求适当的处理，运输以及排放以避免公众对其的接触，如果正如 PEER 所述，那么错误的标准造成的结果就是多种需要被限制的材料都并没有在保护法案的监督下被定义为有害废物，这将会对公众产生巨大的伤害。

然而，也有业内人士宣称，如果 pH 被修改为低于原法案，类似氨一样的，被定义为无害的大量碱基材料，将会突然成为需要管理的危险物。这一情况将从基础上改变涉及《资源保护与回收法》的产业，它不单单将影响已经受法案限制的行业，因为他们将会处理更多的材料，还可能将其他非典型的产业卷入其中。

➢ 案件结果

EPA 还未对此案件做出最后的回应，法院还将对此案件进行进一步的审理。

案例三：马萨诸塞州诉美国环保局案

➢ 案件背景

根据联合国政府间气候变化专门委员会（IPCC）发表的第四份全球气候变化评估报告，气候变暖已是毋庸置疑的事实，而全球气候变暖有超过 90%的可能性是由人类活动导致的。飓风、洪水、干旱、雪灾等极端气候的频频出现印证了气候变化问题对人类社会生存与发展的威胁。然而，美国政府却并没有在气候变暖问题上采取有力措施。与联邦政府层面的不作为相比，美国各州政府和美国民间却已经启动积极行动以应对气候变化问题。美国首例由联邦最高法院审理的气候变化公民诉讼案——马萨诸塞州诉 EPA 案便是在此背景下发生的。该案当事人涉及美国 22 个州、4 个地方政府、19 个非政府组织（NGOs）和 EPA，时间跨度达 4 年之久（从向联邦上诉法院起诉到联邦最高法院判定为止）。

➢ 诉讼双方

原告方：加利福尼亚州，康涅狄格州，伊利诺伊州，缅因州，马萨诸塞州，新泽西州，新墨西哥州，纽约州，俄勒冈州，罗得岛州，佛蒙特州，华盛顿州，纽约市，巴尔的摩市，华盛顿特区，美属萨摩亚，组织生物多样性中心，食品安全中心，保护法基金会，环境倡导者组织，美国环保协会，地球之友，绿色和平组织，国际技术评估中心，国家环境信托基金，自然资源保护委员会，塞拉俱乐部，有关科学家联合会和美国公共利益研究小组。

• 被告方：EPA、汽车制造商联盟、国家汽车经销商协会、发动机制造商协会、卡车制造商协会、二氧化碳诉讼集团、公用事业空气管理集团以及密歇根州、阿拉斯加州、爱达荷州、堪萨斯州、内布拉斯加州、北部达科他州，俄亥俄州、南达科他州、得克萨斯州和犹他州[①]。

➢ 案件起因

1999 年 10 月 20 日，19 个非政府组织（NGOs）向 EPA 提出申请，要求其根据《清洁空气法》第 202（a）（1）条制定标准以限制来自新机动车辆的温室气体排放。申请方指出，机动车辆造成的二氧化碳、甲烷、一氧化二氮以及氢氟碳化合物等温室气体的排放已经极大地加快了气候变化的程度，而气候变化将会对人体健康和环境造成严重的不利影响。由于 EPA 拥有规制二氧化碳等温室气体的权力，因此请求其对新生产的汽车制定排放标准。

2003 年 9 月 8 日，EPA 签发一项命令拒绝此项请求，签发该命令有两个依据：首先，《清洁空气法》并未授权 EPA 就全球气候变化问题制定法规标准的权力；其次，即使 EPA 有权设立温室气体的排放标准，此时制定标准也是不合适的，因为温室气体积聚与气候变化之间的因果关系“还不是完全确定的”。基于不确定性考虑，EPA 此时规制温室气体排放并不明智，而且该标准对于全球气候变化“影响甚微”。与此同时，制定标准会与布什总统关于气候变暖的综合应对模式冲突，尤其是单方面制定标准会有害于总统与发展中国家进行温室气体减排谈判的能力。[②]

2013 年 10 月，环保组织联合马萨诸塞州等 29 个原告对该命令提起诉讼，称 EPA 对由交通部门产生的包括二氧化碳在内的四种温室气体未加管理而导致了全球气候变化，并由此造成了许多负面影响，如引起马萨诸塞州海平面升高等，要求 EPA 行使监管职责，制定机动车污染物排放标准。

➢ 诉讼过程

2003 年 10 月，依据《清洁空气法》中的管辖规定，环保组织联合马萨诸塞州等 29 个原告，以 EPA 为被告向华盛顿特区联邦上诉法院提起诉讼，提请法庭审查 EPA 的决定。上诉法院组成三人合议庭于 2005 年 4 月 8 日进行审判，并于当年 7 月 15 日做出判决。Randolph 法官认为，EPA 做出决定不仅需要考虑科学

---

① Jonathan Zasloff，Massachusetts v. EnvironmentalProtection Agency，102 Am. J. Int'l L. 134，143（2008）.

② 杨兴，胡苑. 马萨诸塞州诉 EPA 案的述评[J]. 时代法学，2013，11（3）.

证据，也需要考虑议会行动背后的一些政策因素。在此大前提下，EPA 依据科学不确定性和单边规制美国机动车辆温室气体排放将有害于总统谈判能力的立场等思路来做出拒绝的决定，是具有合理性的。Sentelle 法官另行撰写意见认为，原告没有“满足《宪法》第三条所要求的起诉资格要件中的损害要件”，原告所主张的全球变暖是“对人类广泛的损害”，而非对原告“特定的损害”。Tatel 法官则不同意以上两位法官的意见，Tatel 法官强调 EPA 未对原告请求的事实基础做出任何回应，并认为至少马萨诸塞州是“符合《宪法》第三条要求的起诉资格要件，即损害、因果关系和可救济性的任何一个要件”。

尽管三位法官就原告诉讼资格和案件事实做出不同意见，但根据法院多数意见表决规则，法院判决即使 EPA 拥有法律授权来规制新机动车辆的温室气体排放，该局对原告制定标准请求的拒绝也是正确行使其授权。因此，一审以原告败诉告终。

2006 年 3 月 2 日，原告请求联邦最高法院调卷复核。原告称 EPA 未履行其在《清洁空气法》项下的职责来规制包括二氧化碳在内的 4 种温室气体的排放。原告要求法庭就《清洁空气法》第 202（a）（1）条的含义回答两个问题：其一，EPA 是否拥有法律授权来规制新机动车辆的温室气体排放；其二，如果 EPA 有权规制以上事项，那么其拒绝制定标准的理由是否符合法律规定。作为被告，EPA 和诉讼中加入的多个州和商业协会辩称最高法院不应考虑这两个问题，除非原告中至少有一方具有《宪法》第三条要求的起诉资格。2006 年 6 月 26 日，联邦最高法院决定接受申请，颁发调卷令，并于 2006 年 11 月 29 日审理该案。

➢ 案件结果

2007 年 4 月 2 日，联邦最高法院就此案做出判决，最高法院 9 位大法官以 5∶4 的决定判定华盛顿特区上诉法院判决无效，支持马萨诸塞州等原告的诉求。在最高法院的判决中，法院针对 EPA 的观点认为：

第一，马萨诸塞州等原告在事实上具有要求 EPA 监管二氧化碳等温室气体的起诉资格。提起诉讼应当具备损害事实、因果关系、损害赔偿等条件。法院认为 EPA 拒绝监管二氧化碳给马萨诸塞州造成“事实上的”和“巨大的”损害，特别是海平面的升高，而且这种与气候变化相关的损害是严重的、公认的。法院认为，EPA 既不怀疑人为的温室气体排放与全球变暖之间的因果联系却又拒绝监管排放，这种做法至少助长了对马萨诸塞州的损害。法院虽然承认监管由交通部门产生的温室气体不能够逆转全球变暖，但认为此类行为在减缓变暖问题上可以发挥作用。

第二，EPA有权对温室气体进行监管。法院认为，二氧化碳符合美国法律对空气污染物所下的广泛的定义，“EPA不能举证证明国会抑制环保局将温室气体认定为空气污染物的权力”，环保局主张监管二氧化碳需要的燃料经济标准应当由运输部制定的主张不能成立。法院认为，在针对全球气候变化这样重要的问题上确实需要多个机构监管，“交通部通过制定每英里能耗标准来促进能效的职责可能会与环保局的环境职责相重叠，但绝不是许可EPA推卸其保护公共卫生及社会福利的责任”，保护公共卫生及社会福利是《清洁空气法》赋予EPA的职责。

第三，EPA必须保护公共健康和福利。法院认为，EPA关于监管由运输部门产生的排放可能妨碍总统劝说主要发展中国家降低排放的说法是不充分的。法院进一步认为，无论是哪一个国家，其国内排放的降低都将减缓全球排放增长的步伐。法院判决，根据《清洁空气法》中清楚的术语界定，EPA只有在它能够确定温室气体不会引起气候变暖时，才可以不颁布有关规章或者有足够理由说明它为什么不能或者能够做此判断。[①]

➢ 案件意义

马萨诸塞州诉 EPA 案是美国第一件具有里程碑意义的气候变化公益诉讼案件，该案体现了美国各州和民间力量通过公民诉讼方式促进政府采取温室气体减排行动的艰巨努力。该案从联邦上诉法院一审到联邦最高法院再审，始终存在较大争议，其中关于原告诉讼资格的争议更是人声鼎沸。在联邦最高法院判决中，原告仅以微弱优势胜诉。尽管关于原告胜诉的理由仍有颇多争议，但该案在明确温室气体属于《清洁空气法》的调整范围、拓展气候变化公民诉讼原告的诉讼资格以及确立公民诉讼可以促进政府采取减排行动等方面，都具有非常积极的意义[②]。

案例四：杜克能源空气污染案

➢ 案件背景

1988年，美国杜克能源公司开始了对其8座燃煤发电厂为期12年的一系列设施现代化改造。发电厂改造包括对锅炉以及“水墙、过热器和回热器”的部分

① 李艳芳.从“马萨诸塞州等诉环保局”案看美国环境法的新进展[J]. 中国人民大学学报，2007（6）.

② Jonathan Zasloff，Massachusetts v. Environmental Protection Agency，102 Am. J. Int'l L. 134，143（2008）.

改造。尽管此次改造花费昂贵，但是将极大地提高杜克能源公司的工作效率。杜克公司并没有向环保局申请此次改造的许可。

2000年12月22日，EPA就杜克能源公司所进行的29次发电厂改造向州地方法院提起诉讼。EPA认为杜克能源公司的发电厂改造缺少防止重大恶化（PSD）许可证。杜克能源公司则认为发电厂的改造行为并不在防止重大恶化（PSD）许可证的管辖范围内，因为发电厂的污染物小时排放率并没有因为现代化改造而改变。此后不久，以美国环保协会为代表，另外三个环境保护团体以利害关系人的身份参加诉讼。美国环境保护协会则认为杜克能源公司的发电厂改造会增加发电厂工作时间，从而导致该公司“年度总排放量”增加，因此，杜克能源公司必须取得防止重大恶化（PSD）许可证。

诉讼双方主张：

美国环境保护协会认为，杜克能源公司未能获得对其发电厂进行改造的许可，违反了《清洁空气法》中的防止重大恶化（PSD）条款，因为发电厂改造项目将增加每年的净排放量。正如EPA所述，防止重大恶化（PSD）条款中的“改造”涉及“年度排放量”的总体增长，而不是“小时排放量”的增加。美国环境保护协会还认为，该案件应由哥伦比亚特区联邦巡回上诉法院受理，而不是第四巡回上诉法院。第四巡回上诉法院没有权力对这一案件做出决定，因为《清洁空气法》依法授予哥伦比亚特区联邦巡回上诉法院管辖权。

杜克能源公司认为，其改造并不需要PSD许可证，因为这些改造项目并没有提高发电厂小时排放率。《清洁空气法》新污染源性能标准（NSPS）将“改造”定义为每小时排放量的增加，防止重大恶化（PSD）条款也应当使用同样的定义标准。此外，由于电厂的使用年限限制以及零件老化问题，对发电厂的现代化改造是非常必要以及不可避免的。在整个的现代化改造过程中，发电厂的小时排放率始终保持不变。因此，杜克能源公司并没有违反《清洁空气法》防止重大恶化（PSD）条款。关于第四巡回上诉法院管辖权的问题，杜克能源公司认为第四巡回上诉法院有权受理该案，因为该案只涉及法律条款解释问题。

➢ 诉讼过程

2003年8月26日，州地方法院基于以下三个事实做出判决：第一，改造是否是“日常维护、修理和更换”；第二，“净排放量增加”是否在只有“小时排放率”增加时才会发生；第三，杜克能源公司在执行改造计划前未能获得防止重大恶化（PSD）许可证是否违反法律条款。

州地方法院在调查后做出判决，认为在防止重大恶化（PSD）条款中，发电厂排放量的“净增加”只能在小时排放率上升的情况下发生。虽然杜克增加了营业时间，但并没有改变其工厂的小时排放率。因此，州地方法院认为杜克能源公司并没有违反防止重大恶化（PSD）条款规定，所以并不需要为现代化改造申请许可证。

随后，美国环境保护协会上诉第四巡回法院。第四巡回法院指出，美国国会明确指出“改造”一词的立法定义在《清洁空气法》防止重大恶化（PSD）条款和《清洁空气法》新污染源性能标准（NSPS）中是一样的。因此，EPA 在 PSD 和 NSPS 中必须使用同样的定义。因此，杜克能源公司并没有违反 PSD 条款。

在第四巡回诉讼决定之后，原告向最高法院提出请愿书。美国最高法院于 2006 年 5 月 15 日受理该案，并于 2007 年全体通过做出了有利于环保团体方的判决。最高法院表示，在《清洁空气法》防止重大恶化（PSD）条款中对“改造”的定义不需要与《清洁空气法》新污染源性能标准（NSPS）保持一致。在该案情况下，“改造”一词及其定义差别很大。法院认定，“净增加”并不是在只有“小时排放率”增加时才会发生。美国环境保护协会胜诉。

案例五：塞福瑞德基金会起诉洪堡纸浆厂

➢　案例背景

美国塞福瑞德（Surfrider）基金会是美国 501（c）（3）基层非营利机构，目前在全球拥有近 55 000 名成员，在保护海洋、海浪和海滩方面有超过 25 年的经验。该机构于 20 世纪 90 年代初向加利福尼亚洪堡湾的主要污染者——一家靠近一个北部码头冲浪点的纸浆厂，提起诉讼。Surfrider 的诉讼是促成了当时美国制定《清洁水法》最大的案件之一。

20 世纪 80 年代后期，路易斯安那太平洋公司（“L-P”）和辛普森纸业公司（“辛普森”）旗下位于洪堡湾北半岛的两家纸浆厂每天将 4 000 万加仑未经处理的废水排入太平洋。工厂在其“牛皮纸”漂白工艺中使用氯，将棕色纸浆变成白纸。1987 年，EPA 允许该工厂运行，但必须在改进的国家污染物排放清除系统（NPDES）许可证下运行。然而，工厂也很快开始违反这些许可证。1988 年年底，EPA 发出投诉，并命令工厂清理废弃物并遵守 NPEDS 的规定。同时，地区的冲浪者和在海滩玩耍的人也抱怨工厂附近难闻和恶臭的水质，并反映这些污染的水导致皮肤和眼睛刺痛、恶心和细菌性的疾病；科学家发现在纸浆氯漂白过程中、烟囱排放物中，以及在工厂排放口附近的鱼类和螃蟹类样品中都有高毒性化学物质存在的痕迹，比如二噁英（一种剧毒的化学物质）和呋喃（杂环有机物，具有毒性且致癌）。

1989 年 5 月，经过一年多的研究工作，在确定了工厂的排放物超过了在 pH 值限定值、慢性毒性物质限定值、总悬浮固体限定量、卫生废物排放限定量、黑液排放、氨氮和稀释率的限定值，以及天然化合物的限定值的情况下，Surfrider 使用《清洁水法》的公民诉讼条款（在提交了与 EPA 签署的意向通知书后的四个月），向工厂提起诉讼。Surfrider 声称，按照《清洁水法》（CWA）§402，工厂没有遵守 NPDES 规定的条款。并进一步声称这是违反 CWA§301（a），33 U.S.C. §1311，这项法律规定必须遵守 CWA，否则禁止将污染物从点源排放到美国的通航水域。根据被告者提交的排污监测报告和不合规报告，再结合美国联邦报告的要求和对被告的 NPDES 许可规定，Surfrider 获取了被告者的具体违反行为。Surfrider 还声称，两家工厂在 1983 年涉嫌民事侵权后又违反了与 EPA 签订的同意令（和解协议）。Surfrider 试图关闭工厂，直到他们遵守许可规定并提交超过 2 500 万美元的民事处罚。

两个月后，1989 年 7 月，EPA 对两家工厂提起诉讼；1989 年 9 月，美国加利福尼亚北区地方法院受理了 Surfrider 和 EPA 诉讼。近两年后，1991 年 7 月，Surfrider 与两家被告和解；1991 年 9 月，Surfrider 和 EPA 都与这两个工厂达成了协议。

“Humboldt Area Recreation Enhancement and Water Quality”基金会是 Surfrider 的诉讼努力和最终与工厂和解的产物。两家工厂各拨款 175 000 美元（共 35 万美元），用于改善娱乐和环境资源。Surfrider 使用这些资金中的一部分在北部码头实施和维护淋浴和紧急通话基础设施，以及用于改善该地区最初的萨摩亚沙丘国家游乐区，剩下的资金交由洪堡地区基金会管理。洪堡地区基金会永久管理该基金，来确保资助项目的利益符合和解协议的内容。该基金的一部分最初用于评估和监测工厂在清理业务方面的进展情况，现在该地区的海洋和水上娱乐以及水质也受益于此基金项目。到目前为止，赠款总额为 127 000 美元，已经进行的项目包括：沙丘修复和教育项目，夏季青年计划和冲浪营，以及游泳和划船安全计划。

Surfrider 和 EPA 同意法令要求每个工厂支付 290 万美元（总计 580 万美元），当时是 EPA 对《清洁水法》违规征收的第三大罚款，也是美国西部最大的罚款。该项同意书还要求工厂实施治理措施或过程变更来制止《清洁水法》的违规行为，完成毒性治疗研究，并安装治疗系统来解决毒性问题。路易斯安那太平洋公司需要将现有的排水口（工厂的废水排放到海洋中）扩大到足以使其废水远离娱乐区域，而辛普森纸业公司则需要延长其排放口，除非有额外的处理可以使人们安全接触其污水。此外，根据路易斯安那太平洋公司协议，路易斯安那太平洋公司需要分析进一步改变其工厂流程的可行性，以减少纸浆漂白过程中氯的使用。

案例六：拉帕诺斯对美国联邦政府的诉讼

➢ 案例简介

拉帕诺斯（Rapanos）对美国 547 U.S. 715 的诉讼是对美国最高法院根据《清洁水法》管理湿地的联邦管辖权挑战的案例。这是现任首席法官约翰罗伯・罗伯茨（John Roberts）和副法官赛谬尔・阿利托（Samuel Alito）接到的第一个重大环境案件。最高法院于 2006 年 2 月 21 日听证，于 2006 年 6 月 19 日做出决定。该案件涉及开发商 John A Rapanos（密歇根州米德兰）和 June Carabell，由于环境法规对《清洁水法》进行的补充条款而使得这两位开发商的独立项目被停止。

➢ 案例背景

20 世纪 80 年代后期，Rapanos 拥有 22 英亩（8.9 hm^2）的湿地准备建造商场，但是却没有相关的许可证。拉帕诺斯忽视了密歇根州环境质量部的警告，该地区根据《清洁水法》（CWA），湿地受到保护。CWA 允许政府管理任何污染物（包括污垢或沙子）排放到“航行水域”，争议的关键点是“美国的水域”的定义。根据美国陆军工程兵团（军团）颁布的规定，湿地由 CWA 覆盖，只要它们毗邻传统的通航水域或这个水域的支流，都受保护。Rapanos 忽视了 EPA 的警告令，于是政府对其提起民事诉讼。Rapanos 在区域法院面前说，CWA 赋予政府管辖权仅限于传统的通航水域。政府反驳说，拉巴诺斯州的土地被“公约”所规定的“邻近的湿地”覆盖在“军团解释法”之下；这些地方被排入人造排水渠，最终排入通航河流和湖泊。区域法院驳回了拉帕诺斯的观点，并坚持把“湿地”作为“美国水域”的规定。第六巡回上诉法院予以肯定，认为湿地与航行水域是符合“法令”规定的“美国水域”。拉帕诺斯在 1995 年因填充湿地而违反法律，被定重罪，这项定罪被推翻了几次，但最终他被迫服刑 3 年，并罚款 5 000 美元。最终，拉帕诺斯诉讼的民事案件也指向他，并罚款数百万美元。

另一个开发商卡拉贝尔（Carabell）想在 19 英亩的湿地上建造公寓，但他的要求被美国陆军工程兵团拒绝，因为湿地受到 CWA 的保护。根据美国陆军工程兵团（军团）颁布的规定，湿地由 CWA 覆盖，只要它们毗邻传统的通航水域或这种水域的支流。卡拉贝尔的遗址被附近一条4英尺宽水道的护堤（土墙）隔开，但军团认为，湿地与水道相邻。沟渠导入另一个沟渠，然后又导入一条小溪，最后进入圣克莱尔湖，是一条可通航的水域。卡拉贝尔在用尽行政上诉后，在区域法院起诉。卡拉贝尔认为联邦政府没有管辖权。在联邦地方法院和第六巡回上诉法院失败后，卡拉贝尔向最高法院提起上诉。

➢ 案件结果

最终，拉帕诺斯同意与EPA达成近100万美元的和解协议，但却不承认任何不法行为。

案例七：拉夫运河案——《超级基金法》案例

➢ 案件背景

拉夫运河位于纽约州，是19世纪为修建水电站而挖成的人工运河，20世纪40年代因干涸遭废弃。19世纪90年代，一个名叫威廉·拉夫的人来到纽约州，他出资计划修建一条连接尼亚拉加河上下游的运河，并在运河中修筑水力发电设施，以满足城镇居民的用电需求。然而事与愿违，因为资金的问题，威廉·拉夫不得不中断了运河的修建，留下了一条3 000英尺的长沟。后来变成市政当局和驻军倾倒废弃物的垃圾场。

1942年，美国一家电化学公司——胡克化学公司购买了这条914 m长的废弃运河，当作垃圾场倾倒大量的工业废弃物。此后的11年时间里，胡克化学公司向河道内倾倒了2万多t化学物质，包括卤代有机物、农药、氯苯、二噁英等200多种化学废物。1953年，胡克化学公司将充满毒废弃物的拉夫运河填埋后，转赠给当地的教育机构，并附上关于有毒物质的警告。双方在1953年4月18日签订了协议。之后，尼加拉瓜教育董事会开始在这片区域建造学校，在建造过程中，废弃垃圾随着雨水上渗地表。伴随着这两所学校的建成，社区、宿舍等配套设施也逐渐完善。当地政府开始修筑厕所、下水管道等，期间挖掘出了很多的工业废弃物，但因为胡克化学公司与董事会达成保密协议，所以在人们家里的浴缸和院子里出现黑色的油状液体时，他们对于潜在的危险毫无察觉。到了1978年，拉夫运河社区已经有近800套单亲家庭住房和240套低工薪族公寓，以及在填埋场附近的第99街小学。拉夫运河社区一度被美国政府认为是城镇发展的典范。从1977年开始，那里的居民不断患上各种怪病，流产、儿童夭折、婴儿畸形、直肠出血等病症也频频发生。当地居民经多方调查，终于从当地报社记者那里获得历史信息，即 1942—1953 年，胡克化学公司在拉夫运河社区下面掩埋了 2 万多 t 化学物质。

1978 年 8 月 2 日，纽约州卫生部发表声明，宣布拉夫运河处于紧急状态，命令关闭第 99 街小学，建议孕妇和两岁以下的小孩撤离，并委任机构马上执行清理计划。但是政府仍然拒绝对小区居民进行疏散，他们担心这样做会让纽约西部所有的人都以为自己居住的地方被污染了，引起更大的社会恐慌。在公众的巨大压力下，纽约州卫生部于 1978 年 8 月 7 日宣布同意疏散 239 个家庭，不管这些家庭的孩子年龄有多大。大约还有 660 户家庭住在拉夫运河社区，他们没有得到疏散的安排，只能继续向管理者、联邦当局和卡特总统施压，希望扩大疏散区域。迫于巨大压力，卡特总统颁布了紧急令，允许联邦政府和纽约州政府为拉夫运河小区 660 户居民进行暂时性的搬迁。

➢ 立案过程、调查取证、各方角色与力量的博弈

拉夫运河小区居民纷纷起诉排放化学废料的胡克化学公司，但胡克化学公司在多年前就已经将运河转让，并附上了有毒物质的警告书，诉讼屡遭失败。

➢ 案件结果

直到 1980 年 12 月 11 日，美国国会通过了著名的《综合环境反应、赔偿与责任法》，又名《超级基金法》，该法案的设立以 5 年为期，用联邦的资金来清理废弃的危险土地，同时处理好当地居民的暂时或永久安置问题。至此，拉夫运河事件才得以被重视和解决。根据这部法律，胡克化学公司和纽约州政府被认定为加害方，共赔偿受害居民经济损失和健康损失费 30 亿美元，这是联邦资金第一次被用于清理泄漏的化学物质和有毒垃圾场。

此后的 35 年，纽约州政府花费了 4 亿多美元处理拉夫运河里的有毒废物。尽管这样，依然有人声称该地还有大量未被清除的有毒物质。拉夫运河事件催生了具有划时代意义的《超级基金法》，该法案最重要的条款之一，就是针对责任方建立“严格、连带和具有追溯力”的法律责任，不论潜在责任方是否实际参与或造成了场地污染，也不管污染行为发生时是否合法，潜在责任方都必须为污染负责。

案例八：墨西哥湾溢油案例

➢ 案例背景

深水地平线号是一艘有 10 年历史的半潜式、可移动、浮动的动态定位的钻机平台，可在深达 10 000 英尺（3 000 m）的水域内运行。该平台由韩国现代重工业公司建造，由跨洋（Transocean）公司拥有，在马绍尔群岛登记，并于 2008 年 3

月—2013年9月转租给英国石油（BP）公司。

2010年4月20日，深水地平线号平台正在墨西哥湾的马卡孔勘探区作业，事故发生时，从钻井扩散到钻井立管的高压甲烷气体冲上钻机平台，在那里被点燃并发生爆炸，吞没了整个平台。当时有126名工作人员在平台上，包括7名BP员工、79名跨洋公司的员工，以及负责水泥填封的哈里伯顿（Halliburton）公司的工作人员。美国海岸警卫队（USCG）展开了三天的搜查行动，11名工人失踪并确定已经在爆炸中死亡，17人受伤。平台于2010年4月22日上午沉没。

美国政府估计总泄漏量为490万原油桶（2.1亿加仑，78万m^3）（±10%的不确定性）。根据卫星图像，这次泄漏事件直接影响了68 000平方英里（18万km^2）的海洋。截至2011年7月，路易斯安那州、密西西比州、亚拉巴马州和佛罗里达州约491英里（790 km）的海岸线受到石油污染。自泄漏开始以来共有1 074英里（1 728 km）的海岸线曾经被油污染。

➢ 执法行动和结果

2012年11月，BP公司和美国司法部就联邦刑事指控达成了协议，BP公司对11项过失杀人罪、一项重罪以及两项轻罪认罪。BP公司还同意政府对其安全实践和行为准则进行四年的监察，EPA宣布，BP公司将暂时被禁止与美国政府签订新的合同。截至2013年2月，BP公司给信托基金的用于刑事和民事的赔偿罚款以及其他付款已经高达422亿美元。

2015年7月，BP公司与司法部达成协议，同意支付187亿美元的罚款，该解决协议的金额达到美国历史上的最高。其中，BP公司支付128亿美元用于《清洁水法》的罚款和自然资源损失，以及支付49亿美元用于各相关州的赔款。罚款将分18年完成支付。该初步解决协议避免了大量进一步的诉讼。该解决协议仍然需要得到法院的批准，包括《清洁水法》的罚款和自然资源损害赔偿，以及给亚拉巴马州、佛罗里达州、路易斯安那州、密西西比州和得克萨斯州以及400个当地政府的赔偿。

➢ 调查

“深水地平线号原油泄漏”调查包括了若干调查委员会，包括海岸警卫队的国家事件指挥官海军上将泰德艾伦（Thad Allen），BP公司深水地平线溢油和海上钻井的国家委员会，海洋能源管理局、监管和执法局（BOEMRE），国家工程研究院，国家研究委员会，政府责任办公室，国家石油泄漏委员会，以及化学品安全与危害调查委员会。马绍尔群岛共和国海事局对海上事故进行了单独的调查。BP

公司进行了内部调查。

所有的调查都给出了相应的报告。其中，2011 年 9 月发布的美国政府报告指出，BP 公司最终对原油泄漏负责，哈里伯顿和跨洋公司也分担了一些责任，主要原因是有缺陷的水泥作业。哈里伯顿、BP 公司和跨洋公司会以不同的方式对这次事故负责。报告指出，尽管由于未能阻止井喷而导致深水地平线号下沉，但调查揭露了多个系统缺陷，还有跨洋公司及其深水地平线号的工作人员的疏忽，对预防或控制灾难产生不利影响。该报告还指出，井喷的主要原因是水泥障碍物失效，导致碳氢化合物通过立管沿着井孔上升到钻井平台导致井喷。生命的损失以及墨西哥湾随后的污染是由于公司风险管理不善，未能及时观察和对关键指标做出反应，钻井控制反应不足以及公司应急训练不足。

➢ 民事诉讼与和解

2010 年 5 月 26 日时，已有针对 BP 公司、跨洋公司、卡梅伦（Cameron）国际公司和哈里伯顿能源服务公司等与漏油事件相关的 130 多起诉讼事件。2011 年 4 月 21 日，BP 公司对钻井平台的所有者跨洋公司、水泥供应商哈里伯顿公司和防喷设备制造商卡梅伦公司提出了价值 400 亿美元的诉讼。该公司还声称，安全系统失灵和承包商不负责任的行为导致了爆炸，也包括哈里伯顿公司未能正确使用建模软件分析安全的钻井条件。但是这些公司否认了这些指控。

2012 年 3 月 2 日，BP 公司和原告们同意协商解决彼此之间的诉讼，将会解决约 10 万件由个人和受漏油事件影响的企业的索赔。2013 年 1 月 13 日，巴比尔（Barbier）法官批准了和解方案中 BP 公司提出的 78 亿美元的医疗福利的部分。在受石油影响的海岸，生活至少 60 天或参与清理工作的人，可以登记由石油或分散剂造成的不良健康状况，这些人将有资格获得福利，在清理过程中受伤的人同样也可享受此福利。BP 公司还同意在 5 年内花费 1.05 亿美元建立海湾沿岸健康服务项目，并支付体检费用。

2012 年 8 月 31 日，联邦司法部（DOJ）在新奥尔良的联邦法院提交了一份文件，将墨西哥湾漏油事件归咎于 BP 公司，并称漏油事件是“重大过失和故意的不当行为”。BP 公司不承认这一指控。联邦司法部还表示，深水地平线钻井平台的所有者和运营商跨洋公司也犯有严重过失罪。

2012 年 11 月 14 日，BP 公司和联邦司法部达成和解。BP 公司将支付 45 亿美元的罚款和其他款项，这是美国历史上规模最大的一次环境罚款。此外，美国政府因“缺乏商业诚信”暂时禁止 BP 公司获取新的联邦政府合同。2013 年 1 月

31 日，美国路易斯安那州东区法院法官莎拉·万斯（Sarah Vance）同意并批准了这一请求。和解赔偿金额包括向美国国家鱼类和野生动物基金会支付 23.94 亿美元，向石油泄漏责任信托基金支付 11.5 亿美元，向美国国家科学院支付 3.5 亿美元用于石油泄漏预防和响应的研究，向北美湿地保护基金支付 1 亿美元，以及向美国证券交易委员会支付 5.25 亿美元。

2013 年 1 月 3 日，联邦司法部宣布，跨洋公司已承认违反《清洁水法》，并支付总计 14 亿美元的民事和刑事罚款。其中，8 亿美元给海湾海岸恢复信托基金，3 亿美元给石油泄漏责任信托基金，1.5 亿美元给美国国家科学院。

2014 年 9 月，哈里伯顿公司同意支付 11 亿美元，以两年内三次分期支付给信托基金的方式，对大部分法律诉讼进行和解赔偿。

➢ 司法部提起诉讼

BP 公司及其合作伙伴跨洋公司和哈里伯顿公司，于 2013 年 2 月 25 日在美国路易斯安那州的地区法院受审，根据《清洁水法》和自然资源损害评估决定赔偿和罚款。原告包括联邦司法部、海湾各州以及个人。公司将面临数百亿美元的债务和罚款。如果调查发现“重大过失”，BP 公司违反《清洁水法》的罚款将会增加 4 倍，该公司还要承担对个人索赔的责任。

审判的第一阶段是确定 BP、跨洋、哈里伯顿等公司的责任，以及他们是否有重大过失和故意不当行为，第二阶段定于 2013 年 9 月进行，将重点关注泄漏石油的流量，2014 年计划的第三阶段是考虑损失。

2014 年 9 月 4 日，美国地方法官卡尔·巴比尔（Carl Barbier）裁定，BP 公司犯有重大过失和故意不当行为，跨洋公司和哈里伯顿公司的行为是“疏忽大意”。他将漏油事故 67%的责任归咎于 BP 公司，30%归咎于跨洋公司，3%归咎于哈里伯顿公司。罚款将与各方违反法律法规的程度相对应，即通过衡量泄漏的石油桶数来判断。根据《清洁水法》，罚款将由法官决定，每桶可高达 4 300 美元。

这一裁决意味着，已经花费超过 280 亿美元用于清理油污和损害赔偿的 BP 公司可能还要承担将近 180 亿美元的损失赔偿。BP 公司强烈反对这一裁决，并立即提出上诉。

2015 年 7 月 2 日，BP 公司、联邦司法部和 5 个海湾相邻州宣布，BP 公司同意支付创纪录的 187 亿美元的赔偿金。到目前为止，BP 公司用于支付清理、环境和经济的损失以及罚款已达 540 亿美元。

➢ 刑事诉讼

除个人诉讼和政府的民事诉讼外，联邦政府对多家公司和 5 个人提出了刑事诉讼。

在 2012 年 11 月的联邦指控中，BP 公司同意对 11 名员工的死亡的重罪（felony）指控认罪，并支付了 40 亿美元的罚款。跨洋公司也对一轻罪（misdemeanor）指控认罪并支付 14 亿美元罚款。

2012 年 4 月，联邦司法部首先对 BP 公司工程师库尔特 · 米克斯（Kurt Mix）以妨碍司法公正为由，提起刑事诉讼，理由是库尔特删除了关于 BP 公司知道真实石油流速超过公司一开始声称流速的 3 倍的信息。2012 年 11 月，另有 3 名 BP 公司员工被起诉。现场管理人员唐纳德 · 维德林（Donald Vidrine）和罗伯特 · 卡鲁扎（Robert Kaluza）被控过失杀人，因为他们对爆炸前钻井平台进行的关键安全测试的监督出现疏忽，没有向有关工程师通报钻井作业中出现的问题。BP 公司负责墨西哥湾勘探开采事务的前副总裁戴维 · 雷尼（David Rainey）被指控妨碍国会，因其谎称了石油从油井中流出的速率。最后，哈里伯顿公司的经理安东尼 · 巴达莱蒂（Anthony Badalamenti）被控指使两名员工删除与哈里伯顿公司在油井上的水泥作业的相关数据。

这些针对个人的指控都没有导致监禁，安东尼 · 巴达莱蒂被判一年缓刑，唐纳德 · 维德林支付了 5 万美元罚款并被判 10 个月的缓刑，库尔特 · 米克斯被判 6 个月的缓刑，戴维 · 雷尼和和罗伯特 · 卡鲁扎被判无罪。

缩略语

ANCP	年度环境违规报告
ASB	分析服务部门
BMP	最佳管理实践
CA	同意协议
CAA	《清洁空气法》
CAFO	动物集中饲养场
CalEPA	加利福尼亚州环保局
CBI	机密商业信息
CEI	合规评估检查
CEM	持续排放监测
CEQ	环境质量委员会
CERCLA	《综合环境反应、赔偿与责任法》
CFR	美国联邦法规
CMS	合规监测策略
CO	一氧化碳
COD	化学需氧量
CSI	合规取样检查
CSO	联合的下水道溢流
CWA	《清洁水法》
DCO	文件控制人员
DDT	滴滴涕
DEQ	环境质量局
DHEW	公共卫生局和卫生、教育与福利部
DI	诊断性检查
DMR	排放监测报告
DO	溶解氧
E.coli	大肠杆菌
ECHO	执法和合规历史在线

EDF	美国环保协会
ENGO	民间环保组织
EPA	美国环保局
EPCRA	《应急规划和社区知情权法》
ESP	静电沉降器
FCE	完全合规评估
FCI	集中合规检查
FEM	联邦等效方法
FIA	流体注射分析
FIFRA	《联邦杀虫剂、杀菌剂和灭鼠剂法》
FO	最终命令
FOEI	地球之友
FOIA	《信息自由法》
FRM	联邦参考方法
FRS	设施注册服务
FT-IR	傅里叶红外光谱仪
FUI	后续检查
GAO	审计总署
GC	气相色谱法
GIS	地理信息系统
HAP	有害空气污染物
HRS	危险排名系统
HSD	卤素特异性检测器
ICIS	综合合规信息系统
ICIS-Air	空气合规信息系统
ICIS-NPDES	综合国家污染物排放削减系统合规信息系统
ICP-AES	电感耦合等离子体原子发射光谱法
ICP-MS	电感耦合等离子体质谱法
IEC	国际电工委员会
IMS	免疫磁性分离
ISO	国际标准化组织
ITM	检查目标模型
IU	工业用户
LDAR	铅检测和修复
LDEQ	路易斯安那州环境质量局
LSI	法律支援检查
LTB	月桂基色氨酸肉汤
MACT	最大可达控制技术

mEI	肠球菌吲哚β-D-葡萄糖苷膜
MPRSA	《海洋保护、研究和禁猎法案》
MS4	市政独立雨水下水系统
MSDS	材料安全数据表
MSRV	改良的半固体大豆蛋白胨肉汤
mTEC	耐热大肠杆菌膜
NAAQS	国家环境空气质量标准
NATTS	国家空气有毒物质趋势站
NDIR	非分光红外
NEIC	国家执法调查中心
NEPA	《国家环境政策法》
NEPPS	国家环境保护合作系统
NESHAP	有毒气体污染物国家排放标准
NFG	国家功能指导方针
NGO	非政府组织
NO_2	二氧化氮
NOD	缺陷通知
NOI	意向通知
NON	不合规通知
NOV	违规通知
NPDES	国家污染物排放削减系统
NRDC	自然资源保护委员会
NSPS	新源性能标准
O_3	臭氧
OCEFT	刑事执法、司法鉴证与培训处
OCIR	国会和政府间关系办公室
OECA	环境执法与守法保障办公室
OFEE	联邦环境执行官办公室
OMB	管理和预算办公室
OPA	《石油污染法》
PAH	多环芳烃
PAI	绩效审计检查
Pb	铅
PCB	多氯联苯
PCE	部分合规评估
PCI	预处理合规检查
PEM	预测排放监测
pH	酸碱度

POTW	由政府运营的生活污水处理厂
PPA	环境保护合作协议
PPG	环境保护合作资助
PSD	防止重大恶化
PUF	聚氨酯泡沫
QA / QC	质量保证和控制
QNCR	季度违规报告
RCRA	《资源保护与回收法》
RCRAInfo	《资源保护与回收法》信息系统
RI	观测检查
SDWA	《安全饮用水法》
SDWIS	安全饮用水信息系统
SEC	美国证券交易委员会
SEP	补充环境项目
SIP	州实施计划
SO_2	二氧化硫
SPCC	防溢控制和对策计划
SPSS	预防泄漏控制和对策计划
SSO	生活污水管溢流
Superfund CLP	超级基金的合同实验室计划
SWPPP	雨水污染防治计划
SWRCB	水资源管理委员会
TGNMO	总气态非甲烷有机物
TMDL	总体最大日负荷
TNC	大自然保护协会
TRI	有毒物质排放目录
TRO	临时强制令
TSCA	《有毒物质管理法》
TSCA	《有毒物质控制法》
VOC	挥发性有机化合物
WET	总流出毒性